初级会计

高分导图

之了课堂编写组 编著

中国财富出版社有限公司

图书在版编目（CIP）数据

高分导图 / 之了课堂编写组编著 .—北京：中国财富出版社有限公司，2023.12
ISBN 978－7－5047－8050－8

Ⅰ．①高…　Ⅱ．①之…　Ⅲ．①会计－资格考试－自学参考资料　Ⅳ．① F23

中国国家版本馆 CIP 数据核字 (2024) 第 013211 号

策划编辑	李彩琴	**责任编辑**	张红燕　张　婷		**版权编辑**	李　洋
责任印制	梁　凡	**责任校对**	庞冰心		**责任发行**	董　倩

出版发行	中国财富出版社有限公司			
社　　址	北京市丰台区南四环西路 188 号 5 区 20 楼		**邮政编码**	100070
电　　话	010-52227588 转 2098（发行部）		010-52227588 转 321（总编室）	
	010-52227566（24 小时读者服务）		010-52227588 转 305（质检部）	
网　　址	http://www.cfpress.com.cn		**排　　版**	成都环宇知了科技有限公司
经　　销	新华书店		**印　　刷**	四川墨池印务有限公司
书　　号	ISBN 978－7－5047－8050－8/F·3635			
开　　本	889mm×1194mm　1/16		**版　　次**	2024 年 3 月第 1 版
印　　张	10.5		**印　　次**	2024 年 3 月第 1 次印刷
字　　数	381 千字		**定　　价**	90.00 元

前　言

一　本书简介

　　《高分导图》是考前复习的必备学习工具，能有效为学员提供简洁且完整的学习框架。本书共分两篇，每篇包括"地图"和"正文"两个部分。

　　第一部分　地图　为学员提供全书的框架，能帮助学员快速厘清知识点间的关系，加深对知识的理解，建立结构化、系统化的知识体系。

　　第二部分　正文　我们的正文以小节划分，以思维导图为载体，用图形、线条、色彩建立起链接，加深学员对内容的印象。线条的作用类似于大脑的神经元，将相关节点联系起来，能帮助学员直观地发现内容之间的关联性。不同的颜色将不同板块的内容区分开，同时刺激大脑，吸引学员的注意力。此外，我们还有对话框等多种标记，辅助学员学习与记忆，抓住重点进行复习。

二　使用指南

Part 1　何时用

1. 筑基阶段

　　此阶段您对初级会计的知识内容缺乏整体认知，可以先根据本书快速建立完整的知识框架体系，再通过教材和课程的进一步学习，不断对细节内容进行填充。

2. 巩固阶段

　　此阶段您已经对知识内容有了一定的掌握，但是对细节内容的掌握还不够扎实，对相关考点之间的联系和总结、易错易混点辨析的掌握还有一定的难度，通过本书您可以集中突破薄弱点，对未掌握的内容加强复习巩固。

Part 2　怎么用

1. 总览地图，搭建框架

　　进入正式的冲刺阶段前，您可以先阅览最前面的通关地图。地图囊括了全书的章节框架，并对考点设置了星级标识和页码定位，您可以通过地图搭建起全书的知识框架，对考查重点了然于胸。

2. 精准定位，查漏补缺

　　您可以通过地图页码迅速定位到本书正文部分，正文部分覆盖了各学科重要考点、标记了关键词、明确了辨析内容，形式新颖，元素丰富，趣味性强，可以帮助您有针对性地轻松复习，提升冲刺效率。

3. 精炼元素荟萃，轻松冲刺

　　正文部分涵盖【辨析】【总结】【口诀】等元素，旨在帮助您轻松理解重难点，相关元素版块作用如下：

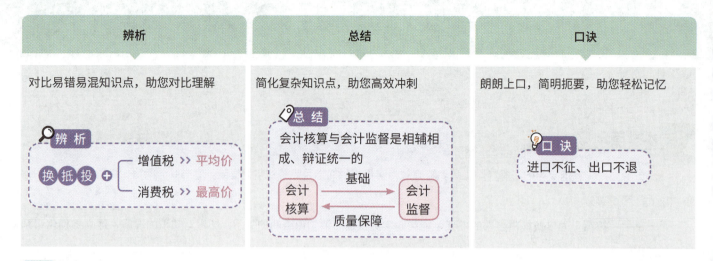

辨析	总结	口诀
对比易错易混知识点，助您对比理解	简化复杂知识点，助您高效冲刺	朗朗上口，简明扼要，助您轻松记忆

辨析

换 抵 投 + 增值税 >> 平均价 / 消费税 >> 最高价

总结

会计核算与会计监督是相辅相成、辩证统一的

会计核算 —基础→ 会计监督
会计监督 —质量保障→ 会计核算

口诀

进口不征、出口不退

三 编者寄语

　　亲爱的学员，当您阅读至此处，相信您已经准备好进入冲刺阶段。

　　在本书编写的过程中，我们本着对知识的严谨态度，加入一些有趣的表现形式，把枯燥的知识变得生动，同时又能够帮助您快速记忆。希望您拿到这本书后，尽可能将其利用起来，让这本书发挥最大的价值，为您冲刺阶段的学习提供有效助力。

　　学习如爬山，当您感到困难时，是因为您一直在向上攀登。在这个过程中之了课堂将会一直陪伴您，助您登上属于您的顶峰！

目录 contents

《初级会计实务》篇

002 / 通关地图·初级会计实务

004 / 第一章　总　论

009 / 第二章　会计基础

014 / 第三章　资　产

036 / 第四章　负　债

048 / 第五章　所有者权益

053 / 第六章　收　入

059 / 第七章　费　用

061 / 第八章　利　润

064 / 第九章　财务报告

068 / 第十章　产品成本核算

072 / 第十一章　政府会计基础

《经济法基础》篇

076 / 通关地图·经济法基础

078 / 第一章　总　论

084 / 第二章　会计法律制度

093 / 第三章　支付结算法律制度

103 / 第四章　税法概述及货物和劳务税法律制度

121 / 第五章　所得税法律制度

133 / 第六章　财产和行为税法律制度

145 / 第七章　税收征管法律制度

153 / 第八章　劳动合同与社会保险法律制度

初级会计

高分导图

《初级会计实务》篇

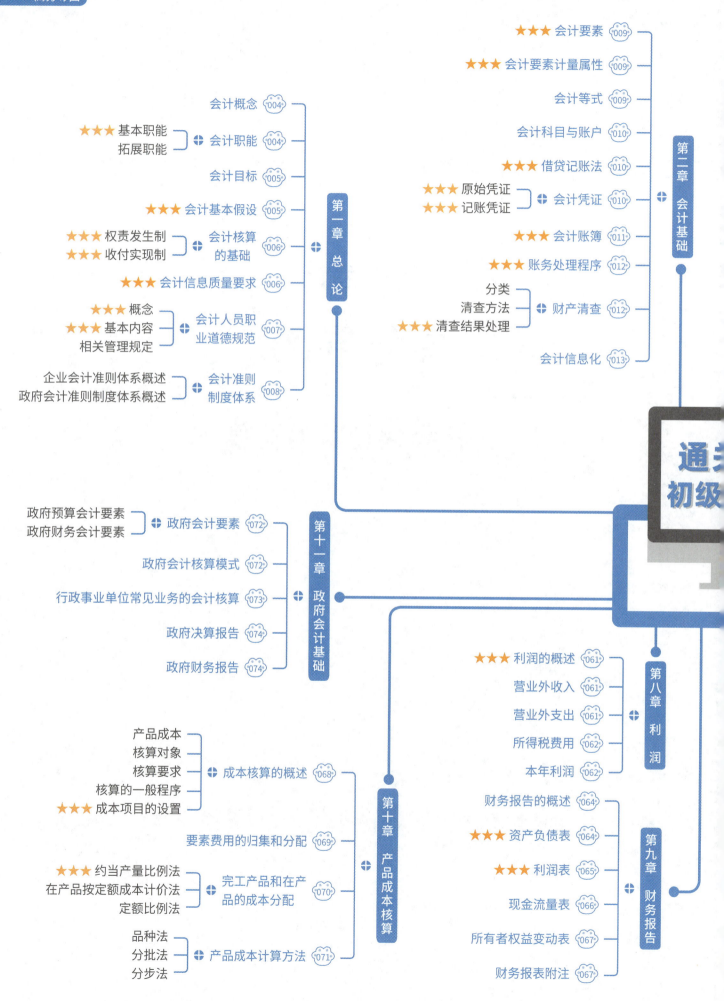

第三章 资产

- 014 货币资金 ✛
  - 库存现金 ★★★
  - 银行存款 ★★★
  - 其他货币资金 ★★★
- 015 交易性金融资产 ✛
  - 金融资产的分类
  - 交易性金融资产的账务处理 ★★★
- 017 应收及预付款项 ✛
  - 应收票据 ★★★
  - 应收账款
  - 预付账款
  - 应收股利和应收利息
  - 其他应收款 ★★★
  - 应收款项减值 ★★★
- 020 存货 ✛
  - 存货的内容
  - 存货的初始计量 ★★★
  - 发出存货的计价方法 ★★★
  - 原材料 ★★★
  - 周转材料
  - 委托加工物资 ★★★
  - 库存商品 ★★★
  - 存货清查 ★★★
  - 存货减值 ★★★

第三章 资产

- 027 长期股权投资 ✛
  - 初始计量
  - 后续计量
  - 处置
- 029 投资性房地产 ✛
  - 概念
  - 内容
  - 确认与计量
  - 账务处理
- 031 固定资产 ✛
  - 概念
  - 取得
  - 持有 ★★★
  - 处置 ★★★
  - 清查 ★★★
- 034 无形资产 ✛
  - 概述
  - 取得 ★★★
  - 持有 ★★★
  - 处置 ★★★
- 035 长期待摊费用

第四章 负债

- 036 短期借款 ★★★
- 036 应付及预收款项 ✛
  - 应付票据 ★★★
  - 应付账款 ★★★
  - 预收账款
  - 应付利息
- 038 应付职工薪酬 ✛
  - 职工薪酬 ✛
    - 概念
    - 分类
  - 短期薪酬的账务处理 ★★★
  - 除短期薪酬外的其他职工薪酬的账务处理
- 040 应交税费 ✛
  - 增值税 ★★★
  - 消费税 ★★★
  - 其他应交税费
- 045 应付股利
- 045 其他应付款 ★★★
- 046 长期借款
- 046 应付债券
- 047 长期应付款

第六章 收入

- 053 收入的概述 ✛
  - 收入的概念
  - 收入的确认与计量的五步骤
- 053 收入的确认 ★★★
- 055 收入的计量 ★★★
- 055 合同成本 ✛
  - 合同取得成本
  - 合同履约成本
- 056 特定交易的会计处理

第七章 费用

- 059 营业成本
- 059 税金及附加 ★★★
- 060 期间费用 ✛
  - 销售费用 ★★★
  - 管理费用 ★★★
  - 财务费用 ★★★

第五章 所有者权益

- 048 实收资本（或股本）✛
  - 概念
  - 接受现金资产投资 ★★★
  - 接受非现金资产投资 ★★★
  - 实收资本（或股本）的增减 ★★★
- 049 资本公积和其他综合收益 ✛
  - 概念
  - 账务处理 ★★★
- 050 留存收益 ✛
  - 概念
  - 构成内容
  - 账务处理 ★★★

01 会计概念、职能和目标

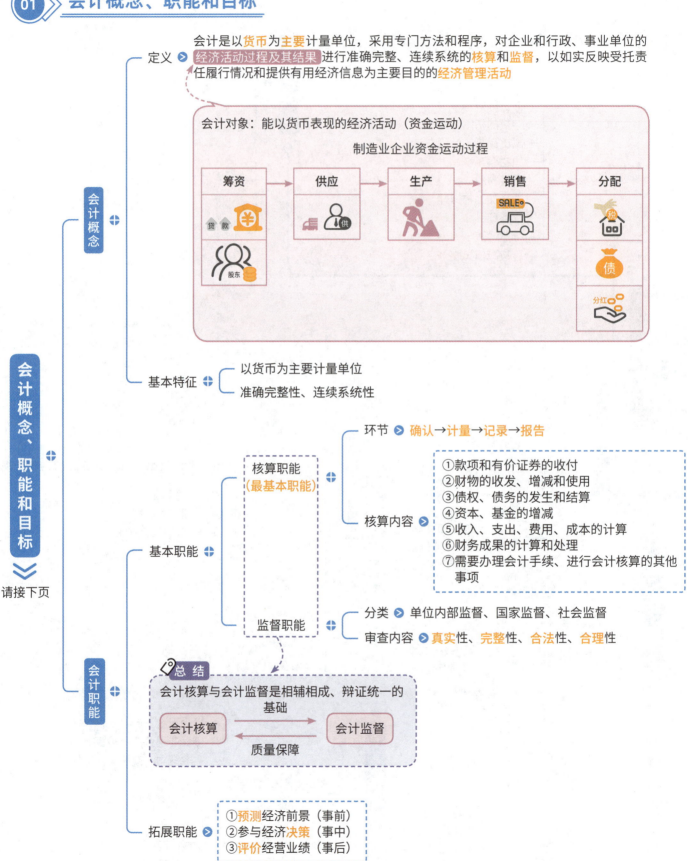

会计概念、职能和目标

会计概念

定义 ▶ 会计是以**货币**为**主要**计量单位，采用专门方法和程序，对企业和行政、事业单位的**经济活动过程及其结果**进行准确完整、连续系统的**核算**和**监督**，以如实反映受托责任履行情况和提供有用经济信息为主要目的的**经济管理活动**

会计对象：能以货币表现的经济活动（资金运动）

制造业企业资金运动过程

筹资 → 供应 → 生产 → 销售 → 分配

贷　款　股东　供　SALE　税　债　分红

基本特征
- 以货币为主要计量单位
- 准确完整性、连续系统性

会计职能

基本职能

核算职能（最基本职能）
- 环节 ▶ 确认→计量→记录→报告
- 核算内容 ▶
  ①款项和有价证券的收付
  ②财物的收发、增减和使用
  ③债权、债务的发生和结算
  ④资本、基金的增减
  ⑤收入、支出、费用、成本的计算
  ⑥财务成果的计算和处理
  ⑦需要办理会计手续、进行会计核算的其他事项

监督职能
- 分类 ▶ 单位内部监督、国家监督、社会监督
- 审查内容 ▶ **真实**性、**完整**性、**合法**性、**合理**性

🏷总　结

会计核算与会计监督是相辅相成、辩证统一的基础

会计核算 ⇄ 会计监督
质量保障

拓展职能 ▶
①**预测**经济前景（事前）
②参与经济**决策**（事中）
③**评价**经营业绩（事后）

请接下页

请接上页

会计概念、职能和目标 > 会计目标 > 向 财务报告使用者 提供高质量的 会计资料和信息

主要包括投资人、债权人、政府及其有关部门、社会公众等

⊕ 财务状况
经营成果
现金流量 } 反映企业 管理层受托责任 履行情况；有助于财务报告使用者 作出经济决策

---

02 会计基本假设和会计核算的基础

🔍 辨 析

会计主体≠法律主体：
①一个法律主体内部，可能存在多个会计主体
②一个会计主体可能由多个法律主体组成
③会计主体不一定是法律主体，法律主体一定是会计主体
会计主体：独立核算的车间（部门）、总公司、分公司、母公司、子公司、企业集团等
法律主体：总公司、母公司、子公司等

会计基本假设和会计核算的基础 > 会计基本假设 ⊕

　会计主体 > 会计工作服务的特定对象，是企业会计确认、计量、记录和报告的 空间范围

　持续经营 > 持续经营是 会计分期的前提

　会计分期 ⊕

　　会计分期指将企业持续经营的生产经营活动划分为一个个 连续的、长短相同的期间 ⊕ 年度
　　中期 ⊕ { 半年度 / 季度 / 月度 } 时间范围

　　由于会计分期，才产生了当期与其他期间的差别，从而形成了 权责发生制 和 收付实现制 的区别

　货币计量 > 会计核算以货币作为 主要 计量单位 → 计量尺度

🔍 辨 析

区分"主要"和"唯一"：
货币是主要计量单位，但不是唯一计量单位，会计核算还可以使用实物、劳动、时间等辅助计量单位

请接下页

请接上页

会计基本假设和会计核算的基础 ▷ 会计核算的基础 ✚

权责发生制 ✚
- 取得收取款项的**权利**时 ▷ 确定本期收入
- 产生支付款项的**义务**时 ▷ 确定本期费用

收付实现制 ✚
- 实际**收到**现金时 ▷ 确定本期收入
- 实际**支付**现金时 ▷ 确定本期费用

总 结

会计核算基础的适用范围

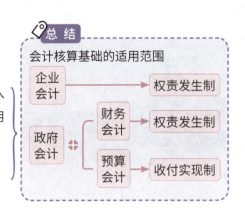

03 会计信息质量要求

会计信息质量要求 ✚

可靠性 ▷ 以**实际发生**的交易或者事项为依据，保证会计信息**真实可靠、内容完整**

相关性 ▷ 提供的会计信息与财务报告使用者的**经济决策需要相关**

可理解性 ▷ 提供的会计信息应当**清晰明了、便于理解和使用**

可比性 ✚
- 纵向可比 ▷ **同一企业不同时期**发生的相同或者相似的交易或者事项，应当采用一致的会计政策，不得随意变更
- 横向可比 ▷ **不同企业同一会计期间**发生的相同或者相似的交易或事项，应当采用同一会计政策

辨 析

采用的会计政策不得**随意**变更 → √
采用的会计政策不得变更 → ×

实质重于形式 ▷ 企业应当按照交易或者事项的**经济实质**进行会计确认、计量、记录和报告，不仅仅以交易或者事项的**法律形式**为依据

重要性 ✚
- 会计信息应当反映与企业财务状况、经营成果和现金流量有关的所有重要交易或事项
- 重要的事项充分、准确地披露；次要事项可适当简化、合并披露

谨慎性 ▷ **不高估**资产或者收益、**不低估**负债或者费用

及时性 ▷ 对于已经发生的交易或者事项，应当及时进行会计核算，**不得提前**或者**延后**

总 结

会计信息质量要求的常见考法

情　形	体现的要求
在财务会计报告中区分收入和利得、费用和损失，区分流动资产和非流动资产	相关性
企业租入的资产（短期租赁和低价值资产租赁除外），作为企业的资产，通过使用权资产核算	实质重于形式
低值易耗品金额较小的，在领用时一次性计入成本费用；金额较大的，分期摊销计入当期损益	重要性
对可能发生的资产减值损失计提资产减值准备：计提坏账准备、存货跌价准备等	谨慎性
对售出商品很可能发生的保修义务确认预计负债、对很可能承担的环保责任确认预计负债	
对固定资产采用加速折旧法计提折旧	

会计人员职业道德规范

概念 ▷ 会计职业道德，指会计人员在会计工作中应当遵循的、体现会计职业特征的、调整会计职业关系的职业行为准则和规范

🔍 **辨 析** ∨

会计职业道德和会计法律制度有哪些区别与联系？

区 别	会计法律制度	会计职业道德
性质不同	他律性	自律性
作用范围不同	外在行为和结果	外在行为 + 内在的精神世界
表现形式不同	成文条款	成文规范 + 不成文规范
实施保障机制不同	国家强制力保障实施	道德教育 + 社会舆论 + 传统习俗 + 道德评价
评价标准不同	法律规定	道德评价

联系

会计职业道德 ——重要补充→ 会计法律制度

← 最低要求、基本制度保障

会计人员职业道德规范

基本内容

坚持诚信，守法奉公
（**自律要求**） ▷ 牢固树立诚信理念，以诚立身、以信立业，严于律己、心存敬畏。学法知法守法，公私分明、克己奉公，树立良好职业形象，维护会计行业声誉

坚持准则，守责敬业
（**履职要求**） ▷ 严格执行准则制度，保证会计信息真实完整。勤勉尽责、爱岗敬业，忠于职守、敢于斗争，自觉抵制会计造假行为，维护国家财经纪律和经济秩序

坚持学习，守正创新
（**发展要求**） ▷ 始终秉持专业精神，勤于学习、锐意进取，持续提升会计专业能力。不断适应新形势新要求，与时俱进、开拓创新，努力推动会计事业高质量发展

相关管理规定
- **增强**会计人员诚信意识
- **建设**会计人员信用档案
- 会计职业道德管理的**组织实施**
- **建立**健全会计职业联合惩戒机制

05 会计准则制度体系

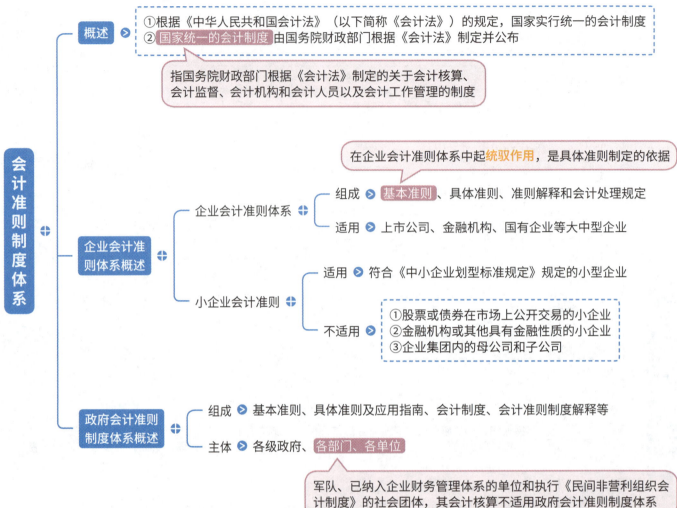

会计准则制度体系

概述
- ①根据《中华人民共和国会计法》（以下简称《会计法》）的规定，国家实行统一的会计制度
- ②国家统一的会计制度 由国务院财政部门根据《会计法》制定并公布

指国务院财政部门根据《会计法》制定的关于会计核算、会计监督、会计机构和会计人员以及会计工作管理的制度

企业会计准则体系概述

企业会计准则体系
- 组成 ▷ 基本准则、具体准则、准则解释和会计处理规定

  在企业会计准则体系中起统驭作用，是具体准则制定的依据
- 适用 ▷ 上市公司、金融机构、国有企业等大中型企业

小企业会计准则
- 适用 ▷ 符合《中小企业划型标准规定》规定的小型企业
- 不适用 ▷
  - ①股票或债券在市场上公开交易的小企业
  - ②金融机构或其他具有金融性质的小企业
  - ③企业集团内的母公司和子公司

政府会计准则制度体系概述
- 组成 ▷ 基本准则、具体准则及应用指南、会计制度、会计准则制度解释等
- 主体 ▷ 各级政府、各部门、各单位

  军队、已纳入企业财务管理体系的单位和执行《民间非营利组织会计制度》的社会团体，其会计核算不适用政府会计准则制度体系

扫一扫，提个小建议

图书勘误，评价建议，微信"扫一扫"。您的感受是我们最好的动力！祝您奇兵制胜。

💡学习收获 ≫ ....

....

....

....

....

....

01 会计要素与会计等式

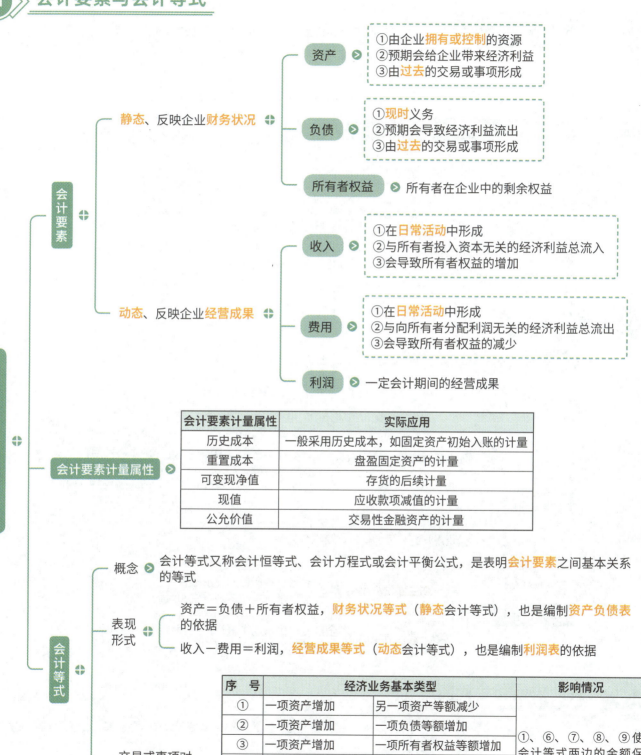

会计要素计量属性	实际应用
历史成本	一般采用历史成本，如固定资产初始入账的计量
重置成本	盘盈固定资产的计量
可变现净值	存货的后续计量
现值	应收款项减值的计量
公允价值	交易性金融资产的计量

概念 ➤ 会计等式又称会计恒等式、会计方程式或会计平衡公式，是表明会计要素之间基本关系的等式

表现形式
- 资产＝负债＋所有者权益，财务状况等式（静态会计等式），也是编制资产负债表的依据
- 收入－费用＝利润，经营成果等式（动态会计等式），也是编制利润表的依据

交易或事项对会计等式的影响（9种）

序号	经济业务基本类型		影响情况
①	一项资产增加	另一项资产等额减少	①、⑥、⑦、⑧、⑨使会计等式两边的金额保持不变；②、③会计等式两边的金额等额增加；④、⑤使得会计等式两边的金额等额减少
②	一项资产增加	一项负债等额增加	
③	一项资产增加	一项所有者权益等额增加	
④	一项资产减少	一项负债等额减少	
⑤	一项资产减少	一项所有者权益等额减少	
⑥	一项负债增加	另一项负债等额减少	
⑦	一项负债增加	一项所有者权益等额减少	
⑧	一项所有者权益增加	一项负债等额减少	
⑨	一项所有者权益增加	另一项所有者权益等额减少	

02 会计科目与账户

会计科目与账户
- 按反映的经济内容分类
  - 资产类科目 → 资产类账户
  - 负债类科目 → 负债类账户
  - 共同类科目 → 共同类账户
  - 所有者权益类科目 → 所有者权益类账户
  - 成本类科目 → 成本类账户
  - 损益类科目 → 损益类账户
- 按提供信息的详细程度及其统驭关系分类
  - 总分类科目 → 总分类账户
  - 明细分类科目 → 明细分类账户

辨析

项目	会计科目	会计账户
区别	不存在结构，不能反映会计要素各项目的增减变动情况和结果	具有一定的格式和结构，可以反映会计要素各项目的增减变动情况和结果
联系	①会计科目与账户都是对会计对象具体内容的分类，两者核算内容一致，性质相同 ②会计科目是账户的名称，也是设置账户的依据；账户是会计科目的具体运用	

03 借贷记账法

借贷记账法
- 概念 → 以"借"和"贷"作为记账符号的一种复式记账法
- 基本原理
  - 账户基本结构：T型账户

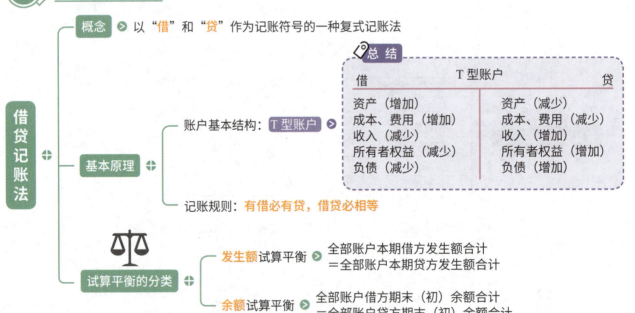

总结

T型账户

借	贷
资产（增加）	资产（减少）
成本、费用（增加）	成本、费用（减少）
收入（减少）	收入（增加）
所有者权益（减少）	所有者权益（增加）
负债（减少）	负债（增加）

  - 记账规则：有借必有贷，借贷必相等
- 试算平衡的分类
  - 发生额试算平衡 → 全部账户本期借方发生额合计＝全部账户本期贷方发生额合计
  - 余额试算平衡 → 全部账户借方期末（初）余额合计＝全部账户贷方期末（初）余额合计

04 会计凭证和会计账簿

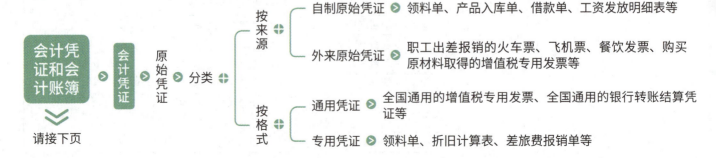

会计凭证和会计账簿 → 会计凭证 → 原始凭证 → 分类
- 按来源
  - 自制原始凭证 → 领料单、产品入库单、借款单、工资发放明细表等
  - 外来原始凭证 → 职工出差报销的火车票、飞机票、餐饮发票、购买原材料取得的增值税专用发票等
- 按格式
  - 通用凭证 → 全国通用的增值税专用发票、全国通用的银行转账结算凭证等
  - 专用凭证 → 领料单、折旧计算表、差旅费报销单等

请接下页

一次凭证 ▶ 收据、发票、银行结算凭证等

分类 ▶ 按填制手续和内容 ╋　**累计凭证 ▶ 限额领料单**

汇总凭证 ▶ 发料凭证汇总表、工资结算汇总表等

原始凭证

审核的内容 ▶ 真实性、合法性、合理性、完整性、正确性

会计凭证

分类 ▶ 按照其所反映的经济业务内容分为收款凭证、付款凭证、转账凭证

记账凭证

审核的内容 ▶ 内容是否真实、项目是否齐全、科目是否正确、金额是否正确、书写是否正确、**手续是否完备**

出纳人员在办理收款或付款业务后，是否已在原始凭证上加盖"收讫"或"付讫"的戳记

请接上页

会计凭证和会计账簿

序时账簿（日记账）╋　普通日记账

特种日记账 ▶ **库存现金日记账、银行存款日记账**

按用途 ╋　分类账簿 ╋　总分类账簿

明细分类账簿

备查账簿（又叫辅助登记账簿、补充登记账簿）

分类

三栏式账簿 ▶ 总账、日记账、资本／债权／债务明细账

按账页格式 ╋　多栏式账簿 ▶ 收入／成本／费用明细账

数量金额式账簿 ▶ 存货类明细账

订本式账簿 ▶ **总账、库存现金日记账、银行存款日记账**

按外形特征 ╋　活页式账簿 ▶ 各种明细账

卡片式账簿 ▶ 固定资产明细账

会计账簿

账证核对 ▶ 账簿记录与会计凭证核对

总分类账簿之间核对

账账核对 ╋　**总分类账簿**与**所辖明细分类账簿**之间核对

总分类账簿与**序时账簿**之间核对

明细分类账簿之间核对

对账 ╋

库存现金日记账账面余额与**现金实际库存数**逐日核对

银行存款日记账账面余额与**银行对账单**的余额定期核对

账实核对 ╋　**各项财产物资明细账账面余额**与**财产物资实有数额**定期核对

债权债务明细账账面余额与**对方单位债权债务账面记录**核对

对账与结账

结清各种损益类账户，并据以计算确定本期利润

结账 ╋　结出各资产、负债和所有者权益账户的本期发生额合计和期末余额

05 账务处理程序

账务处理程序 → **分类**

- **记账凭证账务处理程序**
  - 优点：简单明了，易于理解。总分类账可以较详细地反映经济业务的发生情况
  - 缺点：登记总分类账的工作量较大
  - 适用范围：规模较小、经济业务量较少的单位

- **汇总记账凭证账务处理程序**
  - 优点：减轻了登记总分类账的工作量，便于了解账户之间的对应关系，便于核对账目
  - 缺点：不利于日常分工，当转账凭证较多时，编制汇总转账凭证的工作量较大
  - 适用范围：规模较大、经济业务较多的单位

- **科目汇总表账务处理程序**
  - 优点：减轻了登记总分类账的工作量，起到试算平衡的作用
  - 缺点：不能反映账户对应关系，不便于核对账目
  - 适用范围：经济业务较多的单位

🔍 **辨析**
三种账务处理程序的主要区别在于登记总分类账的依据和方法不同

06 财产清查

适用情况：①年终决算前；②在合并、撤销或改变隶属关系前；③中外合资、国内合资前；④股份制改造前；⑤开展全面的资产评估、清产核资前；⑥单位主要领导调离工作前等

财产清查

- **分类**
  - 按清查范围 → 全面清查、局部清查
  - 按清查时间 → 定期清查（年末、季末、月末）、不定期清查
  - 按执行系统 → 内部清查、外部清查

- **清查方法**
  - 库存现金 → 实地盘点法：编制"库存现金盘点报告表"；盘点时出纳人员必须在场
  - 银行存款 → 企业日记账与银行对账单核对 → 差异原因
    - 记账错误
    - 存在未达账项
    - ①编制银行存款余额调节表
      - 编制原则：
      以企业银行存款日记账余额和银行对账单余额为基础，各自分别加上对方已收款入账而己方尚未入账的数额，减去对方已付款入账而己方尚未入账的数额
      - 计算公式：
      企业银行存款日记账账面余额＋银行已收企业未收款－银行已付企业未付款＝银行对账单存款余额＋企业已收银行未收款－企业已付银行未付款
    - ②"银行存款余额调节表"只是为了核对账目，不能作为调整企业银行存款账目记录的记账依据
  - 实物资产 → 实地盘点法、技术推算法（成堆、量大而价值不高）
  - 往来款项 → 发函询证法

- **清查结果处理**
  - 审批前 → 企业发现财产物资损溢，应根据"清查结果报告表""盘点报告表"等编制记账凭证，调整账簿记录至账实相符
  - 审批后 → 应在期末结账前处理完毕。如果期末结账前未得到批准，应按相关规定进行账务处理，并在附注中加以说明，其后如果批准处理的金额与已处理金额不一致的，调整财务报表相关项目的期初数

07 会计信息化

信息化环境下的会计账务处理

概念

会计信息化：企业利用计算机、网络通信等现代信息技术手段开展会计核算，以及利用上述技术手段将会计核算与其他经营管理活动有机结合的过程

会计信息系统：由会计软件及其运行所依赖的软硬件环境组成的集合体，按其发展程度大致分为 3 种 情况

会计核算信息化、决策支持信息化、财务共享中心

基本要求

注意以下几点（其余省略）：

①企业使用的会计软件应当提供**不可逆的记账功能**，确保对同类已记账凭证的连续编号，不得提供对已记账凭证的删除和插入功能，不得提供对已记账凭证日期、金额、科目和操作人的修改功能

②数据服务器部署在境外的，应当**在境内保存会计资料备份**，备份频率**不得低于每月一次**

③未经有关主管部门批准，**不得**将电子会计资料携带、寄运或者传输至**境外**

扫一扫，提个小建议

图书勘误，评价建议，微信"扫一扫"。您的感受是我们最好的动力！祝您奇兵制胜。

学习收获 >>

第三章 资 产

01 货币资金

货币资金

库存现金

库存现金管理制度

使用范围 ✚
- 个人：可用现金
- 企业：结算起点（1 000 元）以下的零星开支

限额 ✚
- 一般情况：3～5 天日常零星开支
- 边远地区和交通不方便地区：5～15 天日常零星开支

收支规定 ▸
> ①现金收入于当日送存开户银行
> ②**不得坐支**（收进来的现金不能直接拿去支付）
> ③取现金应当注明用途，经本单位财会部门负责人签字盖章，开户银行审核
> ④特殊情况必须使用现金的，向开户银行提出申请，由财会部门负责人签字盖章，开户银行审核

现金清查

现金短缺（盘亏） ▸
> 盘亏时：
> 　借：待处理财产损溢
> 　　贷：库存现金【实际短缺的金额】
> 报经批准后：
> 　借：其他应收款
> 　　　管理费用
> 　　贷：待处理财产损溢

🔍 **辨析**
> 有人赔：其他应收款
> 无人赔：管理费用

现金溢余（盘盈） ▸
> 盘盈时：
> 　借：库存现金【实际溢余的金额】
> 　　贷：待处理财产损溢
> 报经批准后：
> 　借：待处理财产损溢
> 　　贷：其他应付款
> 　　　　营业外收入

🔍 **辨析**
> 有主人：其他应付款
> 无主人：营业外收入

请接下页

银行存款

银行存款核算 ▸ 企业应当设置**银行存款总分类账**和**银行存款日记账**，分别进行银行存款的总分类核算和序时、明细分类核算

银行存款的核对 ▸
> ①银行存款日记账和银行对账单的余额核对，至少每月核对一次
> ②错账和 未达账项
> ③ 银行存款余额调节表 （加我没加，减我没减）

> 该表只用于核对账目，不是调整银行存款账面余额的账面依据

> 四种情形：
> ①企业已收，银行未收——调增银行对账单余额
> ②企业已付，银行未付——调减银行对账单余额
> ③银行已收，企业未收——调增企业银行存款日记账余额
> ④银行已付，企业未付——调减企业银行存款日记账余额

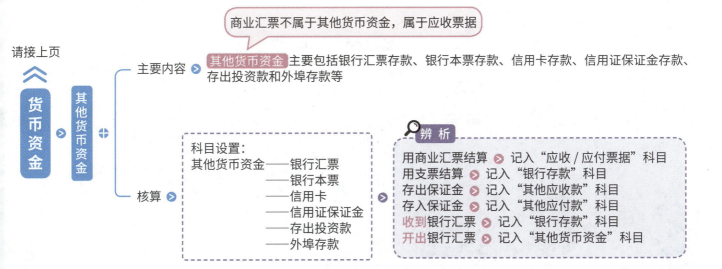

请接上页

货币资金 > 其他货币资金 ⊕

主要内容 > 商业汇票不属于其他货币资金，属于应收票据

其他货币资金 主要包括银行汇票存款、银行本票存款、信用卡存款、信用证保证金存款、存出投资款和外埠存款等

核算 >

科目设置：
其他货币资金——银行汇票
　　　　　　——银行本票
　　　　　　——信用卡
　　　　　　——信用证保证金
　　　　　　——存出投资款
　　　　　　——外埠存款

🔍 辨析

用商业汇票结算 > 记入"应收/应付票据"科目
用支票结算 > 记入"银行存款"科目
存出保证金 > 记入"其他应收款"科目
存入保证金 > 记入"其他应付款"科目
收到银行汇票 > 记入"银行存款"科目
开出银行汇票 > 记入"其他货币资金"科目

---

02 交易性金融资产

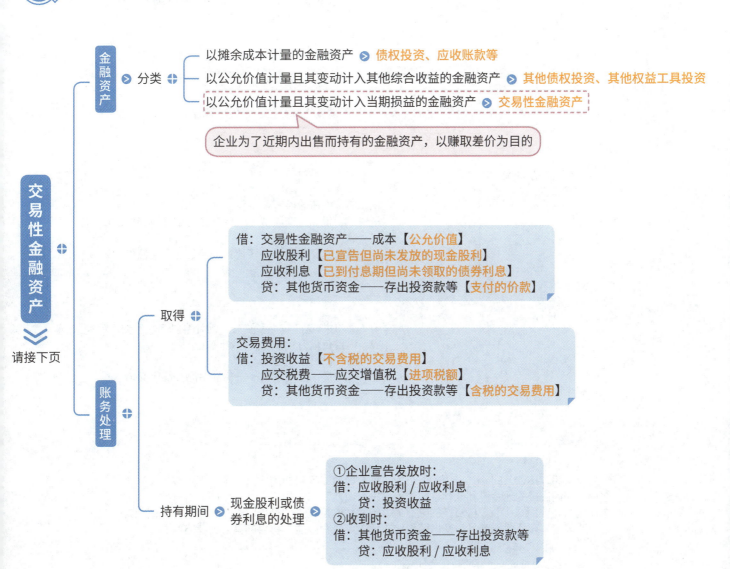

交易性金融资产 ⊕

金融资产 > 分类 ⊕

以摊余成本计量的金融资产 > 债权投资、应收账款等
以公允价值计量且其变动计入其他综合收益的金融资产 > 其他债权投资、其他权益工具投资
以公允价值计量且其变动计入当期损益的金融资产 > 交易性金融资产

企业为了近期内出售而持有的金融资产，以赚取差价为目的

请接下页

账务处理 ⊕

取得 ⊕

借：交易性金融资产——成本【公允价值】
　　应收股利【已宣告但尚未发放的现金股利】
　　应收利息【已到付息期但尚未领取的债券利息】
　贷：其他货币资金——存出投资款等【支付的价款】

交易费用：
借：投资收益【不含税的交易费用】
　　应交税费——应交增值税【进项税额】
　贷：其他货币资金——存出投资款等【含税的交易费用】

持有期间 > 现金股利或债券利息的处理 >

①企业宣告发放时：
借：应收股利/应收利息
　贷：投资收益
②收到时：
借：其他货币资金——存出投资款等
　贷：应收股利/应收利息

请接上页

交易性金融资产

账务处理

持有期间 ➡ 资产负债表日，交易性金融资产公允价值变动

公允价值**高于**账面余额：
借：交易性金融资产——公允价值变动
　　贷：公允价值变动损益【即股价或债券价格**上涨**】

公允价值**低于**账面余额：
借：公允价值变动损益
　　贷：交易性金融资产——公允价值变动【即股价或债券价格**下跌**】

出售 ➡

借：其他货币资金——存出投资款等【**实际收到的金额**】
　　贷：交易性金融资产——成本
　　　　　　　　　　　——公允价值变动【**或借方**】
　　　　投资收益【**倒挤差额，或借方**】

应当将出售时的总价款与其账面余额之间的差额作为投资损益进行账务处理

转让金融商品应交增值税 ➡

转让金融商品应交增值税＝（卖出价－**买入价**）÷（1＋6%）×6%

这里的"买入价"不需要扣除已宣告未发放现金股利和已到付息期未领取的利息

账务处理 ➡

①转让当月月末
产生转让收益时：
借：投资收益等
　　贷：应交税费——转让金融商品应交增值税
产生转让损失时：
借：应交税费——转让金融商品应交增值税
　　贷：投资收益等

②年末，若"应交税费——转让金融商品应交增值税"科目有借方余额，将余额转出
借：投资收益等
　　贷：应交税费——转让金融商品应交增值税

总结

"投资收益"科目：
①交易费用，不计入初始入账金额，记入"投资收益"科目的借方（进项税额可以抵扣）
②持有期间应得的现金股利或利息均记入"投资收益"科目的贷方
③处置时，收到的总价款与资产的账面价值的差额倒挤记入"投资收益"科目的贷方或借方
④差额征税，转让金融商品应交增值税对应记入"投资收益"科目的借方或贷方

03 应收及预付款项

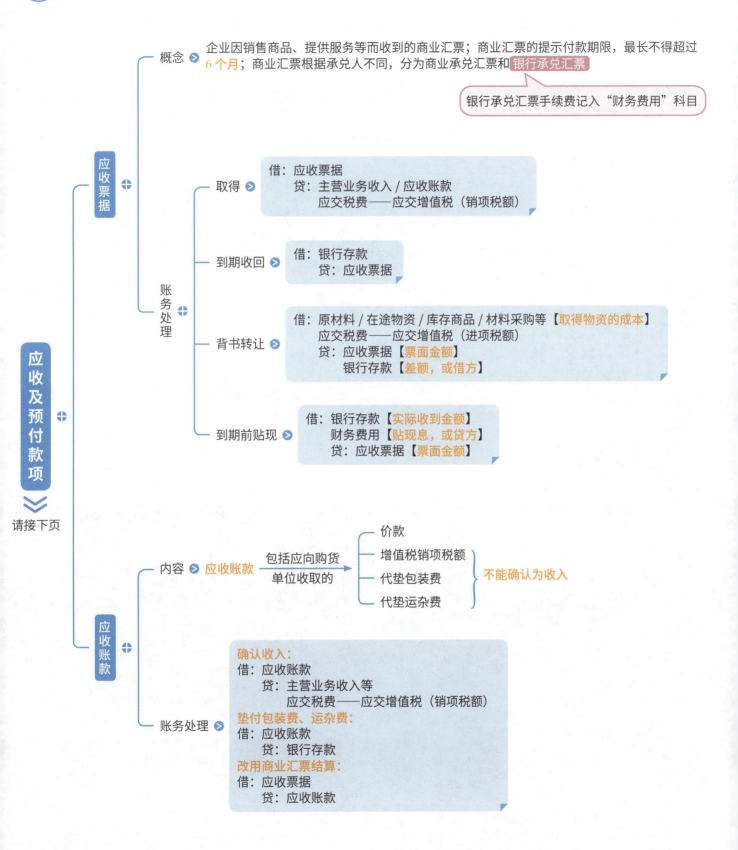

应收及预付款项

应收票据

- 概念 → 企业因销售商品、提供服务等而收到的商业汇票；商业汇票的提示付款期限，最长不得超过 6个月；商业汇票根据承兑人不同，分为商业承兑汇票和 银行承兑汇票
  - 银行承兑汇票手续费记入"财务费用"科目

- 账务处理
  - 取得 → 借：应收票据
    　　　贷：主营业务收入 / 应收账款
    　　　　　应交税费——应交增值税（销项税额）
  - 到期收回 → 借：银行存款
    　　　　贷：应收票据
  - 背书转让 → 借：原材料 / 在途物资 / 库存商品 / 材料采购等【取得物资的成本】
    　　　　　应交税费——应交增值税（进项税额）
    　　　　贷：应收票据【票面金额】
    　　　　　银行存款【差额，或借方】
  - 到期前贴现 → 借：银行存款【实际收到金额】
    　　　　　　财务费用【贴现息，或贷方】
    　　　　　贷：应收票据【票面金额】

请接下页

应收账款

- 内容 → 应收账款 — 包括应向购货单位收取的
  - 价款
  - 增值税销项税额
  - 代垫包装费
  - 代垫运杂费

  （增值税销项税额、代垫包装费、代垫运杂费）不能确认为收入

- 账务处理 →
  确认收入：
  借：应收账款
  　　贷：主营业务收入等
  　　　　应交税费——应交增值税（销项税额）
  垫付包装费、运杂费：
  借：应收账款
  　　贷：银行存款
  改用商业汇票结算：
  借：应收票据
  　　贷：应收账款

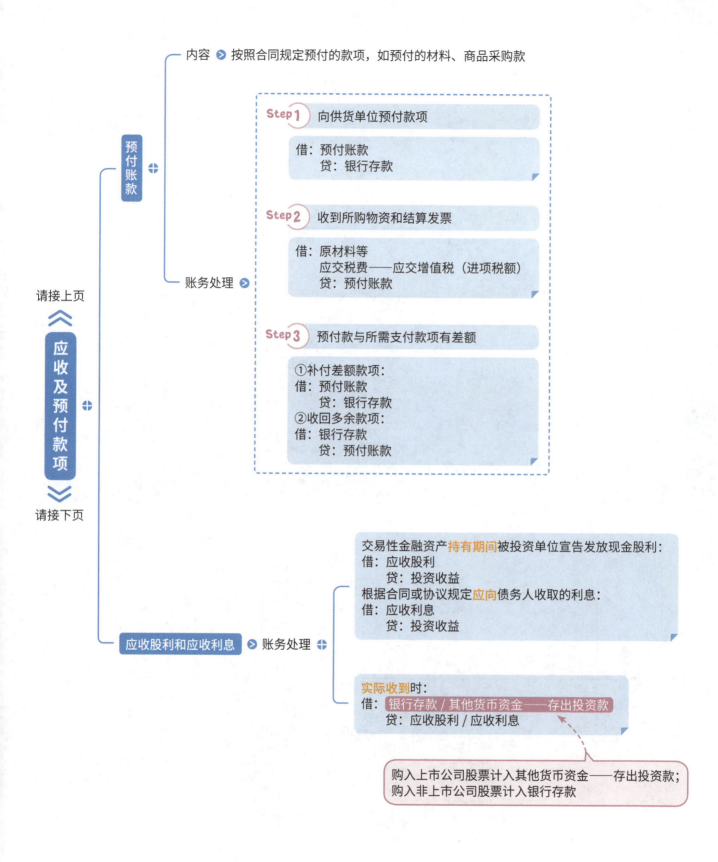

内容 ▶ 按照合同规定预付的款项，如预付的材料、商品采购款

预付账款 ⊕

账务处理 ▶

Step 1 向供货单位预付款项

借：预付账款
　　贷：银行存款

Step 2 收到所购物资和结算发票

借：原材料等
　　应交税费——应交增值税（进项税额）
　　贷：预付账款

Step 3 预付款与所需支付款项有差额

①补付差额款项：
借：预付账款
　　贷：银行存款
②收回多余款项：
借：银行存款
　　贷：预付账款

应收及预付款项 ⊕

请接上页
请接下页

应收股利和应收利息 ▶ 账务处理 ⊕

交易性金融资产**持有期间**被投资单位宣告发放现金股利：
借：应收股利
　　贷：投资收益
根据合同或协议规定**应向**债务人收取的利息：
借：应收利息
　　贷：投资收益

实际收到时：
借：银行存款／其他货币资金——存出投资款
　　贷：应收股利／应收利息

购入上市公司股票计入其他货币资金——存出投资款；
购入非上市公司股票计入银行存款

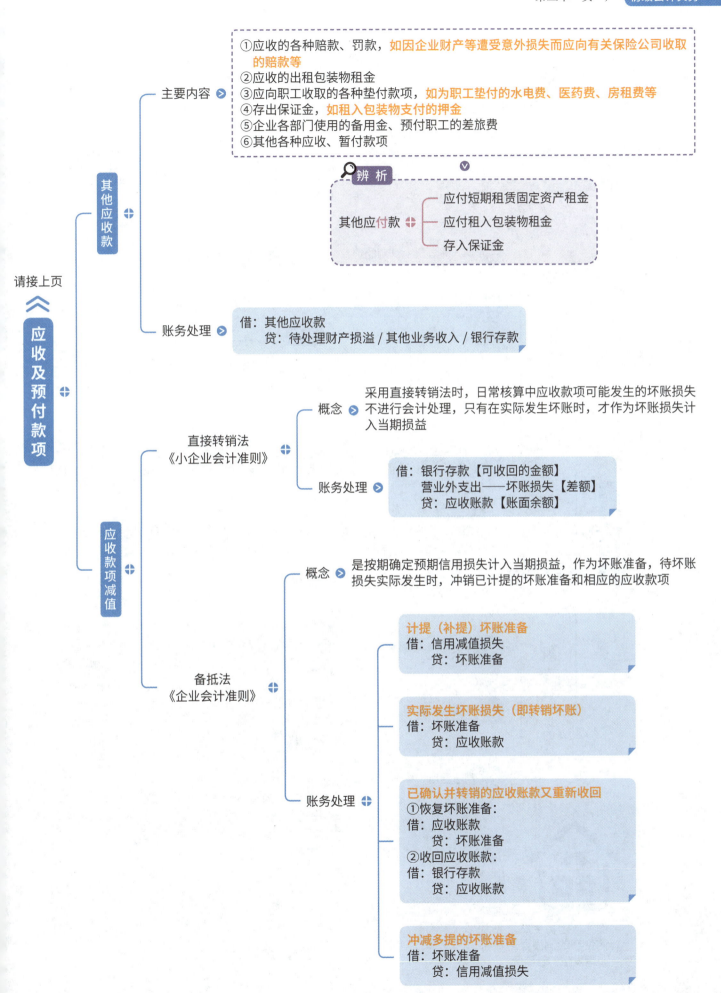

请接上页

应收及预付款项

其他应收款

主要内容 ❯
①应收的各种赔款、罚款，如因企业财产等遭受意外损失而应向有关保险公司收取的赔款等
②应收的出租包装物租金
③应向职工收取的各种垫付款项，如为职工垫付的水电费、医药费、房租费等
④存出保证金，如租入包装物支付的押金
⑤企业各部门使用的备用金、预付职工的差旅费
⑥其他各种应收、暂付款项

🔍 辨 析

其他应付款 ⊕ ┬ 应付短期租赁固定资产租金
        ├ 应付租入包装物租金
        └ 存入保证金

账务处理 ❯
借：其他应收款
　　贷：待处理财产损溢 / 其他业务收入 / 银行存款

应收款项减值

直接转销法《小企业会计准则》

概念 ❯ 采用直接转销法时，日常核算中应收款项可能发生的坏账损失不进行会计处理，只有在实际发生坏账时，才作为坏账损失计入当期损益

账务处理 ❯
借：银行存款【可收回的金额】
　　营业外支出——坏账损失【差额】
　　贷：应收账款【账面余额】

备抵法《企业会计准则》

概念 ❯ 是按期确定预期信用损失计入当期损益，作为坏账准备，待坏账损失实际发生时，冲销已计提的坏账准备和相应的应收款项

账务处理 ⊕

计提（补提）坏账准备
借：信用减值损失
　　贷：坏账准备

实际发生坏账损失（即转销坏账）
借：坏账准备
　　贷：应收账款

已确认并转销的应收账款又重新收回
①恢复坏账准备：
借：应收账款
　　贷：坏账准备
②收回应收账款：
借：银行存款
　　贷：应收账款

冲减多提的坏账准备
借：坏账准备
　　贷：信用减值损失

 存货

请接下页

存货

存货的内容 ▷ 各类原材料、在产品、半成品、产成品、商品以及周转材料（包装物、低值易耗品）、委托代销商品等，不包括**工程物资**（属于非流动资产）

🔍 **辨 析**
固定资产和存货的**持有目的**不同：
①固定资产：为了生产商品、提供劳务、出租或经营管理而持有
②存货：为了对外出售或内部消耗而持有

存货的初始计量

存货采购成本

价 购入时发票上列明的价款，不包括可抵扣增值税进项税额

税 进口关税、消费税、资源税和**不能抵扣的增值税**进项税额等

🔍 **辨 析**
增值税 ┫ 一般纳税人：可抵扣
　　　　 └ 小规模纳税人：入成本

费 指运杂费，包括运输费、装卸费、保险费、包装费、仓储费等，运输途中的**合理损耗** **入库前**的挑选整理费用以及其他可归属于存货入库前的合理费用

🔍 **辨 析**
合理损耗：不影响存货总成本，但会减少实际入库数量，使单位存货成本增加；
非合理损耗：减少总成本，减少实际入库数量，单位存货成本不变

加工取得存货的成本

料 存货的采购成本

工 直接人工费用

费 制造费用

🏷 **总 结**

项 目	是否计入存货成本
进项税额	一般（×） 小规模（√）
进口关税	√
合理损耗	√
入库前的挑选整理费	√
入库后发生的仓储费	×
为达到下一个生产阶段所必需的仓储费	√
非正常消耗的直接材料、直接人工和制造费用	×
为特定客户设计产品发生的可直接认定的产品设计费	√
一般产品设计费	×

酒仓 酒

例如，酒类生产企业为使生产的酒质量达标而必需发生的仓储费

个别计价法 ✛
- 假设前提：实物流转与成本流转一致
- 计算过程：按照各种存货逐一辨认各批发出存货和期末存货所属的购进批别或生产批别

- 优点：成本计算准确
- 缺点：存货收发频繁时，工作量大
- 适用对象：珠宝、名画等贵重物品

先进先出法 ✛
- 假设前提：先购进的存货先发出
- 计算过程：按先进先出的假定流转顺序来确定发出存货的成本及期末结存存货的成本

- 优点：可以随时结转存货发出成本
- 缺点：存货单价不稳定时，工作量较大
- 适用对象：保质期较短的货物

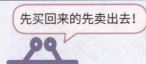

先买回来的先卖出去！

单价

O　　　1.12　1.18　1.20　日期

1 月 12 日，购入 3 个鸡蛋
1 月 18 日，购入 3 个鸡蛋
1 月 20 日，拿了 1 月 12 日购入的 3 个鸡蛋去集市卖钱

1 月 20 日发出存货（1 月 12 日购入）成本偏低，剩余存货（1 月 18 日购入）成本偏高

物价持续上涨的行情下，发出了低成本存货，故会高估利润和库存存货价值

物价持续下跌的行情下，发出了高成本存货，故会低估利润和库存存货价值

请接上页

存 货

发出存货的计价方法 ✛

请接下页

月末一次加权平均法 ▸

存货单位成本 = $\dfrac{\text{月初实际成本} + \text{本月各批购入存货的实际成本}}{\text{月初库存存货数量} + \text{本月各批进货数量之和}}$

本月发出存货成本 = 本月发出存货数量 × 存货单位成本

本月月末库存存货成本 = 月末库存存货数量 × 存货单位成本

- 优点：计算简单，简化工作
- 缺点：不利于日常管理与控制
- 适用对象：数量繁多，品种类似的货物

移动加权平均法 ▸

存货单位成本 = $\dfrac{\text{原有库存存货实际成本} + \text{本次进货实际成本}}{\text{原有库存存货数量} + \text{本次进货数量}}$

本次发出存货成本 = 本次发出存货数量 × 本次发货前存货单位成本

本月月末库存存货成本 = 月末库存存货数量 × 本月月末存货单位成本

- 优点：及时了解存货的结存情况，计算的成本比较客观
- 缺点：计算工作量较大
- 适用对象：收发货不频繁的企业

① 单货同到

借：原材料
　　应交税费——应交增值税（进项税额）
　　贷：银行存款 / 其他货币资金 / 应付票据 / 应付账款等

② 单到货未到

单到时：
借：在途物资
　　应交税费——应交增值税（进项税额）
　　贷：银行存款 / 其他货币资金 / 应付票据 / 应付账款等
材料验收入库时：
借：原材料
　　贷：在途物资

③ 货到单未到

月末仍未收到单据时，材料按暂估价值入账：
借：原材料
　　贷：应付账款——暂估应付账款
下月初红字冲销时：
借：原材料【红字金额】
　　贷：应付账款——暂估应付账款【红字金额】
不能将"增值税的进项税额"暂估入账，收到发票账单时，按照"单货同到"处理

④ 预付货款方式采购（"预付账款"账户一用用到底）

预付时：
借：预付账款
　　贷：银行存款
采购时：
借：原材料
　　应交税费——应交增值税（进项税额）
　　贷：预付账款
补付时：
借：预付账款
　　贷：银行存款

请接上页

存货 > 原材料 > 按实际成本核算 ⊕

请接下页

购入环节

发出环节

借：生产成本【直接材料成本】
　　制造费用【间接材料成本】
　　销售费用【销售环节消耗】
　　管理费用【行政环节消耗】
　　研发支出【研发环节消耗】
　　其他业务成本【对外销售】
　　委托加工物资【发出加工材料】
　　贷：原材料

受益原则 ⊕ ── 谁受益，谁承担
　　　　　　── 何时受益，何时承担
　　　　　　── 承担费用应与受益程度成正比

① 单货同到

借：材料采购【实际成本】
　　应交税费——应交增值税（进项税额）
　　　贷：银行存款 / 其他货币资金 / 应付票据 / 应付账款等
材料入库时：
借：原材料【计划成本】
　　　贷：材料采购【计划成本】
结转实际成本与计划成本的差异：
借：材料成本差异【借方超支差，贷方节约差】
　　　贷：材料采购
或作相反会计分录

② 单到货未到

单到时：
借：材料采购【实际成本】
　　应交税费——应交增值税（进项税额）
　　　贷：银行存款 / 其他货币资金 / 应付票据 / 应付账款等
材料验收入库时：
借：原材料【计划成本】
　　　贷：材料采购【计划成本】
同时结转实际成本与计划成本的差异：
借：材料成本差异【借方超支差，贷方节约差】
　　　贷：材料采购
或作相反会计分录

③ 货到单未到

月末仍未收到单据时，材料按暂估价值入账：
借：原材料【计划成本】
　　　贷：应付账款——暂估应付账款
下月初用红字冲销：
借：原材料【红字】
　　　贷：应付账款——暂估应付账款【红字】
不能将"增值税的进项税额"暂估入账，收到发票账单时，按照"单货同到"处理

存货 → 原材料 → 采用计划成本核算 → 购入环节

请接上页 / 请接下页

总结

①本期材料成本差异率＝（期初结存材料的成本差异＋本期验收入库材料的成本差异）/（期初结存材料的计划成本＋本期验收入库材料的计划成本）×100%
②发出材料应负担的成本差异＝发出材料的计划成本 ×（1＋本期材料成本差异率）
③结存材料应负担的成本差异＝期初结存材料的成本差异＋本期验收入库材料的成本差异－发出材料应负担的成本差异

总结

①采购时，无论是否验收入库均通过"材料采购"科目核算
②验收入库时，按计划成本记入"原材料"科目的借方和"材料采购"科目贷方；计划成本与实际成本的差异从"材料采购"科目结转至"材料成本差异"科目
③平时发出材料时，一律用计划成本
④材料应负担的成本差异应当按期（月）分摊，不得在季末或年末一次分摊
⑤期末，计算材料成本差异率，结转发出材料应负担的差异额，将计划成本调整成实际成本

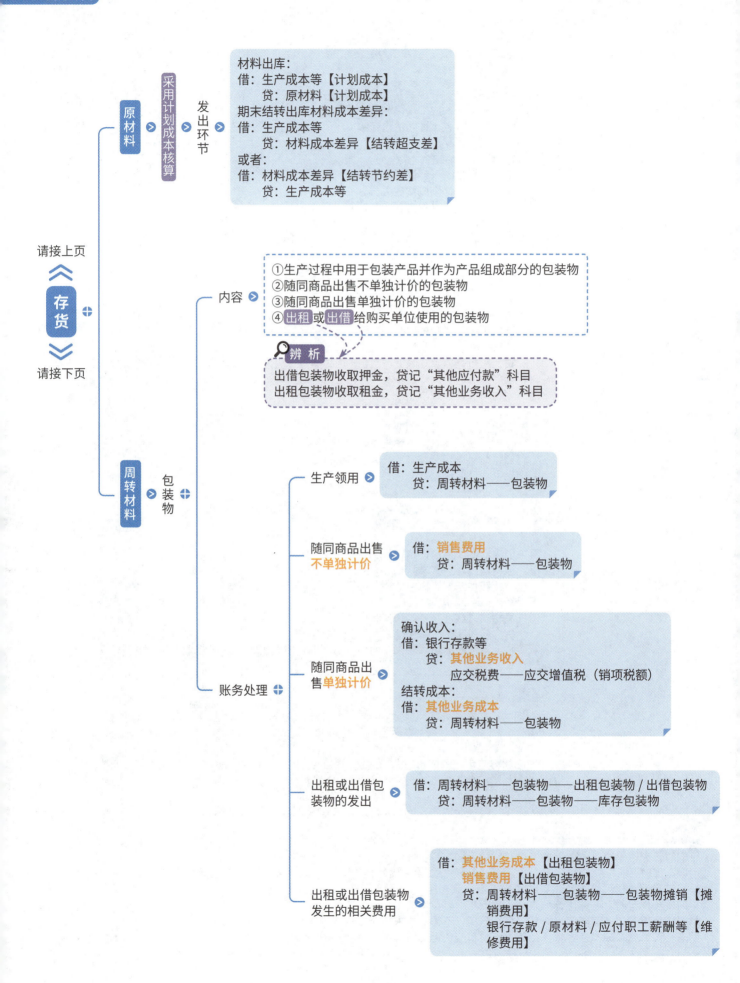

存货

请接上页

请接下页

原材料 ▶ **采用计划成本核算** ▶ **发出环节** ▶
材料出库：
借：生产成本等【计划成本】
　　贷：原材料【计划成本】
期末结转出库材料成本差异：
借：生产成本等
　　贷：材料成本差异【结转超支差】
或者：
借：材料成本差异【结转节约差】
　　贷：生产成本等

周转材料 ▶ **包装物** ⊕

内容 ▶
①生产过程中用于包装产品并作为产品组成部分的包装物
②随同商品出售不单独计价的包装物
③随同商品出售单独计价的包装物
④出租 或 出借 给购买单位使用的包装物

🔍 辨析
出借包装物收取押金，贷记"其他应付款"科目
出租包装物收取租金，贷记"其他业务收入"科目

账务处理 ⊕

生产领用 ▶
借：生产成本
　　贷：周转材料——包装物

随同商品出售 **不单独计价** ▶
借：销售费用
　　贷：周转材料——包装物

随同商品出售 **单独计价** ▶
确认收入：
借：银行存款等
　　贷：其他业务收入
　　　　应交税费——应交增值税（销项税额）
结转成本：
借：其他业务成本
　　贷：周转材料——包装物

出租或出借包装物的发出 ▶
借：周转材料——包装物——出租包装物／出借包装物
　　贷：周转材料——包装物——库存包装物

出租或出借包装物发生的相关费用 ▶
借：其他业务成本【出租包装物】
　　销售费用【出借包装物】
　　贷：周转材料——包装物——包装物摊销【摊销费用】
　　　　银行存款／原材料／应付职工薪酬等【维修费用】

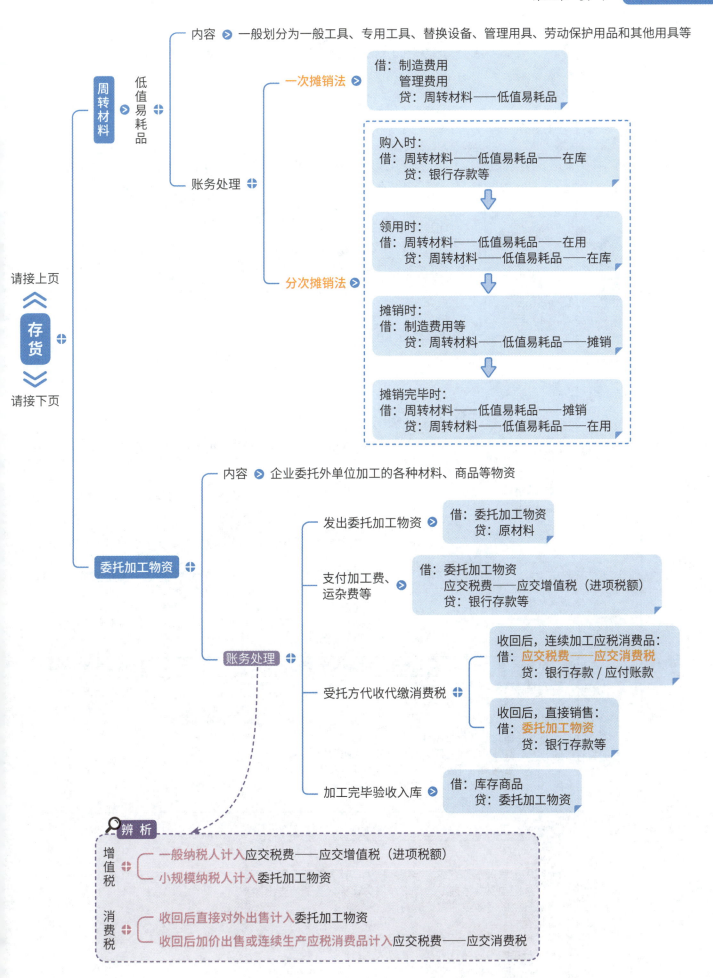

内容 ▶ 一般划分为一般工具、专用工具、替换设备、管理用具、劳动保护用品和其他用具等

周转材料 ▶

低值易耗品 ✛

一次摊销法 ▶
借：制造费用
　　管理费用
　　贷：周转材料——低值易耗品

账务处理 ✛

分次摊销法 ▶

购入时：
借：周转材料——低值易耗品——在库
　　贷：银行存款等

领用时：
借：周转材料——低值易耗品——在用
　　贷：周转材料——低值易耗品——在库

摊销时：
借：制造费用等
　　贷：周转材料——低值易耗品——摊销

摊销完毕时：
借：周转材料——低值易耗品——摊销
　　贷：周转材料——低值易耗品——在用

请接上页
《
存
货 ✛
》
请接下页

内容 ▶ 企业委托外单位加工的各种材料、商品等物资

委托加工物资 ✛

发出委托加工物资 ▶
借：委托加工物资
　　贷：原材料

支付加工费、运杂费等 ▶
借：委托加工物资
　　应交税费——应交增值税（进项税额）
　　贷：银行存款等

账务处理 ✛

受托方代收代缴消费税 ✛
收回后，连续加工应税消费品：
借：应交税费——应交消费税
　　贷：银行存款/应付账款

收回后，直接销售：
借：委托加工物资
　　贷：银行存款等

加工完毕验收入库 ▶
借：库存商品
　　贷：委托加工物资

🔍 辨 析

增值税 ✛
一般纳税人计入应交税费——应交增值税（进项税额）
小规模纳税人计入委托加工物资

消费税 ✛
收回后直接对外出售计入委托加工物资
收回后加价出售或连续生产应税消费品计入应交税费——应交消费税

内容 ▶ 包括库存产成品、外购商品、存放在门市部准备出售的商品、发出展览的商品、寄存在外的商品、接受来料加工制造的代制品和为外单位加工修理的代修品等

库存商品

账务处理 ✚

验收入库 ✚
- 生产的产品入库：
  借：库存商品
    贷：生产成本——基本生产成本
- 外购产品入库：
  借：库存商品
    应交税费——应交增值税（进项税额）
    贷：银行存款等

发出商品，已满足收入确认条件 ▶
借：银行存款等
  贷：主营业务收入
    应交税费——应交增值税（销项税额）

结转成本 ▶
借：主营业务成本
  贷：库存商品

发出商品两种方法

毛利率法（适用于批发企业）▶
①销售净额＝商品销售收入－销售退回－销售折让
②销售成本＝销售净额－销售净额 × 毛利率
　　　　　＝销售净额 ×（1－毛利率）
③期末存货成本＝期初存货成本＋本期购货成本－本期销售成本

售价金额法（适用于零售企业）▶
①商品进销差价率＝（期初库存商品进销差价＋本期购入商品进销差价）÷（期初库存商品售价＋本期购入商品售价）×100%
②本期销售商品应分摊的商品进销差价＝本期商品销售收入 × 商品进销差价率
③本期销售商品的成本＝本期商品销售收入－本期销售商品的商品进销差价
④期末结存商品的成本＝期初库存商品的进价成本＋本期购进商品的进价成本－本期销售商品的成本

请接上页 《
存货 ✚
请接下页 《

存货清查 ▶

时点	盘亏（实存数＜账存数）	盘盈（实存数＞账存数）
批准前	借：待处理财产损溢 　贷：原材料等 　　应交税费——应交增值税（进项税额转出）【自然灾害原因除外】	借：原材料等 　贷：待处理财产损溢
批准后	借：原材料【回收残料】 　其他应收款【保险公司和责任人赔偿】 　管理费用【收发计量、自然损耗、管理不善等造成】 　营业外支出【自然灾害、非常损失】 　贷：待处理财产损溢	借：待处理财产损溢 　贷：管理费用

🔍 **辨析**

存货清查
盘亏：①因管理不善造成的存货净损失，计入管理费用
　　　②因自然灾害造成的存货净损失，计入营业外支出
盘盈：产生的净收益冲减管理费用
现金清查
盘亏：产生的净损失计入管理费用
盘盈：产生的净收益计入营业外收入

请接上页

存货

存货减值

资产负债表日，存货应当按 **成本** 与 **可变现净值** 孰低计量

期末存货实际成本

存货的估计售价－进一步加工成本－估计销售费用和相关税费

账务处理

当存货成本高于其可变现净值时，企业应当按照存货可变现净值低于成本的差额：
借：资产减值损失——计提的存货跌价准备
　　贷：存货跌价准备

转回已计提的存货跌价准备金额时，按恢复增加的金额：
借：存货跌价准备
　　贷：资产减值损失——计提的存货跌价准备

总 结

当期应计提的存货跌价准备＝（存货成本－可变现净值）－存货跌价准备已有贷方余额
结果大于零，则当期补提；结果小于零，则应在已计提的存货跌价准备范围内转回；
如果减值因素已经消失，减值的金额应在原已计提的存货跌价准备金额内转回

05 长期股权投资

长期股权投资

初始计量

合并

同控（属于同一企业集团）

借：长期股权投资【被合并方所有者权益在最终控制方合并财务报表中的账面价值的份额】
资本公积——资本溢价或股本溢价
盈余公积
利润分配——未分配利润 ⎫ 借方差
　　贷：银行存款等【账面价值】
　　　　资本公积——资本溢价或股本溢价 → 贷方差

非同控（不属于同一企业集团）

借：长期股权投资【付出对价的公允价值】
　　贷：合并对价【公允价值。非现金对价的，需要同时确认处置损益或股票发行溢价】

非企业合并

借：长期股权投资【付出对价的公允价值 + 投资相关费用】
　　贷：合并对价【公允价值。非现金对价，需要同时确认处置损益或股票发行溢价】
　　　　银行存款【支付投资相关费用】

请接下页

辨 析

长期股权投资初始计量时各项有关费用的处理

各项有关费用	合并方式（＞50%）		非企业合并方式（≥20%，≤50%）
	同一控制下	非同一控制下	
取得长期股权投资发生的中介费用（如审计费、律师服务费）及其他相关管理费用	计入管理费用		计入长期股权投资的初始成本
发行权益性工具向有关证券承销机构支付的手续费	冲减资本公积——股本溢价，不足冲减的依次冲减盈余公积和利润分配——未分配利润		

	非企业合并方式（权益法）	合并方式（成本法）
对初始投资成本的调整	公允价值份额＞初始投资成本： 借：长期股权投资——投资成本 　　贷：营业外收入 公允价值份额＜初始投资成本： 不调整已确认的初始投资成本	—
被投资方实现净利润	借：长期股权投资——损益调整 　　贷：投资收益	—
被投资方发生净亏损	借：投资收益 　　贷：长期股权投资——损益调整① 　　　　长期应收款② 　　　　预计负债③ 依次冲减，直至长期股权投资账面价值为零；仍未确认的应分担被投资单位的损失，于备查簿中登记	—
被投资方宣告发放现金股利	借：应收股利 　　贷：长期股权投资——损益调整	借：应收股利 　　贷：投资收益
被投资方实际发放现金股利或利润	借：银行存款等 　　贷：应收股利	
被投资方除净损益、利润分配以外的其他综合收益或所有者权益的其他变动	借：长期股权投资——其他权益变动 　　　　　　　　——其他综合收益 　　贷：资本公积——其他资本公积 　　　　其他综合收益	—
发生减值	借：资产减值损失 　　贷：长期股权投资减值准备　**持有期间，不得转回**	
处置长期股权投资	借：银行存款 　　贷：长期股权投资——投资成本 　　　　　　　　——损益调整【或借方】 　　　　　　　　——其他权益变动【或借方】 　　　　　　　　——其他综合收益【或借方】 　　　　投资收益【差额倒挤】 同时： 借：资本公积——其他资本公积 　　其他综合收益 　　贷：投资收益【其他综合收益中被投资单位可转损益的部分＋结转的资本公积】 　　　　留存收益【其他综合收益中被投资单位不可转损益的部分】 或作相反分录	借：银行存款 　　长期股权投资减值准备 　　贷：长期股权投资 　　　　应收股利 　　　　投资收益【或借方】

后续计量

处置

长期股权投资

请接上页

06 投资性房地产

投资性房地产 ⊕

请接下页

概念 ⊳ 是指企业为赚取租金或资本增值，或两者兼有而持有的房地产

内容 ⊳
①已出租的土地使用权（以经营租赁方式租入再转租出去的不属于）
②持有并准备增值后转让的土地使用权（闲置土地不属于）
③已出租的建筑物

企业自用房地产和作为存货的房地产不属于投资性房地产，饭店、旅馆的经营目的是赚取服务收入，也不属于

确认与计量 ⊕

确认 ⊕

确认条件 ⊳
①与该投资性房地产有关的经济利益很可能流入企业，即有证据表明企业能够获取租金或资本增值，或两者兼而有之
②该投资性房地产的成本能够可靠地计量

同时满足

确认时点 ⊳

已出租	⇒ 租赁期开始日
持有以备经营出租	⇒ 权力机构作出书面决议，明确表明持有以备经营出租且持有意图短期内不会改变的日期
持有并准备增值后转让的土地使用权	⇒ 停止自用、准备增值后转让的日期

计量 ⊳

	成本模式	公允价值模式
初始计量	实际成本	
后续计量	实际成本	公允价值
折旧／摊销	投资性房地产累计折旧／摊销	不计
减值	投资性房地产减值准备	
公允价值变动	—	投资性房地产——公允价值变动
租金收入	其他业务收入	

只有在有确凿证据表明投资性房地产的公允价值能够持续可靠取得时，才可采用公允价值模式对投资性房地产进行后续计量，且同一企业只能采用同一模式进行后续计量

部分出租（或资本增值）、部分自用，则用于出租（或资本增值）的部分应单独确认其价值，即按照不同部分公允价值占公允价值总额的比例将成本在不同部分之间进行分配

外购取得：
借：投资性房地产【成本模式】
　　投资性房地产——成本【公允价值模式】
　　应交税费——应交增值税（进项税额）
　贷：银行存款等

建造过程中发生的非正常损失直接计入当期损益，不计入建造成本

自行建造：
借：投资性房地产【成本模式】
　　投资性房地产——成本【公允价值模式】
　贷：在建工程等【建筑成本、安装成本、应予以资本化的各种费用等】

取得 ⊕

自用转为成本模式：
借：投资性房地产【原值】
　　累计折旧 / 摊销
　　固定资产减值准备　——固定资产账面价值
　贷：固定资产【原值】
　　投资性房地产累计折旧 / 摊销
　　投资性房地产减值准备

　　　　　　　　　　投资性房地产账面价值

转换（自用转投房） ⊕

成本模式→公允价值模式 ✓
公允价值模式→成本模式 ✗

自用或**成本模式**转为**公允价值模式：**
借：投资性房地产——成本【公允价值】
　　公允价值变动损益【公允价值＜账面价值】
　　累计折旧
　　固定资产减值准备　——固定资产账面价值
　贷：固定资产
　　其他综合收益【公允价值＞账面价值】

请接上页

投资性房地产 ＞

账务处理 ⊕

确认收入 ＞
借：银行存款等
　贷：其他业务收入
　　应交税费——应交增值税（销项税额）

处置 ⊕

成本模式：
借：其他业务成本
　　投资性房地产累计折旧 / 摊销
　　投资性房地产减值准备　——投资性房地产账面价值
　贷：投资性房地产

结转成本 ⊕

公允价值模式：
借：其他业务成本
　贷：投资性房地产——成本
　　　　　　　　——公允价值变动【或借方】
借：公允价值变动损益【自用转投房＋公允价值变动】
　贷：其他业务成本
或作相反分录
借：其他综合收益【自用转投房】
　贷：其他业务成本

07　固定资产

概念 ▷ 是指企业为生产商品、提供劳务、出租或经营管理而持有的，而非直接用于出售的，使用寿命超过一个会计年度的有形资产

固定资产

取得 ⊕

外购成本＝购买价款＋相关税费＋达到预定可使用状态前的 其他支出

外购需要安装、建造的固定资产，应先通过"在建工程"科目核算，达到预定可使用状态后转入"固定资产"科目

专业人员服务费 ✓
专门采购人员工资 ✗

建造成本 ⊕
- 自营＝领用物资成本＋工程人员薪酬＋其他支出
- 出包＝工程达到预定可使用状态时已向建造承包商结算的进度款

持有 ▷ 折旧 ⊕

折旧时间 ▷ 当月增加次月提折旧，当月减少当月仍提折旧

计算公式 ⊕
- 账面余额＝固定资产原值
- 账面净值（折余价值）＝固定资产原值－累计折旧
- 账面价值（账面净额）＝固定资产原值－累计折旧－固定资产减值准备

影响因素 ▷
① 固定资产原价
② 预计净残值
③ 固定资产减值准备
④ 固定资产的使用寿命

固定资产的使用寿命、预计净残值和折旧方法一经确定，不得随意变更；企业至少应当于每年年度终了，对其进行复核，若有改变应当作为会计估计变更

折旧范围 ▷
除下列情况外，所有固定资产均应计提折旧：
① 已提足折旧仍继续使用的固定资产
② 按规定单独作为固定资产入账的土地（土地不存在损耗）
③ 在改扩建期间的固定资产、更新改造过程停止使用的固定资产（转入了在建工程）
④ 提前报废的固定资产

折旧方法 ⊕

年限平均法 ▷ 年折旧额＝（原值－预计净残值）÷预计使用年限

工作量法 ▷ 单位折旧额＝（原值－预计净残值）÷预计总工作量

年数总和法 ▷ 年折旧额＝（原价－预计净残值）× $\dfrac{\text{尚可使用年限}}{\text{预计使用寿命年数总和}}$

双倍余额递减法 ⊕
- 年折旧额＝（原值－累计折旧）×（2÷预计使用年限）
- 最后两年 ▷ 每年折旧额＝（原值－预计净残值－以前年度累计折旧）÷2

🏷 **总 结**

年限平均法	→	每年折旧额相等
工作量法	→	单位折旧额相等
年数总和法	→	折旧额逐年递减
双倍余额递减法	→	最后2年折旧额相等

加速折旧法

请接下页

折旧 ➤ 账务处理 ➤

借：制造费用【生产用固定资产】
管理费用【行政用固定资产】
销售费用【销售部门用固定资产】
其他业务成本【经营租出的固定资产】等
贷：累计折旧
}【谁受益，谁承担】

计算公式 ⊕

被替换部分的账面价值＝被替换部分的账面原值－被替换部分的累计折旧－被替换部分的减值准备

入账成本＝改造前固定资产原值－累计折旧－固定资产减值准备＋资本化的更新改造支出－被替换部分的账面价值

资本化的后续支出 ⊕

账务处理 ⊕

转入改扩建 ➤

借：在建工程
累计折旧
贷：固定资产

发生支出 ➤

借：在建工程
应交税费——应交增值税（进项税额）
贷：银行存款等

转出被替换部分 ➤

借：银行存款／原材料【变卖入库残值价值】
营业外支出【净损失】
贷：在建工程【被替换部分账面价值】

在处置被替换部分过程中，可能会获得变价收入和残料价值等，应将其冲减营业外支出，不影响固定资产入账价值

重新达到预定可使用状态 ➤

借：固定资产
贷：在建工程

请接上页

固定资产

持有 ⊕

后续支出 ⊕

请接下页

费用化的后续支出 ⊕

不满足资本化条件的更新改造支出、日常修理费、日常维护费

计入当期损益 ➤

借：管理费用／销售费用等
应交税费——应交增值税（进项税额）
贷：原材料／应付职工薪酬／银行存款等

减值 ➤ 可收回金额＜账面价值 ➤

一经计提，不得转回

借：资产减值损失——固定资产减值损失
贷：固定资产减值准备

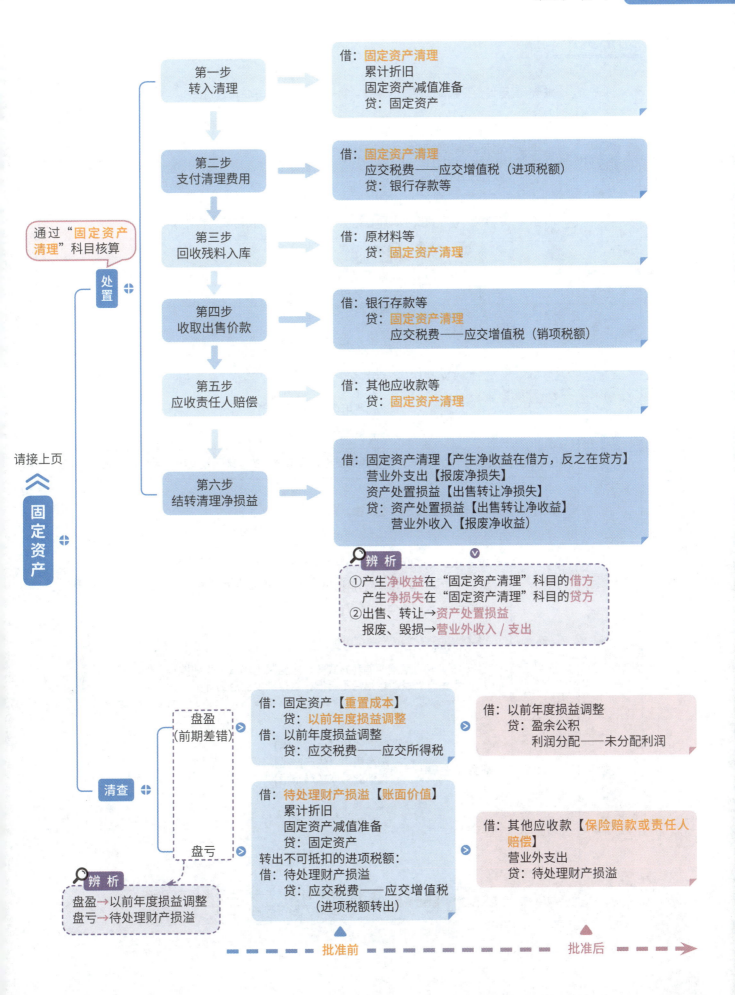

通过"**固定资产清理**"科目核算

处置 ⊕

固定资产 ⊕

请接上页 《

第一步 转入清理 ➡ 借：**固定资产清理**
累计折旧
固定资产减值准备
贷：固定资产

第二步 支付清理费用 ➡ 借：**固定资产清理**
应交税费——应交增值税（进项税额）
贷：银行存款等

第三步 回收残料入库 ➡ 借：原材料等
贷：**固定资产清理**

第四步 收取出售价款 ➡ 借：银行存款等
贷：**固定资产清理**
应交税费——应交增值税（销项税额）

第五步 应收责任人赔偿 ➡ 借：其他应收款等
贷：**固定资产清理**

第六步 结转清理净损益 ➡ 借：固定资产清理【产生净收益在借方，反之在贷方】
营业外支出【报废净损失】
资产处置损益【出售转让净损失】
贷：资产处置损益【出售转让净收益】
营业外收入【报废净收益】

🔍 **辨 析**
①产生净收益在"固定资产清理"科目的借方
产生净损失在"固定资产清理"科目的贷方
②出售、转让→资产处置损益
报废、毁损→营业外收入／支出

清查 ⊕

盘盈（前期差错） ❯ 借：固定资产【重置成本】
贷：以前年度损益调整
借：以前年度损益调整
贷：应交税费——应交所得税

❯ 借：以前年度损益调整
贷：盈余公积
利润分配——未分配利润

盘亏 ❯ 借：**待处理财产损溢**【账面价值】
累计折旧
固定资产减值准备
贷：固定资产
转出不可抵扣的进项税额：
借：待处理财产损溢
贷：应交税费——应交增值税
（进项税额转出）

❯ 借：其他应收款【保险赔款或责任人赔偿】
营业外支出
贷：待处理财产损溢

🔍 **辨 析**
盘盈→以前年度损益调整
盘亏→待处理财产损溢

▲ 批准前 ▲ 批准后 ➡

08 无形资产

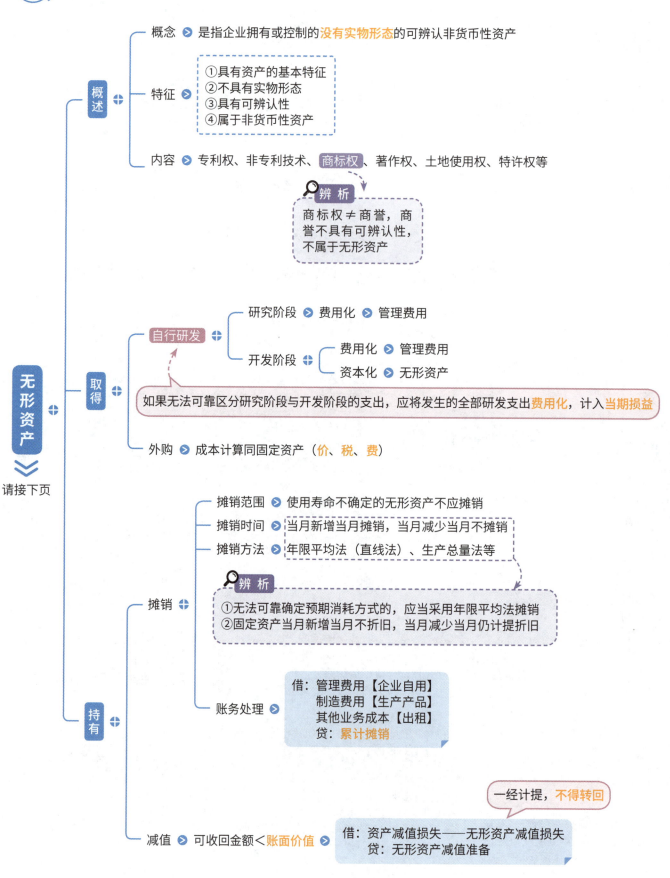

概述

- 概念 ▶ 是指企业拥有或控制的**没有实物形态**的可辨认非货币性资产
- 特征 ▶ ①具有资产的基本特征
  ②不具有实物形态
  ③具有可辨认性
  ④属于非货币性资产
- 内容 ▶ 专利权、非专利技术、**商标权**、著作权、土地使用权、特许权等

  🔍 **辨 析**
  商标权 ≠ 商誉，商誉不具有可辨认性，不属于无形资产

取得

- **自行研发**
  - 研究阶段 ▶ 费用化 ▶ 管理费用
  - 开发阶段 ▶ 费用化 ▶ 管理费用
    资本化 ▶ 无形资产

  如果无法可靠区分研究阶段与开发阶段的支出，应将发生的全部研发支出**费用化**，计入**当期损益**

- 外购 ▶ 成本计算同固定资产（**价**、**税**、**费**）

请接下页

无形资产

持有

- **摊销**
  - 摊销范围 ▶ 使用寿命不确定的无形资产不应摊销
  - 摊销时间 ▶ 当月新增当月摊销，当月减少当月不摊销
  - 摊销方法 ▶ 年限平均法（直线法）、生产总量法等

  🔍 **辨 析**
  ①无法可靠确定预期消耗方式的，应当采用年限平均法摊销
  ②固定资产当月新增当月不折旧，当月减少当月仍计提折旧

  - 账务处理 ▶ 借：管理费用【企业自用】
    制造费用【生产产品】
    其他业务成本【出租】
    贷：**累计摊销**

- 减值 ▶ 可收回金额＜**账面价值** ▶ 借：资产减值损失——无形资产减值损失
  贷：无形资产减值准备

  一经计提，**不得转回**

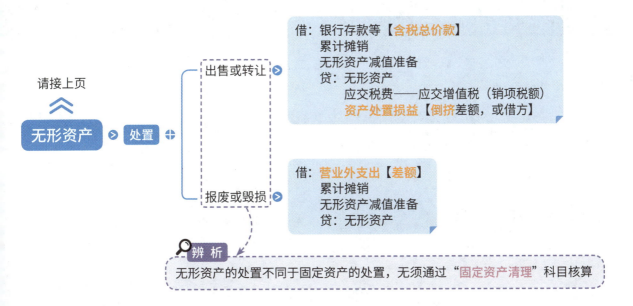

请接上页

无形资产 ▶ 处置 ✦

出售或转让 ▶
借：银行存款等【含税总价款】
　　累计摊销
　　无形资产减值准备
　贷：无形资产
　　　应交税费——应交增值税（销项税额）
　　　资产处置损益【倒挤差额，或借方】

报废或毁损 ▶
借：营业外支出【差额】
　　累计摊销
　　无形资产减值准备
　贷：无形资产

🔍 辨析
无形资产的处置不同于固定资产的处置，无须通过"固定资产清理"科目核算

09 ▷ 长期待摊费用

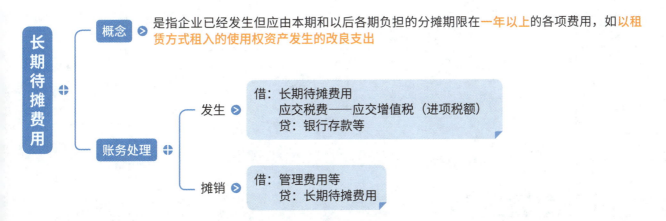

长期待摊费用 ✦

概念 ▶ 是指企业已经发生但应由本期和以后各期负担的分摊期限在一年以上的各项费用，如以租赁方式租入的使用权资产发生的改良支出

账务处理 ✦

发生 ▶
借：长期待摊费用
　　应交税费——应交增值税（进项税额）
　贷：银行存款等

摊销 ▶
借：管理费用等
　贷：长期待摊费用

🔍 扫一扫，提个小建议

图书勘误，评价建议，微信"扫一扫"。您的感受是我们最好的动力！祝您奇兵制胜。

💡 学习收获 ≫

第四章 负 债

01 短期借款

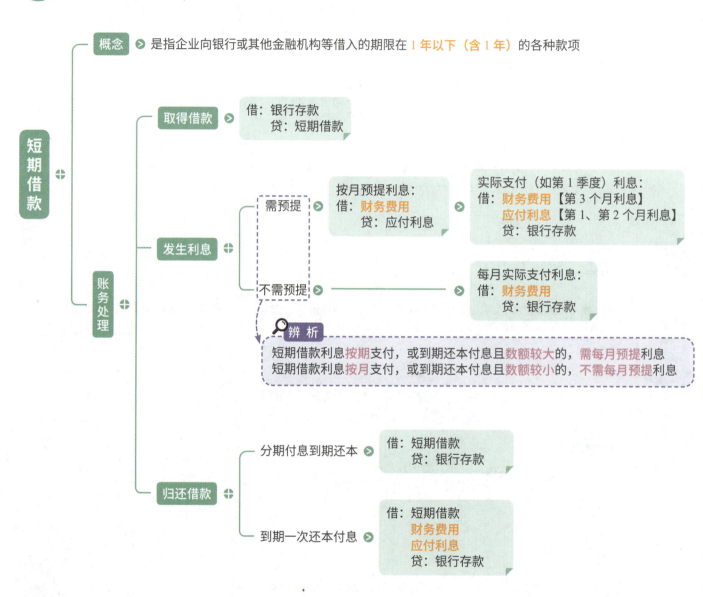

概念 ➤ 是指企业向银行或其他金融机构等借入的期限在 1 年以下（含 1 年）的各种款项

短期借款

账务处理

- **取得借款** ➤ 借：银行存款
  贷：短期借款

- **发生利息**
  - **需预提** ➤ 按月预提利息：
    借：财务费用
    贷：应付利息
    ➤ 实际支付（如第 1 季度）利息：
    借：财务费用【第 3 个月利息】
    应付利息【第 1、第 2 个月利息】
    贷：银行存款
  - **不需预提** ➤ 每月实际支付利息：
    借：财务费用
    贷：银行存款

  辨 析
  短期借款利息按期支付，或到期还本付息且数额较大的，需每月预提利息
  短期借款利息按月支付，或到期还本付息且数额较小的，不需每月预提利息

- **归还借款**
  - 分期付息到期还本 ➤ 借：短期借款
    贷：银行存款
  - 到期一次还本付息 ➤ 借：短期借款
    财务费用
    应付利息
    贷：银行存款

02 应付及预收款项

应付及预收款项 ➤ **应付票据**

- **概念** ➤ 是指企业购买材料、商品和接受服务等而开出、承兑的商业汇票

  商业承兑汇票和银行承兑汇票

- **账务处理** ➤ 开出应付票据 ➤ 借：材料采购 / 在途物资 / 原材料 / 库存商品等
  应交税费——应交增值税（进项税额）
  贷：应付票据

请接下页

支付银行承兑汇票**手续费** ➤
借：**财务费用**
　　应交税费——应交增值税（进项税额）
贷：银行存款

偿付应付票据 ➤
借：**应付票据**
贷：银行存款

应付票据 ➤ 账务处理 ✦

转销应付票据 ✦
商业承兑汇票到期，若企业无力支付票款：
借：应付票据
贷：**应付账款**

银行承兑汇票到期，若企业无力支付票款：
借：应付票据
贷：**短期借款**

发生应付账款 ➤
借：材料采购／在途物资／原材料／库存商品等
　　应交税费——应交增值税（进项税额）
贷：应付账款

应付账款 ✦

偿还应付账款 ➤
借：应付账款
贷：银行存款
　　应付票据【**开出商业汇票抵付**】

转销应付账款 ➤
借：应付账款
贷：营业外收入

确实无法支付的应付账款应予以转销，按其账面余额计入**营业外收入**

请接上页

应付及预收款项 ✦

预收账款 ➤ 概念 ➤ 企业按照合同规定预收的款项（如**预收的租金**）。"预收账款"账户**一用用到底**

🔍 辨析

注意区分"预收账款"和"合同负债"：

项　目	预收账款（负债类）	合同负债（负债类）
核算内容	预收的**租赁款**	预收的**销售商品**的款项
账务处理	①预收款项： 借：银行存款 　　贷：预收账款 　　　　应交税费——应交增值税（销项税额） ②按期确认收入： 借：预收账款 　　贷：其他业务收入 ③收到购货单位补付款项： 借：银行存款 　　贷：预收账款 　　　　应交税费——应交增值税（销项税额）	①预收款项： 借：银行存款 　　贷：合同负债 　　　　应交税费——待转销项税额 ②按期确认收入： 借：合同负债 　　应交税费——待转销项税额 　　贷：主营业务收入 　　　　应交税费——应交增值税（销项税额）

计提利息 ➤
借：财务费用／研发支出／在建工程等
贷：应付利息

应付利息 ✦

实际支付利息 ➤
借：**应付利息**
贷：银行存款等

03 应付职工薪酬

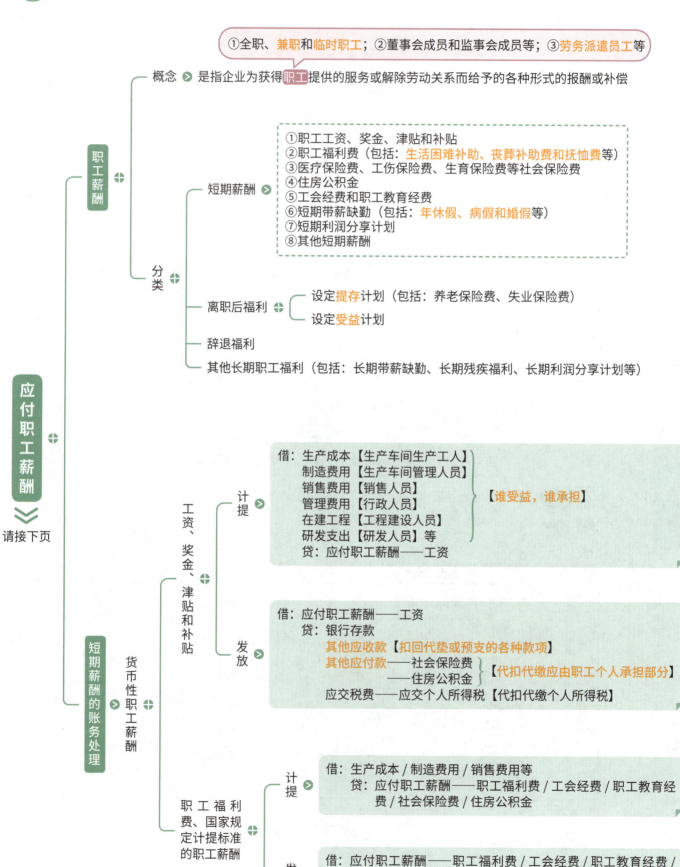

应付职工薪酬

请接下页

概念 ▸ 是指企业为获得职工提供的服务或解除劳动关系而给予的各种形式的报酬或补偿

①全职、兼职和临时职工；②董事会成员和监事会成员等；③劳务派遣员工等

职工薪酬

分类

短期薪酬 ▸
①职工工资、奖金、津贴和补贴
②职工福利费（包括：生活困难补助、丧葬补助费和抚恤费等）
③医疗保险费、工伤保险费、生育保险费等社会保险费
④住房公积金
⑤工会经费和职工教育经费
⑥短期带薪缺勤（包括：年休假、病假和婚假等）
⑦短期利润分享计划
⑧其他短期薪酬

离职后福利
设定提存计划（包括：养老保险费、失业保险费）
设定受益计划

辞退福利

其他长期职工福利（包括：长期带薪缺勤、长期残疾福利、长期利润分享计划等）

短期薪酬的账务处理

货币性职工薪酬

工资、奖金、津贴和补贴

计提 ▸
借：生产成本【生产车间生产工人】
　　制造费用【生产车间管理人员】
　　销售费用【销售人员】
　　管理费用【行政人员】
　　在建工程【工程建设人员】
　　研发支出【研发人员】等
　贷：应付职工薪酬——工资
　　　　　　　　　　　　　　　　【谁受益，谁承担】

发放 ▸
借：应付职工薪酬——工资
　贷：银行存款
　　　其他应收款【扣回代垫或预支的各种款项】
　　　其他应付款——社会保险费
　　　　　　　　——住房公积金　【代扣代缴应由职工个人承担部分】
　　　应交税费——应交个人所得税【代扣代缴个人所得税】

职工福利费、国家规定计提标准的职工薪酬

计提 ▸
借：生产成本 / 制造费用 / 销售费用等
　贷：应付职工薪酬——职工福利费 / 工会经费 / 职工教育经费 / 社会保险费 / 住房公积金

发放 ▸
借：应付职工薪酬——职工福利费 / 工会经费 / 职工教育经费 / 社会保险费 / 住房公积金
　贷：银行存款等

辨 析

不同**来源**的商品用于发放非货币性职工福利的区别：

项 目	自产产品	外购产品
是否属于"视同销售"	是	否
进项税额	可以抵扣	不可抵扣，已抵扣的，作进项税额转出
销项税额	确认销项	不确认销项

自产产品

计提 ▷ 借：生产成本 / 制造费用 / 销售费用等
贷：应付职工薪酬——非货币性福利【含销项税的售价】

发放 ▷ 确认收入：
借：应付职工薪酬——非货币性福利【含销项税的售价】
贷：主营业务收入
应交税费——应交增值税（销项税额）
同时结转成本：
借：主营业务成本
存货跌价准备
贷：库存商品

外购产品

情 形	外购时已明确用途（用于职工集体福利）	外购时未明确用途
购入时	借：库存商品【含进项税的买价】 贷：银行存款等	借：库存商品【不含税买价】 应交税费——应交增值税（进项税额） 贷：银行存款等
计提时	借：生产成本 / 制造费用 / 销售费用等 贷：应付职工薪酬——非货币性福利【含进项税的买价】	
实际发放时	借：应付职工薪酬——非货币性福利【含进项税的买价】 贷：库存商品	借：应付职工薪酬——非货币性福利【含进项税的买价】 贷：库存商品 应交税费——应交增值税（进项税额转出）

自有房屋或租赁住房等资产无偿供给职工使用

计提：
借：生产成本 / 制造费用 / 销售费用等【折旧额 / 租金】
贷：应付职工薪酬——非货币性福利

计提折旧 / 支付租金时：
借：应付职工薪酬——非货币性福利
贷：累计折旧【自有房屋计提折旧】
银行存款【租赁住房支付租金】

应付职工薪酬

短期薪酬的账务处理 ▷ 非货币性职工薪酬

请接上页

请接下页

除短期薪酬外的其他职工薪酬的账务处理 ▷ 离职后福利

计提：
借：生产成本 / 制造费用 / 销售费用等
贷：应付职工薪酬——设定提存计划

缴存时：
借：应付职工薪酬——设定提存计划
贷：银行存款等

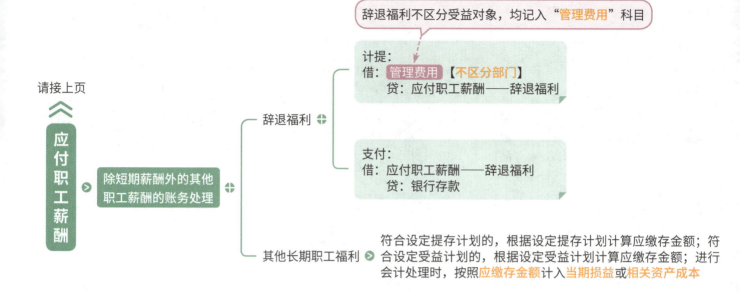

辞退福利不区分受益对象，均记入"**管理费用**"科目

请接上页

应付职工薪酬

除短期薪酬外的其他职工薪酬的账务处理

辞退福利

计提：
借：管理费用【**不区分部门**】
　　贷：应付职工薪酬——辞退福利

支付：
借：应付职工薪酬——辞退福利
　　贷：银行存款

其他长期职工福利　符合设定提存计划的，根据设定提存计划计算应缴存金额；符合设定受益计划的，根据设定受益计划计算应缴存金额；进行会计处理时，按照**应缴存金额**计入**当期损益**或**相关资产成本**

04　应交税费

应交税费

请接下页

增值税

概念　是以商品（含应税劳务、应税行为）在流转过程中实现的以**增值额**作为计税依据而征收的一种**流转税**。增值税一般纳税人分为 **一般纳税人** 和 **小规模纳税人**

🔍 **辨析**

纳税义务人	计税方法	计算公式
一般纳税人	一般计税方法	①销售额＝含税销售额 ÷（1 ＋**增值税税率**） ②当期应纳税额＝当期销项税额－当期进项税额
小规模纳税人	简易计税方法	①销售额＝含税销售额 ÷（1 ＋**征收率**） ②当期应纳税额＝当期不含税销售额 × 征收率

一般纳税人的账务处理

购进业务（进项税额）

购进货物、加工修理修配劳务或服务、取得无形资产或不动产

借：材料采购 / 在途物资 / 原材料 / 库存商品等
　　应交税费——应交增值税（进项税额）
　　贷：银行存款 / 应付账款等

购进**免税**农产品

借：材料采购 / 在途物资 / 原材料 / 库存商品等【**购买价款** ×（1 － 9%）**或购买价款** ×（1 － 10%）】
　　应交税费——应交增值税（进项税额）【**购买价款** ×9%/10%】
　　贷：银行存款 / 应付账款等【实际支付的**购买价款**】

🔍 **辨析**

购进免税农产品按收购金额的 9% 或 10% 计算抵扣。
免税农产品的进项税额＝买价 × 扣除率

购进免税农产品的目的	扣除率
用于生产 13% 税率的货物	10%
用于生产 9% 税率的货物	9%
直接**销售**	9%

请接上页
≪
应交税费
≫
请接下页

增值税 ▸

一般纳税人的账务处理 ▸

购进业务（进项税额）▸ **进项税额转出**（已确认的进项未来不再产生销项）➕

改变用途 ▸
外购的产品或服务改变用途用于：
①简易计税项目
②免税项目
③集体福利或个人消费
④非增值税应税项目
▽
借：应付职工薪酬等
　　贷：应交税费——应交增值税（进项税额转出）

发生非正常损失 ▸
①因管理不善造成被盗、丢失、霉烂变质的损失货物（自然灾害造成的除外）
②被执法部门依法没收或强令自行销毁的货物
▽
借：待处理财产损溢 等
　　贷：应交税费——应交增值税（进项税额转出）

如果是固定资产盘亏，应按其账面净值（固定资产原价－已计提折旧）×适用税率

销售业务（销项税额）➕

销售货物、加工修理修配劳务或服务、无形资产等 ▸

收入与利得确认时点	账务处理
与纳税义务发生时点**一致**	借：银行存款/应收账款/应收票据等 　　贷：主营业务收入/其他业务收入 　　　　应交税费——应交增值税（销项税额）
早于纳税义务发生时点	借：银行存款/应收账款/应收票据等 　　贷：主营业务收入/其他业务收入 　　　　应交税费——**待转销项税额** 实际发生纳税义务时： 借：应交税费——**待转销项税额** 　　贷：应交税费——应交增值税（销项税额）
晚于纳税义务发生时点	借：应收账款【应纳增税额】 　　贷：应交税费——应交增值税（销项税额） 确认收入时： 借：银行存款/应收账款/应收票据等【**扣除销项税额**后的金额】 　　贷：主营业务收入/其他业务收入

视同销售 ▸ 自产或委托加工货物（**不**包括外购）▸ 用于职工集体福利工程 ▸
借：在建工程【成本＋销项税额】
　　贷：库存商品【成本价】
　　　　应交税费——应交增值税（销项税额）【公允价值×适用税率】

辨析

用于发放职工集体福利，要确认收入
用于职工集体福利工程，不确认收入

自产或委托加工货物（**不包括外购**）

用于发放职工集体福利或个人消费

① 计提时：
借：生产成本 / 制造费用 / 销售费用等【**含销项税的售价**】
　　贷：应付职工薪酬——非货币性福利【含销项税的售价】
② 发放时：
借：应付职工薪酬——非货币性福利【含销项税的售价】
　　贷：主营业务收入
　　　　应交税费——应交增值税（销项税额）
【需同时结转成本】

借：主营业务成本
　　存货跌价准备
　　贷：库存商品

一般纳税人的账务处理

销售业务（销项税额）

视同销售

自产、委托加工或**外购货物**

用于对外投资

借：长期股权投资【**含销项税的售价**】
　　贷：主营业务收入
　　　　应交税费——应交增值税（销项税额）【计税价格 × 适用税率】
【需同时结转成本】

用于支付（分配）股利

借：应付股利【**含销项税的售价**】
　　贷：主营业务收入
　　　　应交税费——应交增值税（销项税额）【计税价格 × 适用税率】
【需同时结转成本】

请接上页

应交税费

增值税

请接下页

用于对外捐赠

借：营业外支出【**成本＋销项税**】
　　贷：库存商品【成本价】
　　　　应交税费——应交增值税（销项税额）【计税价格 × 适用税率】

辨析

情　形	外购货物	自产或委托加工
用于**集体福利**或**个人消费**	**不视同**销售 **不确认**销项，进项**不**可抵扣	**视同**销售 **确认**销项，进项**可**抵扣
用于**投资**、**分配**或**对外捐赠**	**视同**销售 **确认**销项，进项**可**抵扣	

小规模纳税人的账务处理

购进货物（劳务或服务）时

增值税进项税额一律**不予抵扣**，直接**计入**有关**成本**费用或资产：
借：材料采购 / 在途物资 / 原材料等【**价税合计**】
　　贷：应付账款 / 应付票据 / 银行存款等

销售货物（劳务或服务）时

借：银行存款等
　　贷：主营业务收入等
　　　　应交税费——应交增值税

增值税 ▷ 月末转出多交和未交 ✚

月度终了，对于**当月应交未交**的增值税 ▷
借：应交税费——应交增值税（转出未交增值税）
贷：应交税费——**未交增值税**

月度终了，对于**当月多交**的增值税 ▷
借：应交税费——**未交增值税**
贷：应交税费——应交增值税（转出多交增值税）

应交税费 ✚
请接上页 《《
请接下页 》》

消费税 ✚

概念 ▷ 是指在我国境内生产、委托加工和进口应税消费品的单位和个人，按其**流转额**交纳的一种税

账务处理 ✚

销售应税消费品 ▷
借：**税金及附加**
贷：应交税费——应交消费税

自产自用应税消费品 ✚

用于**在建工程**、非生产机构等 ▷
借：**在建工程等**
贷：应交税费——应交消费税

用于**对外投资、职工福利**等 ▷
借：**税金及附加**
贷：应交税费——应交消费税

委托加工应税消费品 ✚

收回后直接用于对外**销售** ▷
受托方代收代缴的消费税，直接**计入委托加工物资成本**：
借：委托加工物资等
贷：应付账款／银行存款等

收回后用于**连续生产**应税消费品 ▷
受托方代收代缴的消费税，**可以抵扣**：
借：**应交税费——应交消费税**
贷：应付账款／银行存款等

进口应税消费品 ▷
应交的消费税计入采购物资的**成本**：
借：在途物资／材料采购／原材料／库存商品
贷：银行存款等

🔍 辨析
不通过"应交税费"科目核算的税金主要有：①**印花税**；②**耕地占用税**；③**车辆购置税**；④**契税**；⑤**进口关税**

其他应交税费 ▷ 概念 ▷ 是指除增值税、消费税以外的其他各种应上交国家的税费，包括资源税、城市维护建设税和教育费附加等

资源税

对外销售应税产品 ➤
借：税金及附加
　　贷：应交税费——应交资源税

自产自用应税产品 ➤
借：生产成本／制造费用等
　　贷：应交税费——应交资源税

城市维护建设税、教育费附加 ➤
借：税金及附加
　　贷：应交税费——应交城市维护建设税
　　　　　　　　——应交教育费附加

总　结

税　种	公　式
城市维护建设税 教育费附加	应纳税额＝（实际交纳的增值税＋实际交纳的消费税）×适用税率

请接上页 ≪

应交税费 ➤ 其他应交税费 账务处理 ✚

土地增值税 ✚

非房地产开发经营企业 ✚

转让的土地使用权连同地上建筑物及其附着物一并在"固定资产"科目核算的：
借：固定资产清理
　　贷：应交税费——应交土地增值税

转让的土地使用权在"无形资产"科目核算的：
借：银行存款
　　无形资产减值准备
　　累计摊销
　　贷：无形资产
　　　　应交税费——应交土地增值税
　　　　资产处置损益【或借方】

房地产开发经营企业 ➤
借：税金及附加
　　贷：应交税费——应交土地增值税

房产税、城镇土地使用税、车船税 ➤
借：税金及附加
　　贷：应交税费——应交房产税
　　　　　　　　——应交城镇土地使用税
　　　　　　　　——应交车船税

应付股利及其他应付款

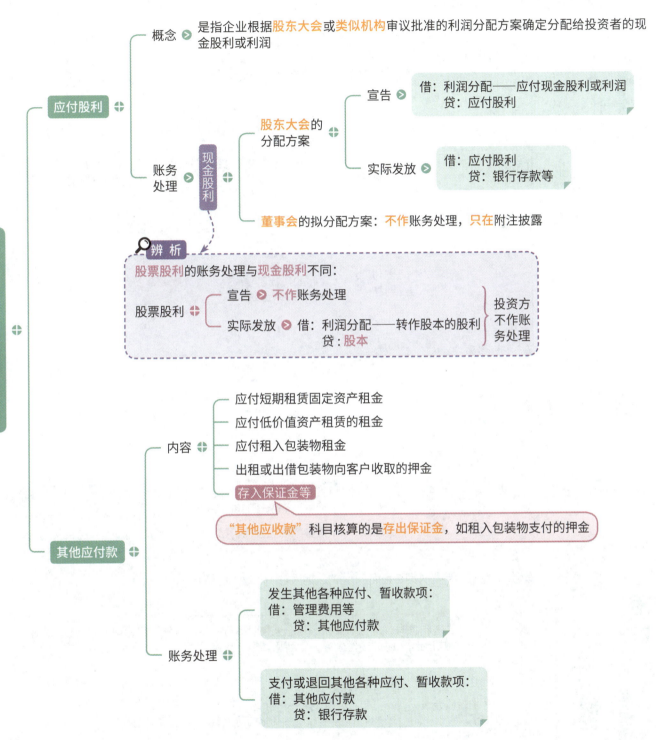

06 长期借款

概念 ➤ 是指企业向银行或其他金融机构借入的期限在 1 年以上（不含 1 年）的各种借款

长期借款

账务处理

取得借款 ➤
借：银行存款【按实际收到的款项】
　　长期借款——利息调整【倒挤差额】
　贷：长期借款——本金

发生借款利息

计提利息 ➤
借：管理费用【筹建期间的利息费用】
　　财务费用【生产经营期间不符合资本化条件的利息费用】
　　在建工程／制造费用／研发支出等【资产尚未达到预定可使用状态前符合资本化条件的利息费用】
　贷：应付利息【分期付息】
　　　长期借款——应计利息【到期一次还本付息】
　　　　　　——利息调整【差额】

支付利息 ➤
借：应付利息【分期付息】
　　长期借款——应计利息【到期一次还本付息】
　贷：银行存款

归还借款 ➤
借：长期借款——本金
　贷：银行存款

07 应付债券及长期应付款

🔍 **辨析**

债券发行
- **面值**发行：**按**其票面金额发行
- **折价**发行：**低于**债券票面金额的价格发行
- **溢价**发行：**高于**债券票面金额的价格发行

}债券溢价或折价不是债券发行企业的**收益或损失**，而是发行债券企业在债券存续期内对利息费用的**调整**

概念 ➤ 企业为筹集长期资金而**发行**的、期限在 1 年以上的债券

应付债券及长期应付款

应付债券

账务处理

计提利息时"应付债券——利息调整"科目的借贷方向与初始购入时借贷方向相反，如初始购入时"应付债券——利息调整"科目是在贷方，计提时则在借方

发行债券 ➤
借：银行存款等
　贷：应付债券——面值
　　　　　　——利息调整【差额，或借方】

计提利息 ➤
借：在建工程／制造费用等【期初摊余成本 × 实际利率】
　　应付债券——利息调整【差额，或贷方】
　贷：应付利息【分期付息、到期一次还本的债券】
　　　应付债券——应计利息【到期一次还本付息的债券】
　　　　　　　　　　　　　　　　　　　　　　　　{面值 ×票面利率}

支付利息 ➤
借：应付利息【分期付息、到期一次还本的债券】
　贷：银行存款

请接下页

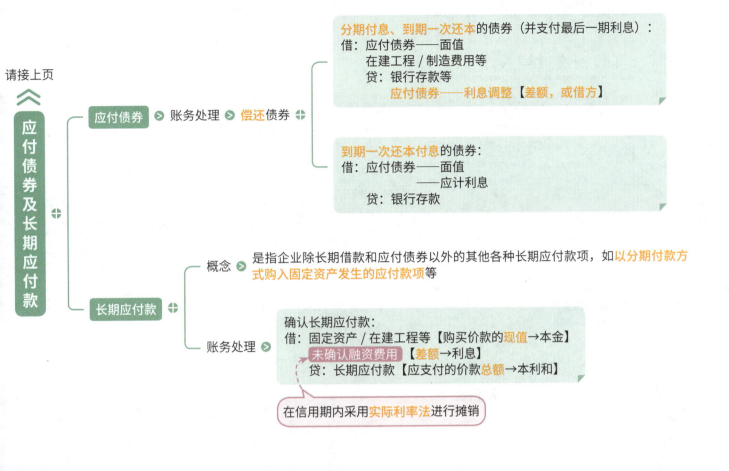

请接上页

应付债券及长期应付款

应付债券 ▸ 账务处理 ▸ **偿还**债券

分期付息、到期一次还本的债券（并支付最后一期利息）：
借：应付债券——面值
　　在建工程 / 制造费用等
　贷：银行存款等
　　　应付债券——利息调整【差额，或借方】

到期一次还本付息的债券：
借：应付债券——面值
　　　　　　——应计利息
　贷：银行存款

长期应付款

概念 ▸ 是指企业除长期借款和应付债券以外的其他各种长期应付款项，如**以分期付款方式购入固定资产发生的应付款项**等

账务处理 ▸ 确认长期应付款：
借：固定资产 / 在建工程等【购买价款的现值→本金】
　　未确认融资费用【差额→利息】
　贷：长期应付款【应支付的价款总额→本利和】

在信用期内采用实际利率法进行摊销

扫一扫，提个小建议

图书勘误，评价建议，微信"扫一扫"。您的感受是我们最好的动力！祝您奇兵制胜。

💡学习收获 ＞＞

第五章　所有者权益

01　实收资本（或股本）

概念 ⊕
- 实收资本，是指按照章程规定或合同、协议约定，接受投资者投入企业的资本
- 其他权益工具，是指企业发行的除普通股以外的按照准则规定归类为权益工具的各种金融工具，如优先股、永续债等

实收资本（或股本） ⊕

接受现金资产投资 ⊕

- **股份有限公司以外的企业** ▷

  收到现金投资时：
  借：银行存款等
  　　贷：**实收资本**【按投资合同或协议约定的投资者在企业注册资本中所占份额的部分】
  　　　　资本公积——**资本**溢价【差额】

- **股份有限公司** ⊕

  发行股票时：
  借：银行存款等
  　　贷：**股本**【股票面值 × 发行股份总数】
  　　　　资本公积——**股本**溢价【差额】

  发行股票的手续费、佣金等交易费用，应从溢价中扣除，溢价金额不足以冲减的，依次冲减盈余公积和未分配利润：
  借：资本公积——股本溢价①
  　　盈余公积②
  　　利润分配——未分配利润③
  　　贷：银行存款
  简记：冲①冲②计③，顺序不能乱

接受非现金资产投资 ▷

接受房屋、建筑物、设备、材料物资等非现金资产投资时：
借：固定资产 / 无形资产 / 原材料等
　　应交税费——应交增值税（进项税额）
　　贷：实收资本【或股本】
　　　　资本公积——资本溢价【或股本溢价】

实收资本（或股本）的增加 ⊕

- **接受投资者追加投资** ▷

  借：银行存款 / 原材料 / 固定资产 / 无形资产等
  　　应交税费——应交增值税（进项税额）
  　　贷：实收资本【或股本】
  　　　　资本公积——资本溢价【或股本溢价】

- **资本公积转增资本** ▷

  借：资本公积——资本溢价【或股本溢价】
  　　贷：实收资本【或股本】

  🔍 **辨析**
  ①资本公积转增资本，所有者权益总额不变，不影响留存收益
  ②盈余公积转增资本，所有者权益总额不变，留存收益总额减少

- **盈余公积转增资本** ▷

  借：盈余公积
  　　贷：实收资本【或股本】

请接下页

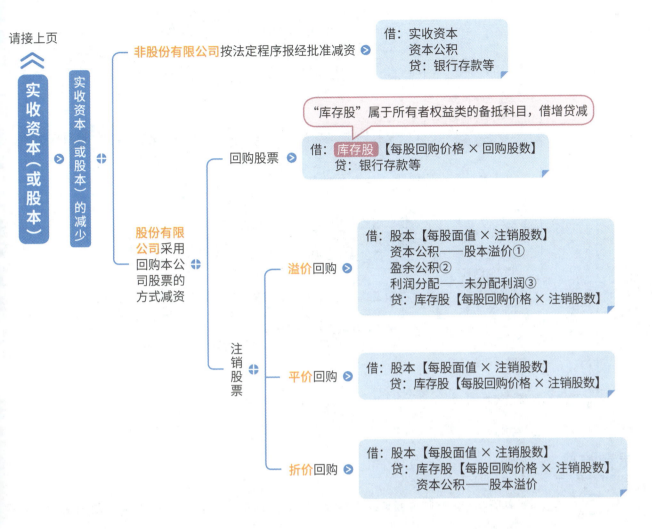

请接上页

实收资本（或股本）

实收资本（或股本）的减少

- **非股份有限公司**按法定程序报经批准减资 ▶
  借：实收资本
  　　资本公积
  　贷：银行存款等

- **股份有限公司**采用回购本公司股票的方式减资
  - 回购股票 ▶
    "库存股"属于所有者权益类的备抵科目，借增贷减
    借：库存股【每股回购价格 × 回购股数】
    　贷：银行存款等
  - 注销股票
    - **溢价**回购 ▶
      借：股本【每股面值 × 注销股数】
      　　资本公积——股本溢价①
      　　盈余公积②
      　　利润分配——未分配利润③
      　贷：库存股【每股回购价格 × 注销股数】
    - **平价**回购 ▶
      借：股本【每股面值 × 注销股数】
      　贷：库存股【每股回购价格 × 注销股数】
    - **折价**回购 ▶
      借：股本【每股面值 × 注销股数】
      　贷：库存股【每股回购价格 × 注销股数】
      　　资本公积——股本溢价

02 资本公积和其他综合收益

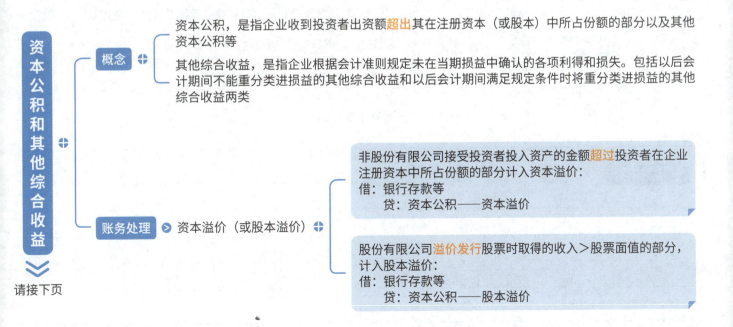

资本公积和其他综合收益

- 概念
  - 资本公积，是指企业收到投资者出资额**超出**其在注册资本（或股本）中所占份额的部分以及其他资本公积等
  - 其他综合收益，是指企业根据会计准则规定未在当期损益中确认的各项利得和损失。包括以后会计期间不能重分类进损益的其他综合收益和以后会计期间满足规定条件时将重分类进损益的其他综合收益两类

- 账务处理 ▶ 资本溢价（或股本溢价）
  - 非股份有限公司接受投资者投入资产的金额**超过**投资者在企业注册资本中所占份额的部分计入资本溢价：
    借：银行存款等
    　贷：资本公积——资本溢价
  - 股份有限公司**溢价发行**股票时取得的收入＞股票面值的部分，计入股本溢价：
    借：银行存款等
    　贷：资本公积——股本溢价

请接下页

请接上页

资本公积和其他综合收益

账务处理

其他资本公积

权益法下核算长期股权投资

被投资单位除净损益、其他综合收益和利润分配以外的所有者权益的其他变动，按持股比例计算其应享有或应分担被投资单位所有者权益的增减数额，调整长期股权投资的账面价值和资本公积（其他资本公积）：
借：长期股权投资——其他权益变动
　　贷：资本公积——其他资本公积【或作相反分录】

以后期间处置长期股权投资时，计入资本公积的部分应同时转入当期损益：
借：资本公积——其他资本公积
　　贷：投资收益【或作相反分录】

以权益结算的股份支付

换取职工或其他方提供服务：
借：管理费用
　　贷：资本公积——其他资本公积

在职工或其他方行权日，按实际行权的权益数量计算确定的金额：
借：资本公积——其他资本公积
　　贷：实收资本【或股本】
　　　　资本公积——资本溢价／股本溢价【差额】

资本公积转增资本

借：资本公积
　　贷：实收资本【或股本】

---

03 留存收益

留存收益

概念 ▷ 是指企业从历年实现的利润中提取或形成的留存于企业的内部积累资金，包括盈余公积和未分配利润

🔍 辨 析
资本公积可用于转增资本，不可用于弥补亏损；
盈余公积可用于转增资本、弥补亏损、发放现金股利或利润等

构成内容 ▷

盈余公积
（企业按照有关规定从净利润中提取的积累资金）

法定盈余公积
①公司制企业按净利润（减弥补以前年度亏损）的 10% 提取法定盈余公积
②法定盈余公积累计额已达注册资本的 50% 时可以不再提取
③法定公积金（盈余公积）转增资本时，所留存的该项公积金不得少于转增前公司注册资本的 25%

任意盈余公积

请接下页

💡 学习收获 ▷▷

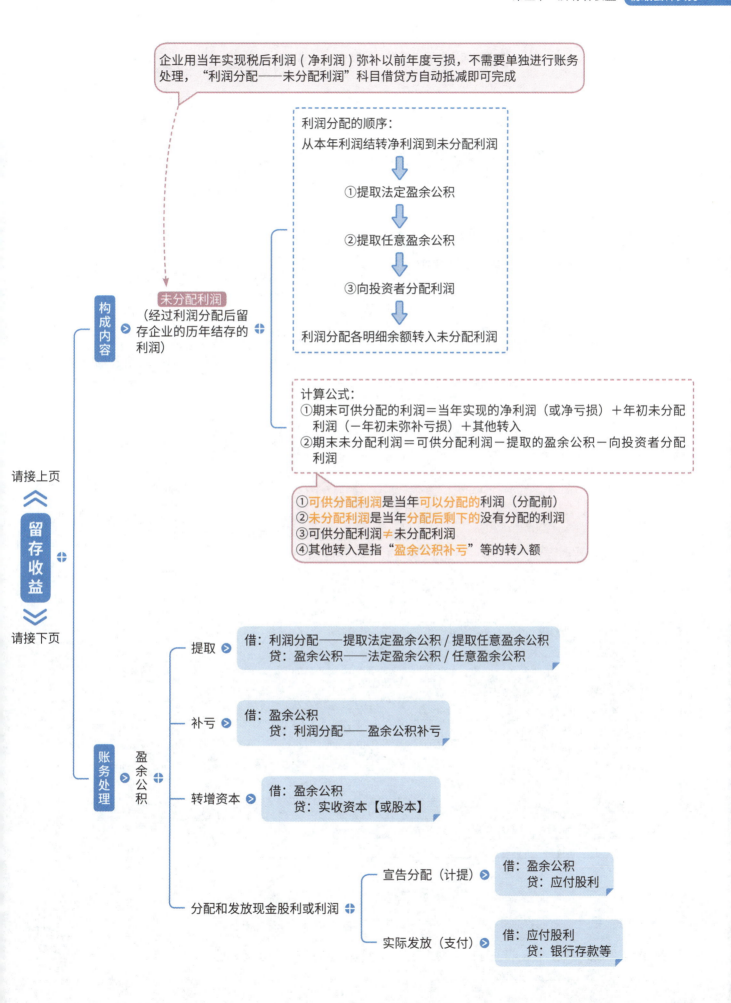

企业用当年实现税后利润（净利润）弥补以前年度亏损，不需要单独进行账务处理，"利润分配——未分配利润"科目借贷方自动抵减即可完成

利润分配的顺序：
从本年利润结转净利润到未分配利润

①提取法定盈余公积

②提取任意盈余公积

③向投资者分配利润

利润分配各明细余额转入未分配利润

构成内容

未分配利润
（经过利润分配后留存企业的历年结存的利润）

计算公式：
①期末可供分配的利润＝当年实现的净利润（或净亏损）＋年初未分配利润（－年初未弥补亏损）＋其他转入
②期末未分配利润＝可供分配利润－提取的盈余公积－向投资者分配利润

①可供分配利润是当年可以分配的利润（分配前）
②未分配利润是当年分配后剩下的没有分配的利润
③可供分配利润≠未分配利润
④其他转入是指"盈余公积补亏"等的转入额

请接上页

留存收益

请接下页

账务处理

盈余公积

提取
借：利润分配——提取法定盈余公积／提取任意盈余公积
贷：盈余公积——法定盈余公积／任意盈余公积

补亏
借：盈余公积
贷：利润分配——盈余公积补亏

转增资本
借：盈余公积
贷：实收资本【或股本】

分配和发放现金股利或利润

宣告分配（计提）
借：盈余公积
贷：应付股利

实际发放（支付）
借：应付股利
贷：银行存款等

请接上页

留存收益 ▷ 账务处理 ▷ 未分配利润 ✚

结转当期实现的净利润（或发生的净亏损）▷
借：本年利润
　　贷：利润分配——未分配利润
【发生净亏损时作相反分录】

分配和发放现金股利或利润 ✚
　宣告分配 ▷
　　借：利润分配——应付现金股利或利润
　　　　贷：应付股利
　实际发放 ▷
　　借：应付股利
　　　　贷：银行存款等

分配和发放股票股利 ✚
　宣告分配 ▷ **不作账务处理**
　实际发放 ▷
　　借：利润分配——转作股本的股利
　　　　贷：股本

将"利润分配"科目所属其他明细科目的余额结转至"未分配利润"明细科目 ▷
借：利润分配——未分配利润
　　贷：利润分配——提取法定盈余公积
　　　　　　——提取任意盈余公积
　　　　　　——应付现金股利或利润
　　　　　　——转作股本的股利等
借：利润分配——盈余公积补亏
　　贷：利润分配——未分配利润

①结转后，"利润分配"科目中除"未分配利润"明细科目以外，其他明细科目无余额
②"利润分配——未分配利润"科目的贷方余额反映企业累积未分配的利润，借方余额反映累积未弥补的亏损

📎 总 结

本章涉及的相关经济业务对所有者权益和留存收益的影响

业　务	对所有者权益影响	对留存收益影响
提取盈余公积	不影响	不影响
宣告分配现金股利	减少	减少
实际发放现金股利	不影响	不影响
宣告分配股票股利（无账务处理）	不影响	不影响
实际发放股票股利	不影响	减少
资本公积转增资本	不影响	不影响
盈余公积转增资本	不影响	减少
税前利润补亏（无账务处理）	不影响	不影响
盈余公积补亏	不影响	不影响
税后利润补亏（无账务处理）	不影响	不影响
回购股票	减少	不影响
注销库存股	不影响	减少／不变

📱 扫一扫，提个小建议

图书勘误，评价建议，微信"扫一扫"。您的感受是我们最好的动力！祝您奇兵制胜。

第六章　收　入

01 收入的概述

收入的概述

收入的概念 ▶ 是指企业在**日常生活**中形成的、会导致所有者权益增加的、与所有者投入资本无关的经济利益的总流入

收入的确认与计量的五步骤 ▶

Step ① 识别与客户订立的合同

Step ② 识别合同中的单项履约义务

Step ③ 确定交易价格

Step ④ 将交易价格分摊至各单项履约义务（若合同仅为单项履约义务，此步骤不需要）

Step ⑤ 履行各单项履约义务时确认收入

🔍 **辨析**

第一步、第二步和第五步主要与**收入的确认**有关；第三步和第四步主要与**收入的计量**有关

02 收入的确认与计量

收入的确认与计量

收入的确认

识别与客户订立的合同 — **收入确认的前提条件（同时满足）** ▶
①合同各方已批准该合同并承诺将履行各自义务
②该合同明确了合同各方与所转让商品相关的权利和义务
③该合同有明确的与所转让商品相关的支付条款
④该合同具有商业实质，即履行该合同将改变企业未来现金流量的风险、时间分布或金额
⑤企业因向客户转让商品而有权取得的对价很可能收回

识别合同中的单项履约义务 — **单项履约义务的判断** ▶
①合同中企业应当将向客户转让可明确区分商品的承诺作为单项履约义务
②企业向客户转让一系列实质相同且转让模式相同的、可明确区分商品的承诺也作为单项履约义务

履行每一单项履约义务时确认收入

收入确认的原则 ▶ 企业应当在履行了合同中的履约义务，即在客户取得相关商品**控制权**时确认收入

取得商品控制权的三要素：
①客户必须拥有现时权利
②客户有能力主导该商品的使用
③客户能够获得几乎全部的经济利益

在某一时点履行的履约义务 ▶ 对于在某一时点履行的履约义务，企业应当在客户取得相关商品控制权时确认收入

请接下页

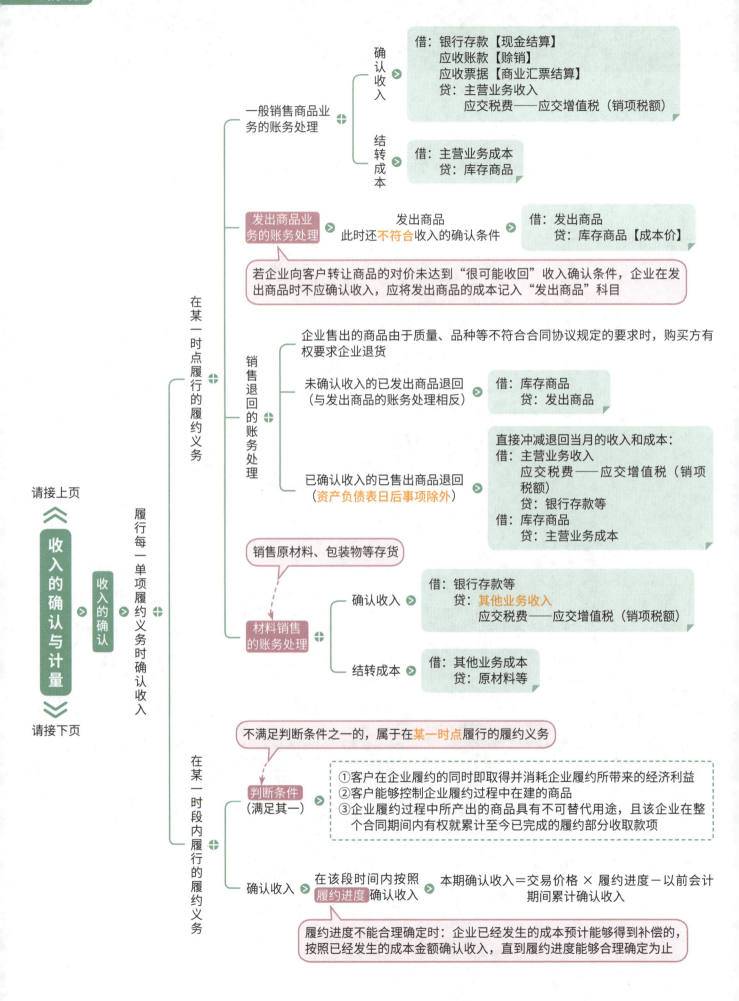

请接上页

收入的确认与计量

收入的确认

请接下页

履行每一单项履约义务时确认收入

在某一时点履行的履约义务

一般销售商品业务的账务处理

确认收入
借：银行存款【现金结算】
　　应收账款【赊销】
　　应收票据【商业汇票结算】
贷：主营业务收入
　　应交税费——应交增值税（销项税额）

结转成本
借：主营业务成本
贷：库存商品

发出商品业务的账务处理

发出商品
此时还**不符合**收入的确认条件
借：发出商品
贷：库存商品【成本价】

若企业向客户转让商品的对价未达到"很可能收回"收入确认条件，企业在发出商品时不应确认收入，应将发出商品的成本记入"发出商品"科目

销售退回的账务处理

企业售出的商品由于质量、品种等不符合合同协议规定的要求时，购买方有权要求企业退货

未确认收入的已发出商品退回
（与发出商品的账务处理相反）
借：库存商品
贷：发出商品

已确认收入的已售出商品退回
（资产负债表日后事项除外）
直接冲减退回当月的收入和成本：
借：主营业务收入
　　应交税费——应交增值税（销项税额）
贷：银行存款等
借：库存商品
贷：主营业务成本

材料销售的账务处理

销售原材料、包装物等存货

确认收入
借：银行存款等
贷：**其他业务收入**
　　应交税费——应交增值税（销项税额）

结转成本
借：其他业务成本
贷：原材料等

在某一时段内履行的履约义务

不满足判断条件之一的，属于在**某一时点**履行的履约义务

判断条件
（满足其一）
①客户在企业履约的同时即取得并消耗企业履约所带来的经济利益
②客户能够控制企业履约过程中在建的商品
③企业履约过程中所产出的商品具有不可替代用途，且该企业在整个合同期间内有权就累计至今已完成的履约部分收取款项

确认收入
在该段时间内按照**履约进度**确认收入
本期确认收入＝交易价格 × 履约进度－以前会计期间累计确认收入

履约进度不能合理确定时：企业已经发生的成本预计能够得到补偿的，按照已经发生的成本金额确认收入，直到履约进度能够合理确定为止

请接上页

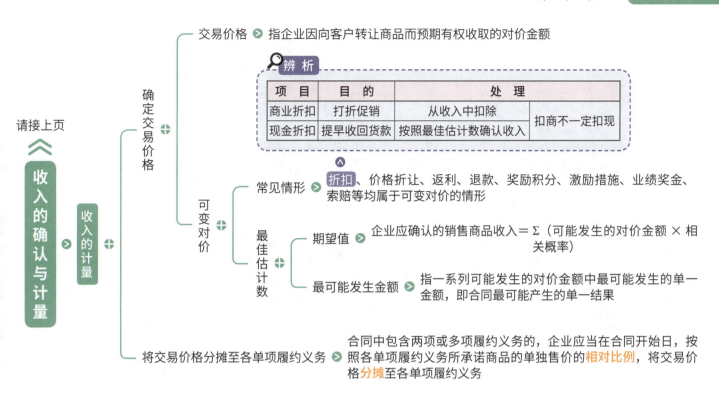

收入的确认与计量

收入的计量

确定交易价格
- 交易价格 ▷ 指企业因向客户转让商品而预期有权收取的对价金额

辨析

项目	目的	处理	
商业折扣	打折促销	从收入中扣除	扣商不一定扣现
现金折扣	提早收回货款	按照最佳估计数确认收入	

可变对价
- 常见情形 ▷ 折扣、价格折让、返利、退款、奖励积分、激励措施、业绩奖金、索赔等均属于可变对价的情形
- 最佳估计数
  - 期望值 ▷ 企业应确认的销售商品收入＝Σ（可能发生的对价金额×相关概率）
  - 最可能发生金额 ▷ 指一系列可能发生的对价金额中最可能发生的单一金额，即合同最可能产生的单一结果

将交易价格分摊至各单项履约义务 ▷ 合同中包含两项或多项履约义务的，企业应当在合同开始日，按照各单项履约义务所承诺商品的单独售价的相对比例，将交易价格分摊至各单项履约义务

---

03 ▷ 合同成本

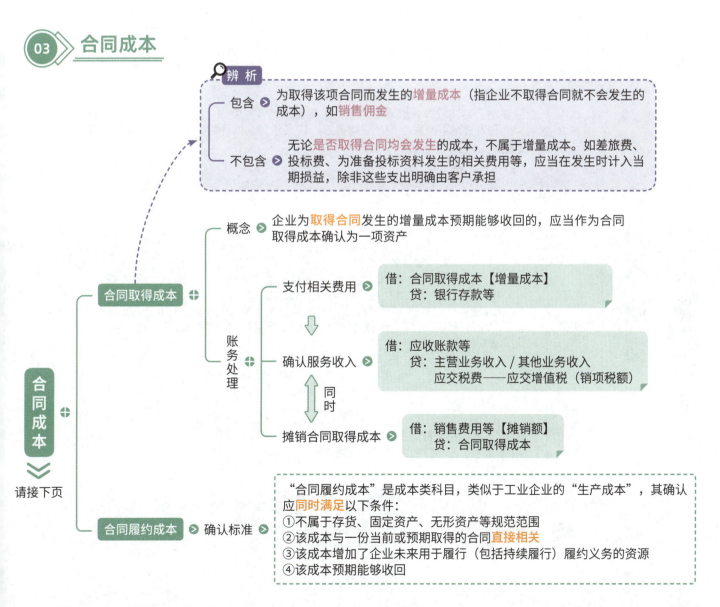

辨析
- 包含 ▷ 为取得该项合同而发生的增量成本（指企业不取得合同就不会发生的成本），如销售佣金
- 不包含 ▷ 无论是否取得合同均会发生的成本，不属于增量成本。如差旅费、投标费、为准备投标资料发生的相关费用等，应当在发生时计入当期损益，除非这些支出明确由客户承担

合同成本

合同取得成本
- 概念 ▷ 企业为取得合同发生的增量成本预期能够收回的，应当作为合同取得成本确认为一项资产
- 账务处理
  - 支付相关费用 ▷ 借：合同取得成本【增量成本】 贷：银行存款等
  - 确认服务收入 ▷ 借：应收账款等 贷：主营业务收入／其他业务收入 应交税费——应交增值税（销项税额）
  - 摊销合同取得成本 ▷ 借：销售费用等【摊销额】 贷：合同取得成本

（同时）

合同履约成本 ▷ 确认标准 ▷ "合同履约成本"是成本类科目，类似于工业企业的"生产成本"，其确认应同时满足以下条件：
①不属于存货、固定资产、无形资产等规范范围
②该成本与一份当前或预期取得的合同直接相关
③该成本增加了企业未来用于履行（包括持续履行）履约义务的资源
④该成本预期能够收回

请接下页

请接上页

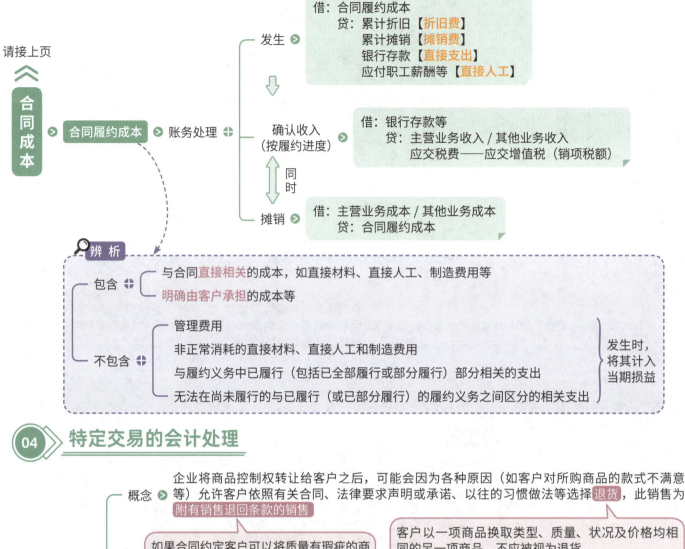

合同成本

合同履约成本 ▷ 账务处理 ✚

- 发生 ▷
  借：合同履约成本
  　贷：累计折旧【折旧费】
  　　　累计摊销【摊销费】
  　　　银行存款【直接支出】
  　　　应付职工薪酬等【直接人工】

- 确认收入（按履约进度）▷
  借：银行存款等
  　贷：主营业务收入 / 其他业务收入
  　　　应交税费——应交增值税（销项税额）

- 同时

- 摊销 ▷
  借：主营业务成本 / 其他业务成本
  　贷：合同履约成本

🔍 辨析

- 包含 ✚
  - 与合同直接相关的成本，如直接材料、直接人工、制造费用等
  - 明确由客户承担的成本等

- 不包含 ✚
  - 管理费用
  - 非正常消耗的直接材料、直接人工和制造费用
  - 与履约义务中已履行（包括已全部履行或部分履行）部分相关的支出
  - 无法在尚未履行的与已履行（或已部分履行）的履约义务之间区分的相关支出

  发生时，将其计入当期损益

04 特定交易的会计处理

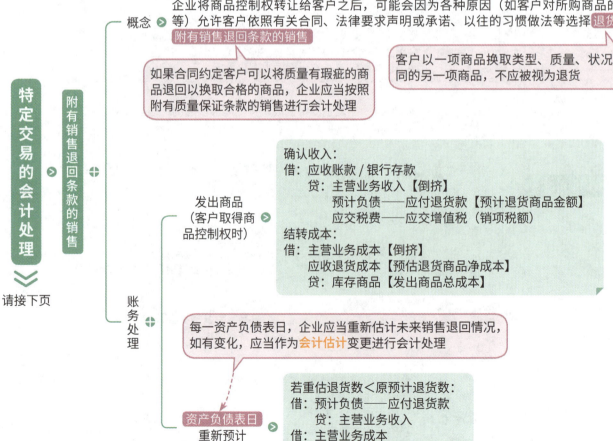

特定交易的会计处理

附有销售退回条款的销售

- 概念 ▷
  企业将商品控制权转让给客户之后，可能会因为各种原因（如客户对所购商品的款式不满意等）允许客户依照有关合同、法律要求声明或承诺、以往的习惯做法等选择退货，此销售为附有销售退回条款的销售

  如果合同约定客户可以将质量有瑕疵的商品退回以换取合格的商品，企业应当按照附有质量保证条款的销售进行会计处理

  客户以一项商品换取类型、质量、状况及价格均相同的另一项商品，不应被视为退货

- 账务处理 ✚
  - 发出商品（客户取得商品控制权时）▷
    确认收入：
    借：应收账款 / 银行存款
    　贷：主营业务收入【倒挤】
    　　　预计负债——应付退货款【预计退货商品金额】
    　　　应交税费——应交增值税（销项税额）
    结转成本：
    借：主营业务成本【倒挤】
    　　应收退货成本【预估退货商品净成本】
    　贷：库存商品【发出商品总成本】

  - 资产负债表日重新预计 ▷
    每一资产负债表日，企业应当重新估计未来销售退回情况，如有变化，应当作为会计估计变更进行会计处理

    若重估退货数＜原预计退货数：
    借：预计负债——应付退货款
    　贷：主营业务收入
    借：主营业务成本
    　贷：应收退货成本
    或作相反会计分录

请接下页

特定交易的会计处理

请接上页 《

请接下页

附有销售退回条款的销售

账务处理 → 退货期满或实际退货时 →

调整收入：
借：预计负债——应付退货款【冲销】
　　应交税费——应交增值税（销项税额）
　贷：主营业务收入【补记预估退货中实际未退的商品金额，若退货超出预估则计入借方】
　　　应收账款/银行存款
调整成本：
借：库存商品【实际收到退货商品净成本】
　　主营业务成本【补记预估退货中实际未退的商品成本，若退货超出预估则计入贷方】
　贷：应收退货成本【冲销】

附有质量保证条款的销售

概念 → 企业在向客户销售商品时，根据合同约定、法律规定或本企业以往的习惯做法等，可能会为所销售的商品提供 质量保证

质量保证
- 保证商品符合既定标准的质量保证→或有事项
- 保证商品符合既定标准以外的质量保证
  - 客户能单独购买→单项履约义务
  - 客户不能单独购买→单项履约义务

因素 →
评估一项质量保证是否在向客户保证所销售的商品符合既定标准之外提供了一项单独的服务时，应当考虑的因素包括：
①质量保证是否为法定要求：当法律要求企业提供质量保证时，该法律规定通常表明企业承诺提供的该质量保证不是单项履约义务
②质量保证期限：质量保证的期限越长，该质量保证越有可能构成单项履约义务
③企业承诺履行任务的性质：如果企业必须履行某些特定的任务以保证所销售的商品符合既定标准，则这些特定的任务可能不构成单项履约义务

附有客户额外购买选择权的销售

概念 → 企业在销售商品的同时，有时会向客户授予选择权，允许客户据此免费或者以折扣价格购买额外的商品，此种情况称为附有客户额外购买选择权（包括销售激励、客户奖励积分、未来购买商品的折扣券以及合同续约选择权等）的销售

账务处理 →

确认收入时，同时确认合同负债：
借：应收账款等
　贷：主营业务收入【已售商品应分摊的交易价格】
　　　合同负债【授予客户的重大选择权（如积分）所分摊的交易价格】

客户未来行使该选择权并取得相关商品的控制权时：
借：合同负债【客户行使该选择权应当分摊的交易价格】
　贷：主营业务收入

客户未使用的选择权失效时：
借：合同负债【客户未行使的选择权分摊的交易价格】
　贷：主营业务收入

请接上页

特定交易的会计处理 → **售后回购** →
- 概念 ▷ 是指企业销售商品的同时承诺或有权选择日后再将该商品购回的销售方式
- 账务处理 ⊕
  - 回购价格<原售价（相当于收了客户一部分钱） ▷ **租赁**交易：原售价与回购价之间的差额确认**租金收入**
  - 回购价格≥原售价（相当于给了客户一部分钱） ▷ **融资**交易：收到款项时确认金融负债，并将该款项与回购价格的差额确认**利息费用**

扫一扫，提个小建议

图书勘误，评价建议，微信"扫一扫"。您的感受是我们最好的动力！祝您奇兵制胜。

💡学习收获 »

第七章 费 用

01 营业成本

营业成本

概念 ▷ 指企业为生产产品、提供劳务等发生的可归属于产品成本、劳务成本等的费用，应当在确认销售商品收入、提供劳务收入等时，将已销售商品、已提供劳务的成本等计入**当期损益**

分类
- 主营业务成本 ▷ 企业销售商品、提供劳务等**经常性活动**所发生的成本

  包括：
  ①销售材料的成本
  ②出租固定资产的折旧额
  ③出租无形资产的摊销额
  ④出租包装物的成本或摊销额
  ⑤采用成本模式计量投资性房地产计提的折旧额或摊销额

- 其他业务成本 ▷ 企业确认的除主营业务活动以外的 其他日常经营活动 所发生的支出

02 税金及附加

税金及附加

概念 ▷ 企业经营活动应负担的相关税费：
包含：消费税、城市维护建设税、教育费附加、资源税、土地增值税、房产税、环境保护税、城镇土地使用税、车船税、印花税等
不包含：增值税、所得税等

账务处理

需预计应交数税金（除印花税外的以上税种）

- 计提税费 ▷
  借：**税金及附加**
  　　贷：应交税费——应交消费税
  　　　　　　　　——应交城市维护建设税
  　　　　　　　　——应交教育费附加
  　　　　　　　　——应交土地增值税【房地产开发经营企业转让】等

- 实际缴纳 ▷
  借：应交税费——应交消费税
  　　　　　　——应交城市维护建设税
  　　　　　　——应交教育费附加
  　　　　　　——应交土地增值税【房地产开发经营企业转让】等
  　　贷：银行存款

不需预计应交数税金（印花税） ▷
借：税金及附加
　　贷：银行存款

🔍 **辨 析**
①个人所得税、企业所得税、增值税 ⟹ 通过应交税费核算，不通过税金及附加核算
②耕地占用税、车辆购置税、契税、关税 ⟹ 不通过应交税费或税金及附加核算，直接计入成本
③印花税 ⟹ 不通过应交税费核算，直接通过税金及附加核算

03 期间费用

概念 ▶ 企业**日常活动**发生的，不能计入特定核算对象的成本，而应计入**当期损益**的费用

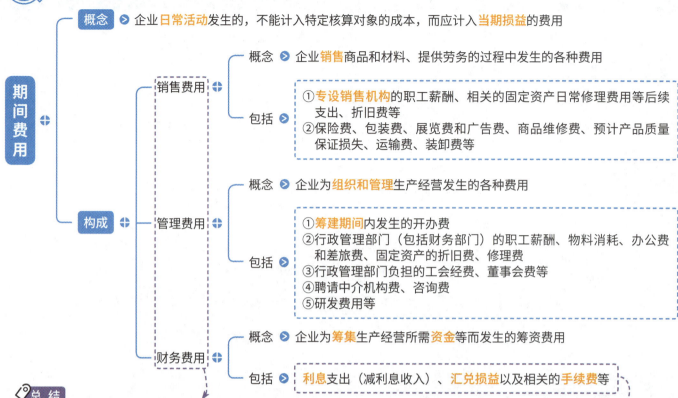

期间费用

构成

销售费用

    概念 ▶ 企业**销售**商品和材料、提供劳务的过程中发生的各种费用

    包括 ▶
    ① **专设销售机构**的职工薪酬、相关的固定资产日常修理费用等后续支出、折旧费等
    ② 保险费、包装费、展览费和广告费、商品维修费、预计产品质量保证损失、运输费、装卸费等

管理费用

    概念 ▶ 企业为**组织和管理**生产经营发生的各种费用

    包括 ▶
    ① **筹建期间**内发生的开办费
    ② 行政管理部门（包括财务部门）的职工薪酬、物料消耗、办公费和差旅费、固定资产的折旧费、修理费
    ③ 行政管理部门负担的工会经费、董事会费等
    ④ 聘请中介机构费、咨询费
    ⑤ 研发费用等

财务费用

    概念 ▶ 企业为**筹集**生产经营所需**资金**等而发生的筹资费用

    包括 ▶ **利息**支出（减利息收入）、**汇兑损益**以及相关的**手续费**等

总结

期间费用	账务处理
销售费用	借：销售费用 　　应交税费——应交增值税（进项税额） 　贷：银行存款 / 应付职工薪酬 / 累计折旧等
管理费用	借：管理费用 　　应交税费——应交增值税（进项税额） 　贷：银行存款 / 应付职工薪酬 / 累计折旧 / 研发支出等
财务费用	利息支出： 借：财务费用——利息支出 　贷：银行存款等 利息收入： 借：银行存款等 　贷：财务费用——利息收入

辨析

常见的手续费性质的支出

支出类型	会计科目
银行承兑汇票的手续费	财务费用
贴现手续费（贴现息）	
购入交易性金融资产发生佣金手续费（交易税费）	投资收益
发行股票的手续费、佣金等交易费用	依次冲减： 资本公积——股本溢价→ 盈余公积→ 利润分配——未分配利润
委托代销手续费	销售费用

扫一扫，提个小建议

图书勘误，评价建议，微信"扫一扫"。您的感受是我们最好的动力！祝您奇兵制胜。

💡 学习收获 ≫

第八章　利　润

01 利润的概述

利润的概述 ▸ 利润的构成 ▸

营业利润 ⊖ 营业收入－营业成本－税金及附加－销售费用－管理费用－财务费用－研发费用＋其他收益＋投资收益（－投资损失）＋净敞口套期收益（－净敞口套期损失）＋公允价值变动收益（－公允价值变动损失）－信用减值损失－资产减值损失＋资产处置收益（－资产处置损失）

⬇

利润总额 ⊖ 营业利润＋营业外收入－营业外支出

⬇

净利润 ⊖ 利润总额－所得税费用

02 营业外收入

营业外收入 ⊕

概念 ▸ 企业确认的**与其日常活动无直接关系**的各项利得

包括 ▸
①非流动资产毁损报废收益
②盘盈利得
③与企业日常活动无关的政府补助收入
④捐赠利得等

账务处理 ▸
借：固定资产清理【报废、毁损固定资产净收益】
　　待处理财产损溢【无法查明原因的现金溢余】
　　应付账款【转销因债权单位撤销或其他原因导致无法支付的应付账款】
　　银行存款等【接受捐赠的利得】
　　贷：营业外收入

03 营业外支出

营业外支出 ⊕

概念 ▸ 企业发生的**与其日常活动无直接关系**的各项损失

包括 ▸
①非流动资产毁损报废损失
②盘亏损失
③捐赠支出
④罚款支出
⑤非常损失等

借：营业外支出
　　贷：固定资产清理【报废、毁损固定资产净损失】
　　　　待处理财产损溢【资产盘亏净损失】
　　　　库存商品【对外捐赠】
　　　　应交税费——应交增值税（销项税额）【对外捐赠视同销售，公允价值 × 适用税率】
　　　　银行存款等【支付罚金、违约金等】

04 〉所得税费用

所得税费用

- **暂时性差异** ⊕
  - 应纳税暂时性差异 ⊕
    - 资产：账面价值＞计税基础
    - 负债：账面价值＜计税基础
  - 可抵扣暂时性差异 ⊕
    - 资产：账面价值＜计税基础
    - 负债：账面价值＞计税基础

- **当期所得税（应交所得税）** ⊕

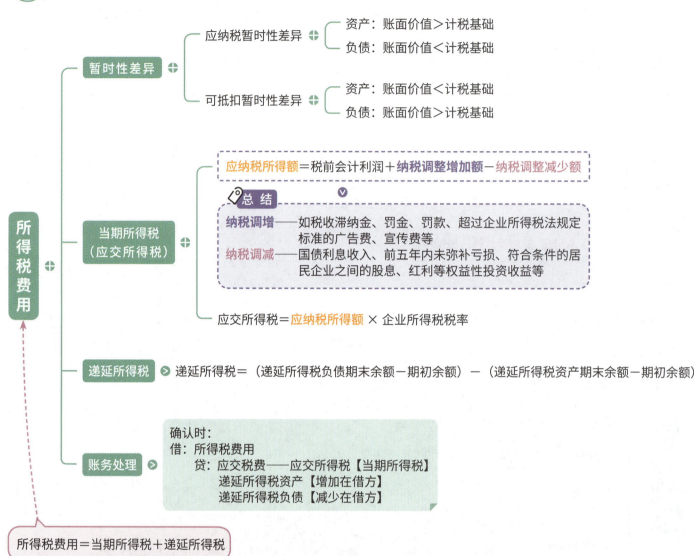

  应纳税所得额＝税前会计利润＋纳税调整增加额－纳税调整减少额

  总 结

  纳税调增——如税收滞纳金、罚金、罚款、超过企业所得税法规定标准的广告费、宣传费等

  纳税调减——国债利息收入、前五年内未弥补亏损、符合条件的居民企业之间的股息、红利等权益性投资收益等

  应交所得税＝应纳税所得额 × 企业所得税税率

- **递延所得税** ▶ 递延所得税＝（递延所得税负债期末余额－期初余额）－（递延所得税资产期末余额－期初余额）

- **账务处理** ▶
  确认时：
  借：所得税费用
  　　贷：应交税费——应交所得税【当期所得税】
  　　　　递延所得税资产【增加在借方】
  　　　　递延所得税负债【减少在借方】

所得税费用＝当期所得税＋递延所得税

05 〉本年利润

本年利润 ▶ **结转本年利润的方法** ⊕

- 表结法 ▶ 各损益类科目每月月末只需结计出本月发生额和月末累计余额，不结转到"本年利润"科目；年末再将全年累计额一次性结转入"本年利润"科目

- 账结法 ▶ 每月月末均需编制转账凭证，将在账上结计出的各损益类科目的余额结转入"本年利润"科目

∨∨ 请接下页

step 1 结转各项收入、利得类科目

借：主营业务收入
　　其他业务收入
　　营业外收入
　　贷：本年利润

借：投资收益
　　公允价值变动损益
　　资产处置损益等
　　贷：本年利润
结转净损失则作相反会计分录

step 2 结转各项费用、损失类科目

借：本年利润
　　贷：主营业务成本
　　　　其他业务成本
　　　　营业外支出
　　　　销售费用
　　　　管理费用
　　　　财务费用等

请接上页

∧∧

本年利润 ＞ 账务处理 ＞

step 3 结转所得税费用

借：本年利润
　　贷：所得税费用

结转前"本年利润"科目如为贷方余额，表示当年实现的净利润；如为借方余额，表示当年发生的净亏损。年度终了，"本年利润"科目结转后无余额

step 4 结转本年利润

借：本年利润
　　贷：利润分配——未分配利润
如为净亏损，则作相反的会计分录

扫一扫，提个小建议

图书勘误，评价建议，微信"扫一扫"。您的感受是我们最好的动力！祝您奇兵制胜。

学习收获 ＞＞

....

....

....

....

....

第九章　财务报告

01 财务报告的概述

财务报告的概述

概念 ▷ 是指企业对外提供的反映企业某一**特定日期的财务状况**和某一**会计期间的经营成果、现金流量**等会计信息文件

🔍 **辨 析**

资产负债表：**某一特定日期**的财务状况→时点
利润表：**一定会计期间**的经营成果→时期
现金流量表：**一定会计期间**的现金流量→时期

财务报告使用者 ▷ 企业投资者、债权人、政府管理者和社会公众等

财务报告体系 ▷ 资产负债表、利润表、现金流量表、所有者权益变动表和附注

财务报表的各组成部分具有同等的重要程度

02 资产负债表

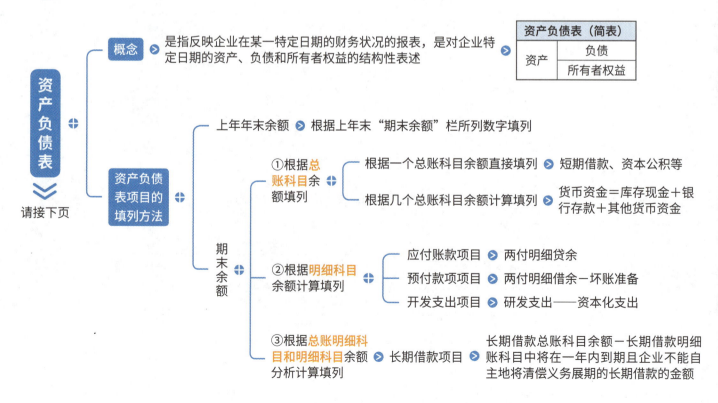

资产负债表

概念 ▷ 是指反映企业在某一特定日期的财务状况的报表，是对企业特定日期的资产、负债和所有者权益的结构性表述

资产负债表（简表）	
资产	负债
	所有者权益

资产负债表项目的填列方法

上年年末余额 ▷ 根据上年末"期末余额"栏所列数字填列

期末余额

①根据**总账科目**余额填列
　├ 根据一个总账科目余额直接填列 ▷ 短期借款、资本公积等
　└ 根据几个总账科目余额计算填列 ▷ 货币资金＝库存现金＋银行存款＋其他货币资金

②根据**明细科目**余额计算填列
　├ 应付账款项目 ▷ 两付明细贷余
　├ 预付款项项目 ▷ 两付明细借余－坏账准备
　└ 开发支出项目 ▷ 研发支出——资本化支出

③根据**总账明细科目和明细科目**余额分析计算填列 ▷ 长期借款项目 ▷ 长期借款总账科目余额－长期借款明细账科目中将在一年内到期且企业不能自主地将清偿义务展期的长期借款的金额

请接下页

请接上页

资产负债表 ⊕ 资产负债表项目的填列方法 ⊕ 期末余额 ⊕

④根据有关科目余额减去其备抵科目余额后的净额填列

有备抵科目的资产类项目，均通过本方式填列

应收票据项目 ➤ 应收票据－坏账准备

应收账款项目 ➤ 两收明细借余－坏账准备

固定资产项目 ➤ 固定资产－累计折旧－固定资产减值准备＋固定资产清理

在建工程项目 ➤ 在建工程－在建工程减值准备＋工程物资－工程物资减值准备

⑤综合运用上述填列方法分析填列 ➤ 存货项目 ➤ 原材料＋周转材料＋在途物资＋材料采购＋委托加工物资＋生产成本＋库存商品＋发出商品＋受托代销商品－受托代销商品款－存货跌价准备 ± 材料成本差异 ± 商品进销差价

填列方式：借加贷减

总 结

资产负债表和利润表编制依据

费用 ⊕ 资产 ＝ 负债 ⊕ 所有者权益 ⊕ 收入

+ - ｜ 初余+末余 ｜ 初余+末余 ｜ 初余+末余 ｜ - +

发生额　　期末余额　　发生额

资产负债表
利润表

辨 析

"工程物资"不属于存货，属于非流动资产，填列在"在建工程"项目

仓库 工程物资　　在建工程　　××公司 固定资产

03 利润表

利润表 ⊕

概念 ➤ 是反映企业在一定会计期间经营成果的报表，又称损益表

利润表项目的填列方法 ⊕

上期金额 ➤ 根据上年该利润表的"本期金额"栏所列数字填列

本期金额 ➤ 除"基本每股收益"和"稀释每股收益"项目外，应按照各损益类科目的本期发生额分析填列

辨 析

① "管理费用"项目："管理费用"科目发生额－"管理费用"科目下自行研发无形资产的研发费用（费用化支出）－"管理费用"科目下自行研发出的无形资产的摊销额

② "研发费用"项目："管理费用"科目下自行研发无形资产的研发费用（费用化支出）＋"管理费用"科目下自行研发出的无形资产的摊销额

💡学习收获 ≫

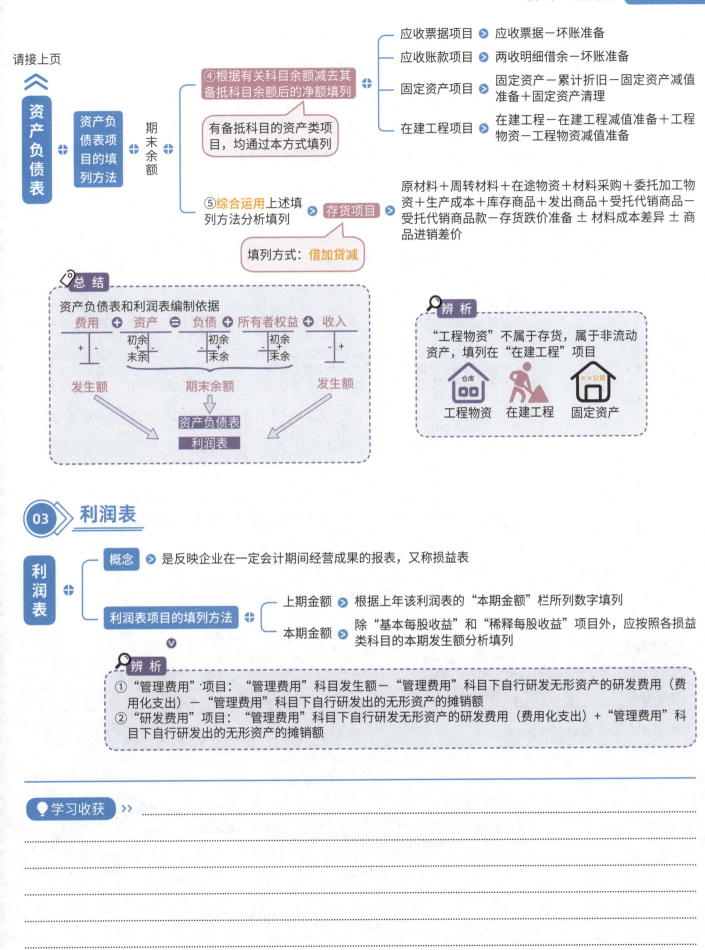

04 现金流量表

概念

现金：库存现金、银行存款（随时用于支付）、其他货币资金
现金等价物：三个月内到期的债券投资等，**不包括**权益性投资

是指反映企业在一定会计期间 现金和现金等价物 流入和流出的报表

现金流量
- 经营活动产生的现金流量
- 投资活动产生的现金流量
- 筹资活动产生的现金流量

🔍 **辨析**

①经营活动产生的现金流量：支付的各项税费、广告宣传支付的现金、购买商品支付的现金等
②投资活动产生的现金流量：购买股票或债券支付现金、取得子公司及其他营业单位支付的现金、销售长期投资收回现金、购建或处置固定资产、无形资产等产生的现金流量等
③筹资活动产生的现金流量：取得借款、发行债券收到的现金，偿还债务、分配股利、利润和偿付利息支付的现金等
注意：从银行提取现金、购买三个月内到期的债券等活动，仅涉及现金及现金等价物内部变动，不影响企业的现金流量，不归属于以上三类

编制方法

直接法下既可以采用**工作底稿法**或 **T 型账户法**，也可以根据有关科目记录分析填列

直接法 ▶ 以**营业收入**为起点调整计算经营活动现金流量

间接法 ▶ 以**净利润**为起点调整计算经营活动现金流量

🏷 **总 结**

资产负债表、利润表、现金流量表的结构及内容

结构及内容	资产负债表	利润表	现金流量表
结构原理	资产＝负债＋所有者权益	收入－费用＝利润	现金流入量－现金流出量＝现金净流量
报表格式	报告式 账户式（我国采用） 资产项目 ▶ 按照流动性强弱排列 负债和所有者权益项目 ▶ 按照要求清偿期限长短的先后顺序排列	单步式 多步式（我国采用） 对当期收入、费用、支出项目按性质加以归类	直接法格式 间接法格式
编制基础	权责发生制	权责发生制	收付实现制

05 ▷ 所有者权益变动表

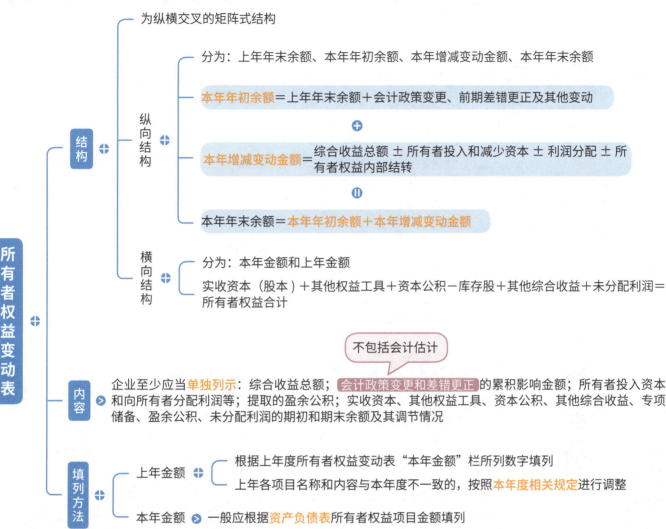

所有者权益变动表

结构

纵向结构
- 为纵横交叉的矩阵式结构
- 分为：上年年末余额、本年年初余额、本年增减变动金额、本年年末余额
- **本年年初余额**＝上年年末余额＋会计政策变更、前期差错更正及其他变动
  ⊕
- **本年增减变动金额**＝综合收益总额 ± 所有者投入和减少资本 ± 利润分配 ± 所有者权益内部结转
  =
- 本年年末余额＝**本年年初余额＋本年增减变动金额**

横向结构
- 分为：本年金额和上年金额
- 实收资本（股本）＋其他权益工具＋资本公积－库存股＋其他综合收益＋未分配利润＝所有者权益合计

内容

不包括会计估计

企业至少应当**单独列示**：综合收益总额；`会计政策变更和差错更正`的累积影响金额；所有者投入资本和向所有者分配利润等；提取的盈余公积；实收资本、其他权益工具、资本公积、其他综合收益、专项储备、盈余公积、未分配利润的期初和期末余额及其调节情况

填列方法

上年金额
- 根据上年度所有者权益变动表"本年金额"栏所列数字填列
- 上年各项目名称和内容与本年度不一致的，按照**本年度相关规定**进行调整

本年金额 ▷ 一般应根据**资产负债表**所有者权益项目金额填列

06 ▷ 财务报表附注

财务报表附注 ▷ **主要内容** ▷

截至报告期末公司近 3 年的主要会计数据和财务指标

① `企业简介和主要财务指标`
② 财务报表的编制基础：持续经营基础（**一般情况**）；非持续经营基础（**清算、破产**）
③ 遵循**企业会计准则**的声明
④ **重要**会计政策和会计估计
⑤ 会计政策和会计估计变更以及差错更正的说明
⑥ 报表**重要项目**的说明
⑦ 或有和承诺事项、资产负债表日后非调整事项、关联方关系及其交易等需要说明的事项
⑧ 有助于财务报表使用者评价企业管理资本的目标、政策及程序的信息

📱 扫一扫，提个小建议

图书勘误，评价建议，微信"扫一扫"。您的感受是我们最好的动力！祝您奇兵制胜。

第十章　产品成本核算

01 成本核算的概述

产品成本 ▸ 指企业在生产产品（包括提供劳务）过程中所发生的材料费用、职工薪酬等，以及不能直接计入而按一定标准分配计入的各种间接费用

核算对象 ▸ 指确定归集和分配生产费用的具体对象，即生产费用承担的客体。如产品品种、每批或每件产品等

成本核算对象与核算程序

核算要求 ▸
①正确划分收益性支出与资本性支出的界限
②正确划分成本费用、期间费用与营业外支出的界限
③正确划分本期成本费用与以后期间成本费用的界限
④正确划分各种产品成本费用的界限
⑤正确划分本期完工产品与期末在产品成本的界限
　　　　　　┐ 五个方面的费用界限
　　　　　　┘ 遵循"受益性"原则

①做好各项基础工作
②正确划分各种费用支出的界限
③根据生产特点和管理要求选择适当的成本计算方法
④遵守一致性原则（各种会计处理方法前后一致，一经确认，不得随意变更）
⑤编制产品成本报表（企业一般应当按月编制产品成本报表）

核算的一般程序

step 1 确定成本核算对象

一般应当设置"直接材料""燃料及动力""直接人工""制造费用"等成本项目

step 2 确定成本项目

step 3 设置有关成本和费用明细账

step 4 收集确定各种产品的生产量、入库量、在产品盘存量以及材料、工时、动力消耗等，并对所有已发生的生产费用进行审核

step 5 归集所发生的全部生产费用，并按照确定的成本计算对象予以分配，按成本项目计算各种产品的在产品成本、产品成本和单位成本

step 6 结转产品销售成本

"制造费用"科目核算的成本费用，最终会结转到"生产成本"科目

成本项目的设置 ▸ 直接材料、燃料及动力、直接人工、制造费用

成本核算的概述

02 产品成本的归集和分配

材料、燃料、动力费用的归集和分配

职工薪酬的归集和分配

项　目		具体内容
共同费用的分配方法	方法一	某产品应承担的共同费用＝待分配的费用总额 × $\dfrac{\text{该种产品的分配标准}}{\text{分配标准总额}}$
	方法二	分配率＝$\dfrac{\text{待分配的费用总额}}{\text{分配标准总额}}$ 某种产品应承担的共同费用＝分配率 × 该种产品的分配标准
账务处理		借：生产成本——基本生产成本——A 产品 　　　　　　——基本生产成本——B 产品 　　　制造费用 　　　生产成本——辅助生产成本——XX 车间 　　　销售费用 　　　管理费用等 　贷：原材料——XX 材料 / 应付账款 / 应付职工薪酬

产品成本的归集和分配

要素费用的归集和分配

请接下页

辅助生产费用的归集和分配

项　目	分配方法		
	直接分配法	交互分配法	计划成本分配法
特点	不在辅助生产车间内分配，只对外分配	两次分配：先对内，再对外	按计划成本向所有受益部门分配，差额计入管理费用
单位成本（分配率）	分配率＝$\dfrac{\text{分配前费用}}{\text{对外总量}}$	对内分配率＝$\dfrac{\text{分配前费用}}{\text{提供的产品或劳务总量}}$ 对外分配率＝$\dfrac{\text{分配前费用＋分入－分出}}{\text{对外总量}}$	对内、对外分配率＝计划单位成本 差异＝分配前费用＋计划分入－计划分出
优缺点	计算简单，但分配结果不够准确	提高了分配的正确性，同时加大了工作量	便于考核经济责任，但分配结果不够准确
适用企业	辅助车间之间相互提供劳务或产品不多的情况	—	辅助生产劳动或计划单位成本比较准确的企业

制造费用分配方法一经确定，不得随意变更，如需变更，应当在附注中予以说明

制造费用的归集与分配

项　目	具体内容			
常用计算公式	制造费用分配率＝制造费用总额 ÷ 各产品分配标准之和 某种产品应分配的制造费用＝该种产品分配标准 × 制造费用分配率			
分配方法	生产工人工时比例法	生产工人工资比例法	机器工时比例法	按年度计划分配率分配法
分配标准	生产工人工时	生产工人工资	机器工时	年度计划分配率
适用企业	是分配间接费用的常用标准之一，较为常用	各种产品生产机械化程度相差不多的企业	产品生产的机械化程度较高的车间	季节性生产企业
账务处理	借：生产成本 　贷：制造费用			

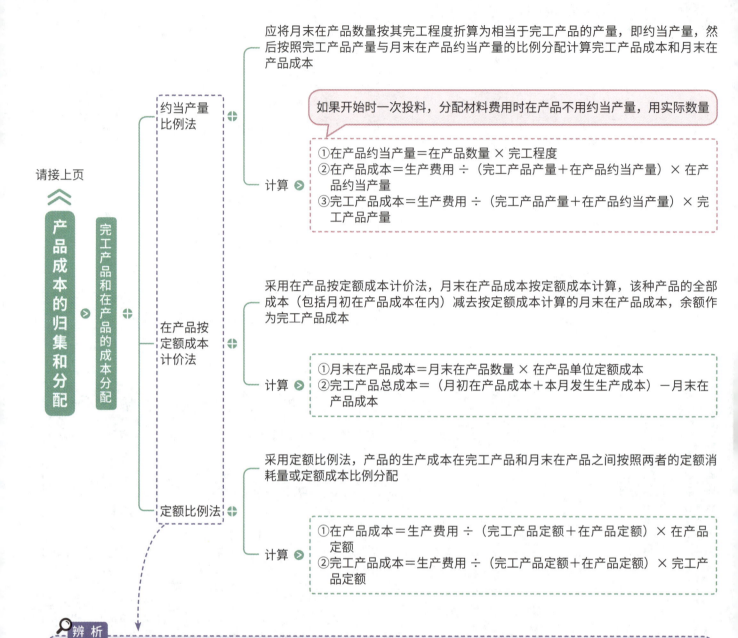

请接上页

产品成本的归集和分配

完工产品和在产品的成本分配

约当产量比例法

应将月末在产品数量按其完工程度折算为相当于完工产品的产量，即约当产量，然后按照完工产品产量与月末在产品约当产量的比例分配计算完工产品成本和月末在产品成本

如果开始时一次投料，分配材料费用时在产品不用约当产量，用实际数量

计算
①在产品约当产量＝在产品数量 × 完工程度
②在产品成本＝生产费用 ÷（完工产品产量＋在产品约当产量）× 在产品约当产量
③完工产品成本＝生产费用 ÷（完工产品产量＋在产品约当产量）× 完工产品产量

在产品按定额成本计价法

采用在产品按定额成本计价法，月末在产品成本按定额成本计算，该种产品的全部成本（包括月初在产品成本在内）减去按定额成本计算的月末在产品成本，余额作为完工产品成本

计算
①月末在产品成本＝月末在产品数量 × 在产品单位定额成本
②完工产品总成本＝（月初在产品成本＋本月发生生产成本）－月末在产品成本

定额比例法

采用定额比例法，产品的生产成本在完工产品和月末在产品之间按照两者的定额消耗量或定额成本比例分配

计算
①在产品成本＝生产费用 ÷（完工产品定额＋在产品定额）× 在产品定额
②完工产品成本＝生产费用 ÷（完工产品定额＋在产品定额）× 完工产品定额

🔍 **辨析**

生产费用在完工产品和在产品之间的分配方法		计算公式		适应范围	
		在产品成本	完工产品成本	企业情况	各月在产品数量变化
比例法	①约当产量比例法	生产费用 ÷（完工产品产量＋在产品约当产量）× 在产品约当产量	生产费用 ÷（完工产品产量＋在产品约当产量）× 完工产品产量	产品数量多	大（成本结构均衡）
		开始时一次投料，分配材料费时在产品不用约当产量，用实际数量			
	②定额比例法	生产费用 ÷（完工产品定额＋在产品定额）× 在产品定额	生产费用 ÷（完工产品定额＋在产品定额）× 完工产品定额	定额准确、稳定	大
倒挤法	③在产品按定额成本计价法	月末在产品数量 × 在产品单位定额成本	全部生产费用－在产品成本（差异由完工产品负担）	定额准确、稳定	小

03 ▷ 产品成本计算方法

产品成本计算方法

品种法
- 特点 ▷
  - ①核算对象：产品品种
  - ②**定期**计算产品成本（每月月末）
  - ③月末一般不存在在产品；月末有在产品的，将生产成本在完工产品和在产品之间分配
- 适用范围 ▷ **单步骤、大量**生产的企业（如发电、供水、采掘等企业）

分批法（订单法）
- 特点 ▷
  - ①核算对象：产品批别
  - ②成本计算期与产品**生产周期**基本一致 与**财务报告期**不一致
  - ③一般不存在完工和在产品之间分配成本的问题
- 适用范围 ▷ **单件、小批**生产的企业（如造船、重型机器制造、精密仪器制造等）

分步法
- 特点 ▷
  - ①核算对象：各种产品的各生产步骤
  - ②成本计算期：固定，与生产周期不一致
  - ③月末需要将归集的生产成本在完工产品和在产品之间进行分配
  - ④各步骤成本均须计算结转
- 适用范围 ▷ **大量大批**的多步骤生产企业（如冶金、纺织、机械制造等）
- 分类 ▷ **逐步结转分步法、平行结转分步法**

🔍 **辨析**

项　目	逐步结转分步法	平行结转分步法
是否计算半成品成本	计算	不计算
生产费用是否随半成品实物的转移而结转	结转	不结转
是否需要进行成本还原	①逐步综合结转法——需要 ②逐步分项结转法——不需要	不需要
优点	①能提供各步骤半成品成本资料； ②便于进行各生产步骤的在产品的实物和资金管理； ③能够全面地反映各生产步骤的生产耗费水平	简化成本计算
缺点	成本结转工作量大	①不能提供各个步骤半成品资料； ②不能为各个生产步骤在产品的实物和资金管理提供资料； ③不能全面地反映各步骤产品的生产耗费水平（第一步骤除外）

📱 **扫一扫，提个小建议**

图书勘误，评价建议，微信"扫一扫"。您的感受是我们最好的动力！祝您奇兵制胜。

💡 **学习收获** >>

第十一章　政府会计基础

01 政府会计要素与核算模式

政府会计要素与核算模式

政府会计概述　是会计体系的重要分支，它是运用会计专门方法对政府及其组成主体（包括政府所属的行政事业单位等）的财务状况、运行情况（含运行成本，下同）、现金流量、预算执行等情况进行全面核算、监督和报告

政府会计要素

　政府**预算会计**要素　预算收入、预算支出、预算结余

　政府**财务会计**要素　资产、负债、净资产、收入、费用

政府会计核算模式

适度分离

双功能
①预算会计主要反映和监督预算收支执行情况
②财务会计主要反映和监督政府会计主体财务状况、运行情况和现金流量等

双基础
①预算会计实行收付实现制
②财务会计实行权责发生制

双报告
①政府决算报告（主要以**收付实现制**为基础编制，以**预算会计**核算生成的数据为准）
②政府财务报告（主要以**权责发生制**为基础编制，以**财务会计**核算生成的数据为准）

相互衔接
政府预算会计和财务会计"适度分离"，并不是要求政府会计主体分别建立预算会计和财务会计两套账，对同一笔经济业务或事项进行会计核算，而是要求政府预算会计要素和财务会计要素相互协调，决算报告和财务报告相互补充，共同反映政府会计主体的预算执行信息和财务信息

02 行政事业单位常见业务的会计核算

政府单位会计核算 ▷ 政府单位会计分为单位预算会计和单位财务会计，两者核算方式不同

总结

单位预算会计和单位财务会计的内容

项　目	单位预算会计	单位财务会计
要素	预算收入、预算支出、预算结余 （反映单位预算收支执行情况）	资产、负债、净资产、收入、费用 （反映单位财务状况、运行情况和现金流量情况）
等式	预算收入－预算支出＝预算结余	资产－负债＝净资产（反映单位财务状况） 收入－费用＝本期盈余（反映运行情况）
核算基础	收付实现制	权责发生制
科目设置	预算收入类科目："财政拨款预算收入""事业预算收入""非同级财政拨款预算收入"等。 预算支出类科目："行政支出""事业支出"下设"财政拨款支出""非财政专项资金支出"等明细科目。 "资金结存"下设"零余额账户用款额度""货币资金""财政应返还额度"三个明细科目	收入类科目："财政拨款收入""事业收入""附属单位上缴收入""非同级财政拨款收入"等。 费用类科目："业务活动费用""单位管理费用""经营费用""上缴上级费用"等

年末收支结转后，"资金结存"科目借方余额和预算结转结余科目贷方余额相等

行政事业单位常见业务的会计核算

- 收入与支出常见业务
  - 国库集中支付业务
    - 财政直接支付
    - 财政授权支付
    - 预算管理一体化
  - 非财政拨款收支业务
    - 事业（预算）收入
    - 捐赠（预算）收入
    - 捐赠（支出）费用

- 预算结转结余及分配常见业务
  - 财政拨款结转结余的核算
  - 非财政拨款结转结余的核算

- 净资产、资产、负债常见业务

03 政府决算报告和财务报告

政府决算报告和财务报告 ＋
- **政府决算报告** ▶ 是综合反映政府会计主体**年度预算收支执行结果**的文件
- **政府财务报告** ▶ 是反映政府会计主体某一特定日期的财务状况和某一会计期间的运行情况和现金流量等信息的文件，包括**政府部门财务报告**和**政府综合财务报告**

🔍 辨 析

政府决算报告和政府综合财务报告的区别

项　目	政府决算报告	政府综合财务报告
编制主体	各级政府财政部门、各部门、各单位	各级政府财政部门、各部门、各单位
反映的对象	政府年度预算收支执行情况	政府整体财务状况、运行情况和财政中长期可持续性
编制基础	**收付实现制**	**权责发生制**
数据来源	以预算会计核算生成的数据为准	以财务会计核算生成的数据为准
编制方法	汇总	合并
报送要求	本级人民代表大会常务委员会审查和批准	本级人民代表大会常务委员会备案

📵 扫一扫，提个小建议

图书勘误，评价建议，微信"扫一扫"。您的感受是我们最好的动力！祝您奇兵制胜。

💡学习收获 ＞＞

初级会计

高分导图

《经济法基础》篇

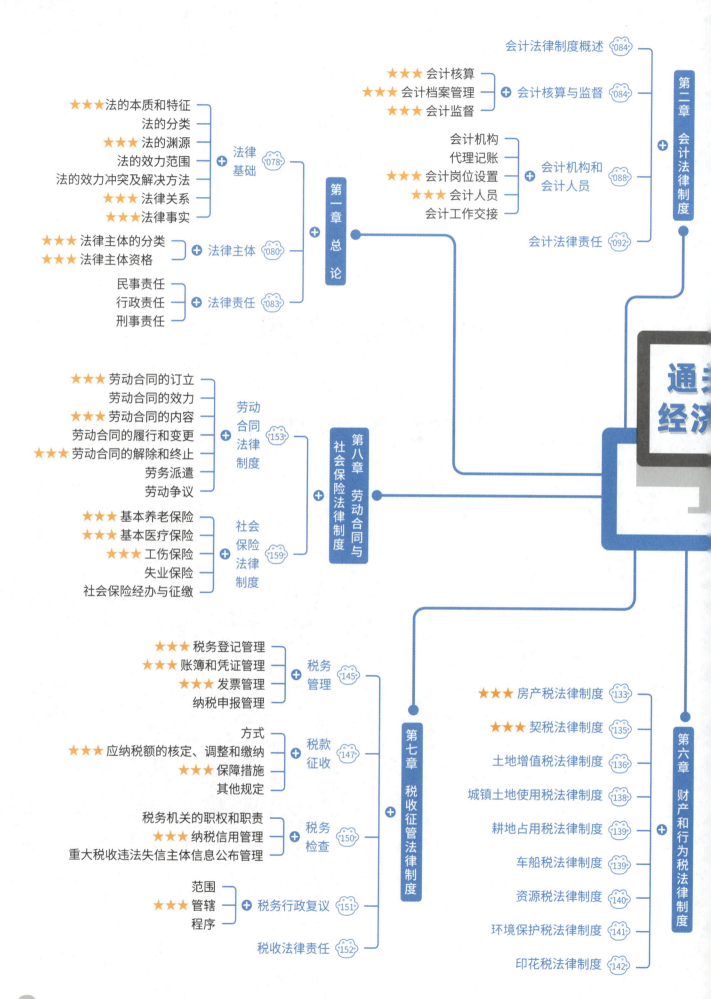

会计法律制度概述 ⓛ084ⓡ

★★★ 会计核算
★★★ 会计档案管理 ⊕ 会计核算与监督 ⓛ084ⓡ
★★★ 会计监督

★★★法的本质和特征
法的分类
★★★ 法的渊源
法的效力范围   法律
法的效力冲突及解决方法   基础 ⓛ078ⓡ
★★★ 法律关系
★★★法律事实

★★★法律主体的分类 ⊕ 法律主体 ⓛ080ⓡ
★★★法律主体资格

民事责任
行政责任 ⊕ 法律责任 ⓛ083ⓡ
刑事责任

会计机构
代理记账
★★★ 会计岗位设置 ⊕ 会计机构和 ⓛ088ⓡ
★★★ 会计人员   会计人员
会计工作交接

会计法律责任 ⓛ092ⓡ

第一章 总论

第二章 会计法律制度

★★★ 劳动合同的订立
劳动合同的效力
★★★ 劳动合同的内容   劳动
劳动合同的履行和变更   合同
★★★ 劳动合同的解除和终止 法律 ⓛ153ⓡ
劳务派遣   制度
劳动争议

★★★ 基本养老保险
★★★ 基本医疗保险   社会
★★★ 工伤保险   保险 ⓛ159ⓡ
失业保险   法律
社会保险经办与征缴   制度

第八章 劳动合同与社会保险法律制度

★★★ 税务登记管理
★★★ 账簿和凭证管理 ⊕ 税务 ⓛ145ⓡ
★★★ 发票管理   管理
纳税申报管理

方式
★★★ 应纳税额的核定、调整和缴纳 ⊕ 税款 ⓛ147ⓡ
★★★ 保障措施   征收
其他规定

税务机关的职权和职责
★★★ 纳税信用管理 ⊕ 税务 ⓛ150ⓡ
重大税收违法失信主体信息公布管理 检查

范围
★★★ 管辖 ⊕ 税务行政复议 ⓛ151ⓡ
程序

税收法律责任 ⓛ152ⓡ

第七章 税收征管法律制度

★★★ 房产税法律制度 ⓛ133ⓡ

★★★ 契税法律制度 ⓛ135ⓡ

土地增值税法律制度 ⓛ136ⓡ

城镇土地使用税法律制度 ⓛ138ⓡ

耕地占用税法律制度 ⓛ139ⓡ

车船税法律制度 ⓛ139ⓡ

资源税法律制度 ⓛ140ⓡ

环境保护税法律制度 ⓛ141ⓡ

印花税法律制度 ⓛ142ⓡ

第六章 财产和行为税法律制度

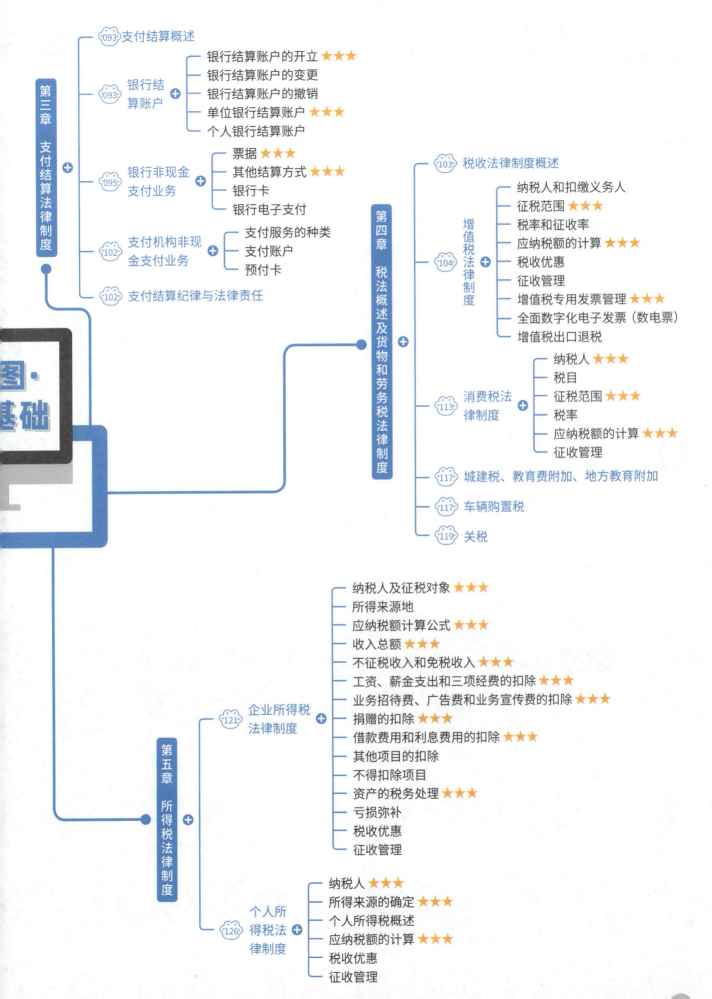

第三章　支付结算法律制度
- 093　支付结算概述
- 093　银行结算账户
  - 银行结算账户的开立 ★★★
  - 银行结算账户的变更
  - 银行结算账户的撤销
  - 单位银行结算账户 ★★★
  - 个人银行结算账户
- 095　银行非现金支付业务
  - 票据 ★★★
  - 其他结算方式 ★★★
  - 银行卡
  - 银行电子支付
- 102　支付机构非现金支付业务
  - 支付服务的种类
  - 支付账户
  - 预付卡
- 102　支付结算纪律与法律责任

第四章　税法概述及货物和劳务税法律制度
- 103　税收法律制度概述
- 104　增值税法律制度
  - 纳税人和扣缴义务人
  - 征税范围 ★★★
  - 税率和征收率
  - 应纳税额的计算 ★★★
  - 税收优惠
  - 征收管理
  - 增值税专用发票管理 ★★★
  - 全面数字化电子发票（数电票）
  - 增值税出口退税
- 113　消费税法律制度
  - 纳税人 ★★★
  - 税目
  - 征税范围 ★★★
  - 税率
  - 应纳税额的计算 ★★★
  - 征收管理
- 117　城建税、教育费附加、地方教育附加
- 117　车辆购置税
- 119　关税

第五章　所得税法律制度
- 121　企业所得税法律制度
  - 纳税人及征税对象 ★★★
  - 所得来源地
  - 应纳税额计算公式 ★★★
  - 收入总额 ★★★
  - 不征税收入和免税收入 ★★★
  - 工资、薪金支出和三项经费的扣除 ★★★
  - 业务招待费、广告费和业务宣传费的扣除 ★★★
  - 捐赠的扣除 ★★★
  - 借款费用和利息费用的扣除 ★★★
  - 其他项目的扣除
  - 不得扣除项目
  - 资产的税务处理 ★★★
  - 亏损弥补
  - 税收优惠
  - 征收管理
- 126　个人所得税法律制度
  - 纳税人 ★★★
  - 所得来源的确定 ★★★
  - 个人所得税概述
  - 应纳税额的计算 ★★★
  - 税收优惠
  - 征收管理

法律基础

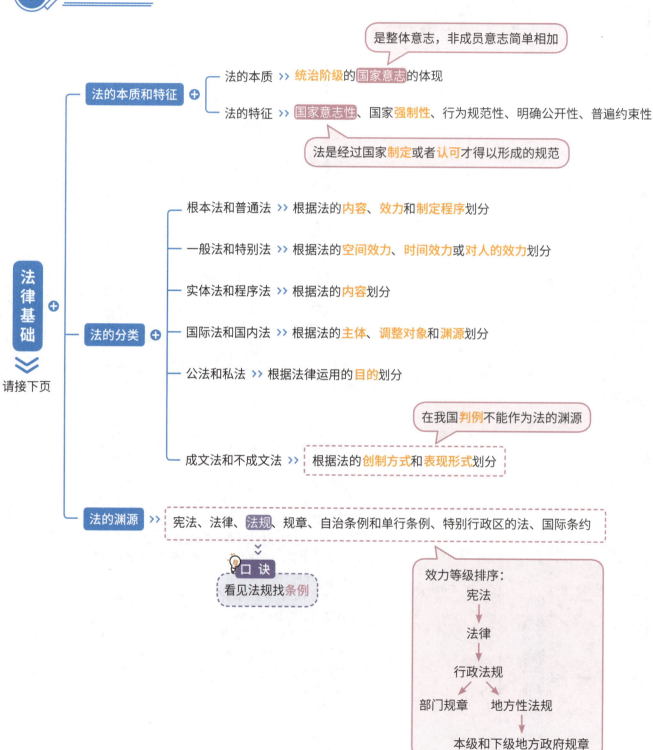

法的本质和特征 ⊕

　　法的本质 ＞＞ 统治阶级的国家意志的体现

是整体意志，非成员意志简单相加

　　法的特征 ＞＞ 国家意志性、国家强制性、行为规范性、明确公开性、普遍约束性

法是经过国家制定或者认可才得以形成的规范

法的分类 ⊕

根本法和普通法 ＞＞ 根据法的内容、效力和制定程序划分

一般法和特别法 ＞＞ 根据法的空间效力、时间效力或对人的效力划分

实体法和程序法 ＞＞ 根据法的内容划分

国际法和国内法 ＞＞ 根据法的主体、调整对象和渊源划分

公法和私法 ＞＞ 根据法律运用的目的划分

在我国判例不能作为法的渊源

成文法和不成文法 ＞＞ 根据法的创制方式和表现形式划分

法的渊源 ＞＞ 宪法、法律、法规、规章、自治条例和单行条例、特别行政区的法、国际条约

口诀

看见法规找条例

效力等级排序：

宪法

↓

法律

↓

行政法规

↙　　↘

部门规章　　地方性法规

↓

本级和下级地方政府规章

法律基础 ⊕

∨∨

请接下页

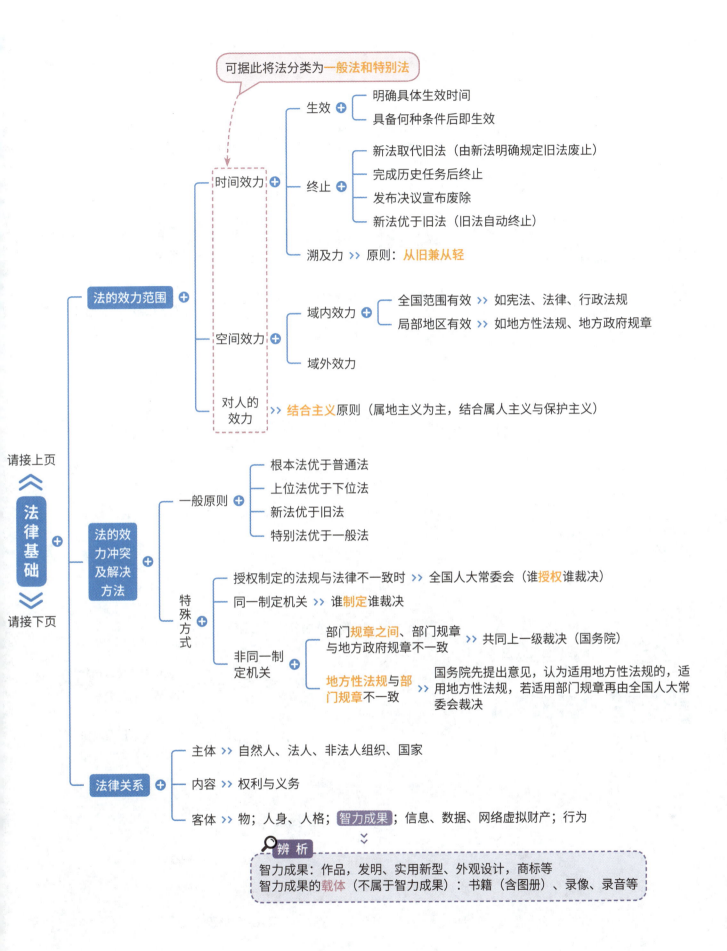

可据此将法分类为**一般法和特别法**

法的效力范围 ⊕
- 时间效力 ⊕
  - 生效 ⊕
    - 明确具体生效时间
    - 具备何种条件后即生效
  - 终止 ⊕
    - 新法取代旧法（由新法明确规定旧法废止）
    - 完成历史任务后终止
    - 发布决议宣布废除
    - 新法优于旧法（旧法自动终止）
  - 溯及力 ≫ 原则：**从旧兼从轻**
- 空间效力 ⊕
  - 域内效力 ⊕
    - 全国范围有效 ≫ 如宪法、法律、行政法规
    - 局部地区有效 ≫ 如地方性法规、地方政府规章
  - 域外效力
- 对人的效力 ≫ **结合主义**原则（属地主义为主，结合属人主义与保护主义）

法律基础 ⊕
《 请接上页
》 请接下页

法的效力冲突及解决方法 ⊕
- 一般原则 ⊕
  - 根本法优于普通法
  - 上位法优于下位法
  - 新法优于旧法
  - 特别法优于一般法
- 特殊方式 ⊕
  - 授权制定的法规与法律不一致时 ≫ 全国人大常委会（谁**授权**谁裁决）
  - 同一制定机关 ≫ 谁**制定**谁裁决
  - 非同一制定机关 ⊕
    - **部门规章之间**、部门规章与地方政府规章不一致 ≫ 共同上一级裁决（国务院）
    - **地方性法规**与**部门规章**不一致 ≫ 国务院先提出意见，认为适用地方性法规的，适用地方性法规，若适用部门规章再由全国人大常委会裁决

法律关系 ⊕
- 主体 ≫ 自然人、法人、非法人组织、国家
- 内容 ≫ 权利与义务
- 客体 ≫ 物；人身、人格；智力成果；信息、数据、网络虚拟财产；行为

🔍 辨 析
智力成果：作品，发明、实用新型、外观设计，商标等
智力成果的**载体**（不属于智力成果）：书籍（含图册）、录像、录音等

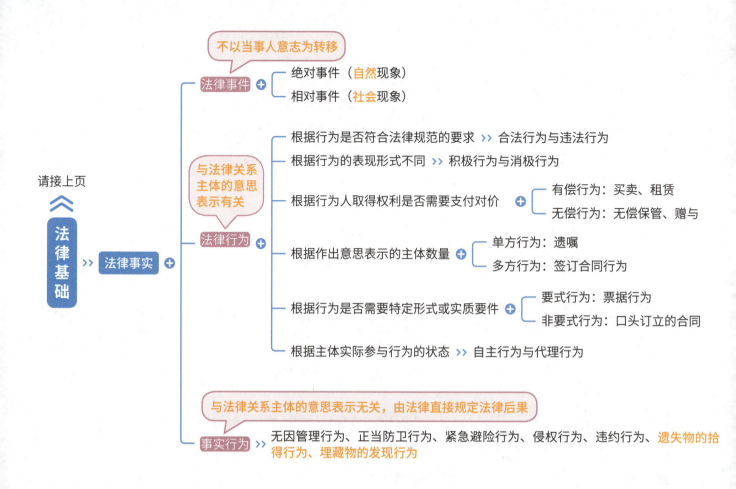

请接上页

法律基础 >> 法律事实 ⊕

法律事件 ⊕
— 不以当事人意志为转移
— 绝对事件（自然现象）
— 相对事件（社会现象）

法律行为 ⊕
— 与法律关系主体的意思表示有关
— 根据行为是否符合法律规范的要求 >> 合法行为与违法行为
— 根据行为的表现形式不同 >> 积极行为与消极行为
— 根据行为人取得权利是否需要支付对价 ⊕
　— 有偿行为：买卖、租赁
　— 无偿行为：无偿保管、赠与
— 根据作出意思表示的主体数量 ⊕
　— 单方行为：遗嘱
　— 多方行为：签订合同行为
— 根据行为是否需要特定形式或实质要件 ⊕
　— 要式行为：票据行为
　— 非要式行为：口头订立的合同
— 根据主体实际参与行为的状态 >> 自主行为与代理行为

事实行为 >>
— 与法律关系主体的意思表示无关，由法律直接规定法律后果
无因管理行为、正当防卫行为、紧急避险行为、侵权行为、违约行为、遗失物的拾得行为、埋藏物的发现行为

02 >> 法律主体

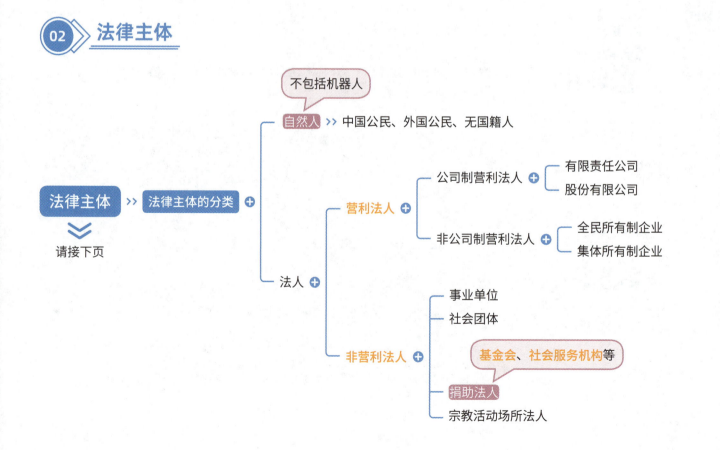

法律主体 >> 法律主体的分类 ⊕

请接下页

自然人 >> 中国公民、外国公民、无国籍人
— 不包括机器人

法人 ⊕
— 营利法人 ⊕
　— 公司制营利法人 ⊕
　　— 有限责任公司
　　— 股份有限公司
　— 非公司制营利法人 ⊕
　　— 全民所有制企业
　　— 集体所有制企业
— 非营利法人 ⊕
　— 事业单位
　— 社会团体
　— 捐助法人
　　— 基金会、社会服务机构等
　— 宗教活动场所法人

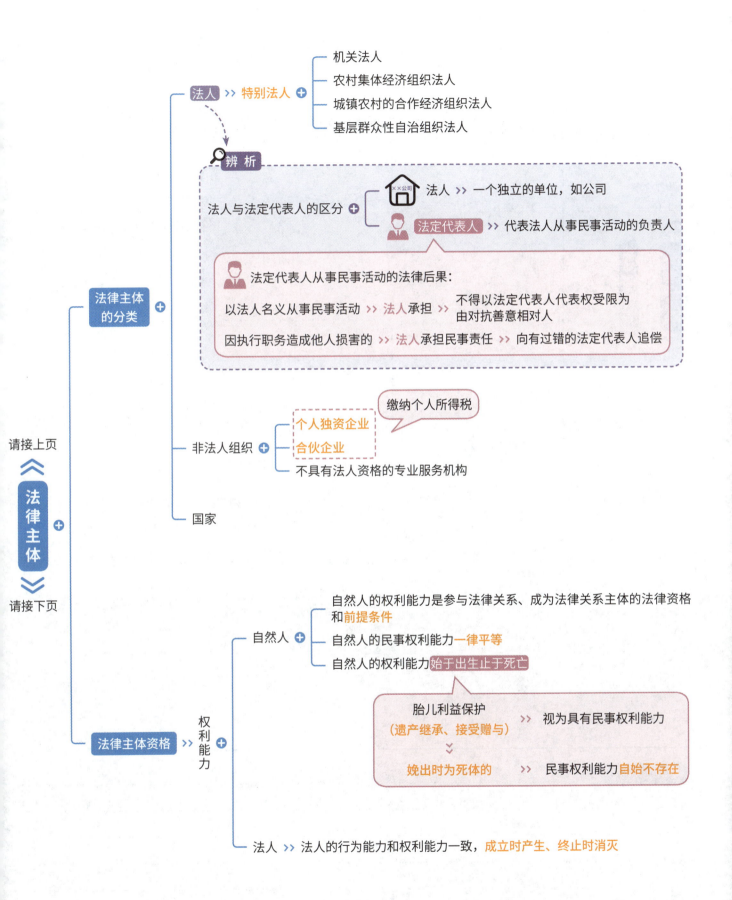

法律主体的分类

法人 >> 特别法人
- 机关法人
- 农村集体经济组织法人
- 城镇农村的合作经济组织法人
- 基层群众性自治组织法人

辨 析

法人与法定代表人的区分
- 法人 >> 一个独立的单位，如公司
- 法定代表人 >> 代表法人从事民事活动的负责人

法定代表人从事民事活动的法律后果：

以法人名义从事民事活动 >> 法人承担 >> 不得以法定代表人代表权受限为由对抗善意相对人

因执行职务造成他人损害的 >> 法人承担民事责任 >> 向有过错的法定代表人追偿

非法人组织
- 个人独资企业
- 合伙企业 （缴纳个人所得税）
- 不具有法人资格的专业服务机构

国家

请接上页

法律主体

请接下页

法律主体资格

权利能力

自然人
- 自然人的权利能力是参与法律关系、成为法律关系主体的法律资格和前提条件
- 自然人的民事权利能力一律平等
- 自然人的权利能力始于出生止于死亡

胎儿利益保护（遗产继承、接受赠与） >> 视为具有民事权利能力
⌄
娩出时为死体的 >> 民事权利能力自始不存在

法人 >> 法人的行为能力和权利能力一致，成立时产生、终止时消灭

请接上页

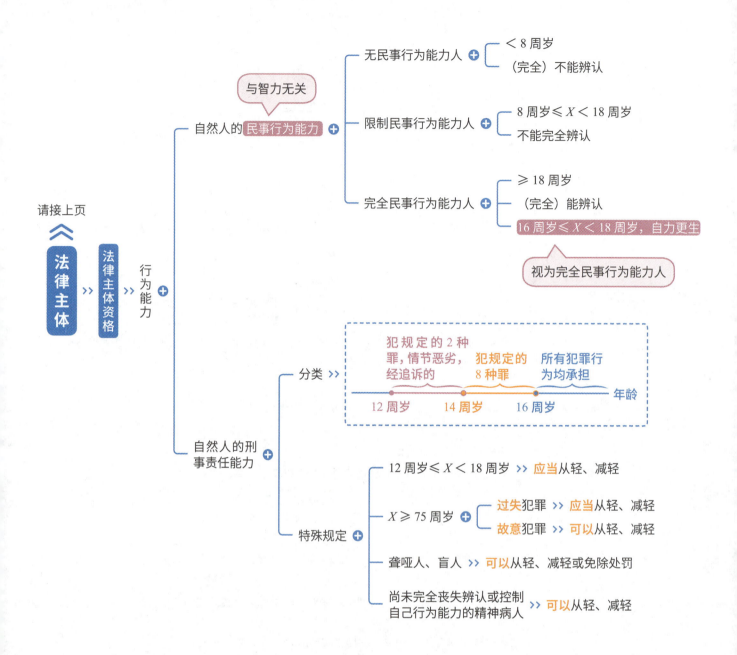

法律主体 >> 法律主体资格 >> 行为能力 ➕

自然人的 民事行为能力 ➕ (与智力无关)

无民事行为能力人 ➕
- < 8 周岁
- （完全）不能辨认

限制民事行为能力人 ➕
- 8 周岁 ≤ X < 18 周岁
- 不能完全辨认

完全民事行为能力人 ➕
- ≥ 18 周岁
- （完全）能辨认
- 16 周岁 ≤ X < 18 周岁，自力更生（视为完全民事行为能力人）

自然人的刑事责任能力 ➕

分类 >>
- 犯规定的 2 种罪，情节恶劣，经追诉的
- 犯规定的 8 种罪
- 所有犯罪行为均承担
- 年龄：12 周岁　14 周岁　16 周岁

特殊规定 ➕
- 12 周岁 ≤ X < 18 周岁 >> 应当从轻、减轻
- X ≥ 75 周岁 ➕
  - 过失犯罪 >> 应当从轻、减轻
  - 故意犯罪 >> 可以从轻、减轻
- 聋哑人、盲人 >> 可以从轻、减轻或免除处罚
- 尚未完全丧失辨认或控制自己行为能力的精神病人 >> 可以从轻、减轻

💡学习收获 >>
....
....
....
....
....
....

03 法律责任

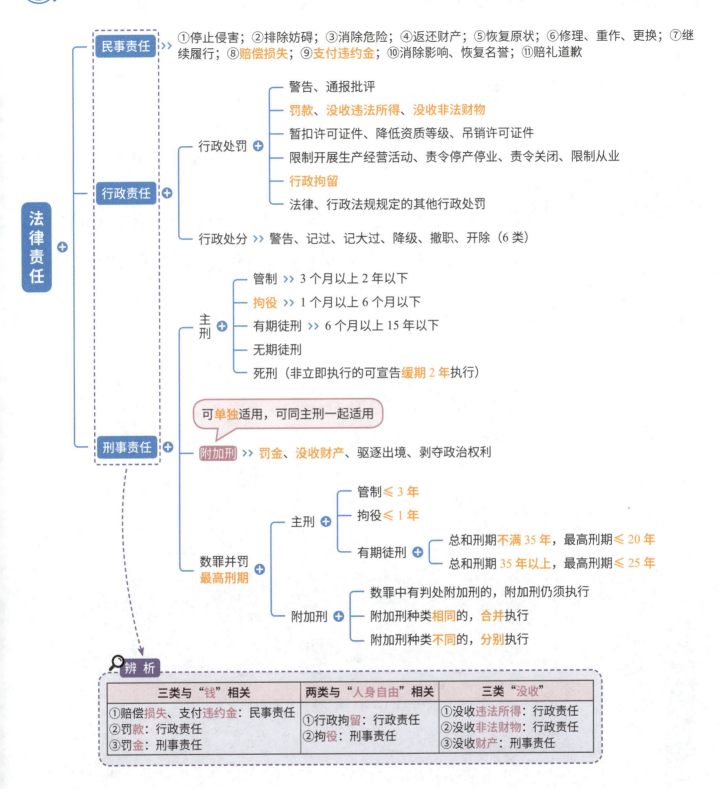

法律责任

民事责任 >> ①停止侵害；②排除妨碍；③消除危险；④返还财产；⑤恢复原状；⑥修理、重作、更换；⑦继续履行；⑧赔偿损失；⑨支付违约金；⑩消除影响、恢复名誉；⑪赔礼道歉

行政责任
- 行政处罚
  - 警告、通报批评
  - 罚款、没收违法所得、没收非法财物
  - 暂扣许可证件、降低资质等级、吊销许可证件
  - 限制开展生产经营活动、责令停产停业、责令关闭、限制从业
  - 行政拘留
  - 法律、行政法规规定的其他行政处罚
- 行政处分 >> 警告、记过、记大过、降级、撤职、开除（6类）

刑事责任
- 主刑
  - 管制 >> 3个月以上2年以下
  - 拘役 >> 1个月以上6个月以下
  - 有期徒刑 >> 6个月以上15年以下
  - 无期徒刑
  - 死刑（非立即执行的可宣告缓期2年执行）
- 附加刑 >> 罚金、没收财产、驱逐出境、剥夺政治权利
  - （可单独适用，可同主刑一起适用）
- 数罪并罚 最高刑期
  - 主刑
    - 管制≤3年
    - 拘役≤1年
    - 有期徒刑
      - 总和刑期不满35年，最高刑期≤20年
      - 总和刑期35年以上，最高刑期≤25年
  - 附加刑
    - 数罪中有判处附加刑的，附加刑仍须执行
    - 附加刑种类相同的，合并执行
    - 附加刑种类不同的，分别执行

辨析

三类与"钱"相关	两类与"人身自由"相关	三类"没收"
①赔偿损失、支付违约金：民事责任	①行政拘留：行政责任	①没收违法所得：行政责任
②罚款：行政责任	②拘役：刑事责任	②没收非法财物：行政责任
③罚金：刑事责任		③没收财产：刑事责任

扫一扫，提个小建议

图书勘误，评价建议，微信"扫一扫"。您的感受是我们最好的动力！祝您奇兵制胜。

第二章　会计法律制度

01 会计法律制度概述

会计法律制度概述 >> 会计工作管理体制 ⊕

- 政府层面 ⊕
  - **国务院财政部门**主管全国的会计工作（统一领导）
  - **县级以上**地方各级人民政府财政部门管理本行政区域内的会计工作（分级管理）
- 单位层面 ⊕
  - **单位负责人**对本单位的会计工作和会计资料的**真实性、完整性**负责
  - 单位负责人应当保证会计机构、会计人员依法履行职责，不得**授意、指使、强令**会计机构、会计人员违法办理会计事项

02 会计核算与监督

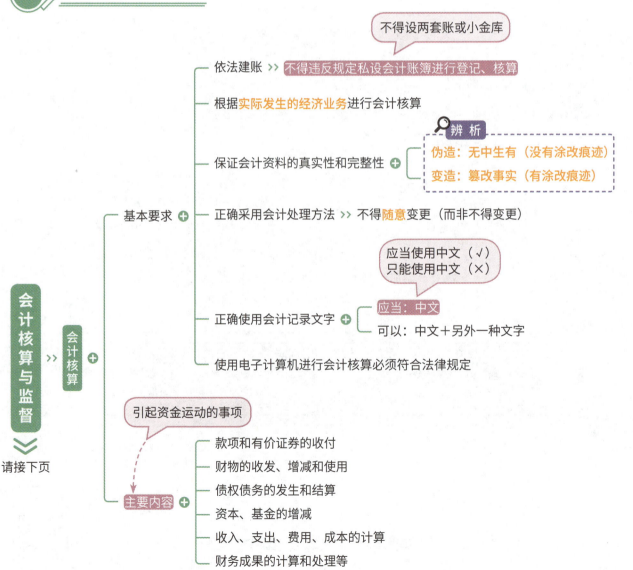

会计核算与监督 >> 会计核算 ⊕

- 基本要求 ⊕
  - 依法建账 >> 不得违反规定私设会计账簿进行登记、核算
    - 不得设两套账或小金库
  - 根据**实际发生的经济业务**进行会计核算
  - 保证会计资料的真实性和完整性 ⊕
    - 🔍 辨析
      - **伪造**：无中生有（没有涂改痕迹）
      - **变造**：篡改事实（有涂改痕迹）
  - 正确采用会计处理方法 >> 不得**随意**变更（而非不得变更）
  - 正确使用会计记录文字 ⊕
    - 应当：中文
      - 应当使用中文（√）
      - 只能使用中文（×）
    - 可以：中文＋另外一种文字
  - 使用电子计算机进行会计核算必须符合法律规定
- 主要内容 ⊕
  - 引起资金运动的事项
  - 款项和有价证券的收付
  - 财物的收发、增减和使用
  - 债权债务的发生和结算
  - 资本、基金的增减
  - 收入、支出、费用、成本的计算
  - 财务成果的计算和处理等

请接下页

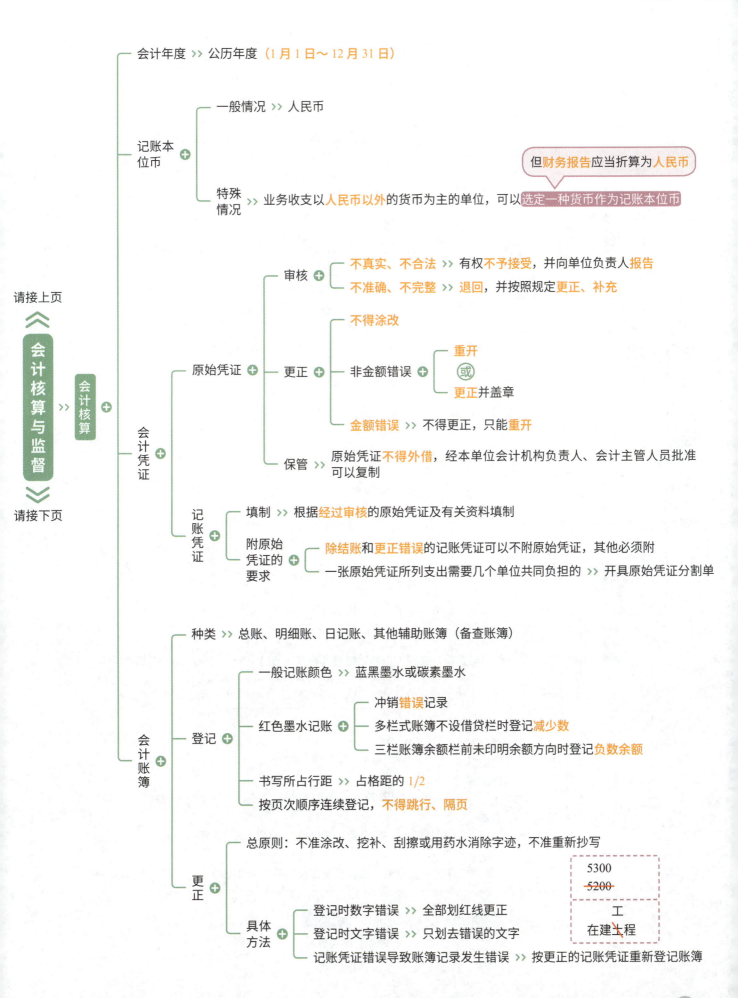

请接上页

会计核算与监督 >> 会计核算

请接下页

会计核算
- 会计年度 >> 公历年度（1月1日～12月31日）
- 记账本位币
  - 一般情况 >> 人民币
  - 特殊情况 >> 业务收支以**人民币以外**的货币为主的单位，可以**选定一种货币作为记账本位币**
    - 但**财务报告**应当折算为**人民币**
- 会计凭证
  - 原始凭证
    - 审核
      - **不真实、不合法** >> 有权**不予接受**，并向单位负责人**报告**
      - **不准确、不完整** >> **退回**，并按照规定**更正、补充**
    - 更正
      - **不得涂改**
      - 非金额错误
        - **重开**
        - 或
        - **更正**并盖章
      - **金额错误** >> 不得更正，只能**重开**
    - 保管 >> 原始凭证**不得外借**，经本单位会计机构负责人、会计主管人员批准可以复制
  - 记账凭证
    - 填制 >> 根据**经过审核**的原始凭证及有关资料填制
    - 附原始凭证的要求
      - **除结账**和**更正错误**的记账凭证可以不附原始凭证，其他必须附
      - 一张原始凭证所列支出需要几个单位共同负担的 >> 开具原始凭证分割单
- 会计账簿
  - 种类 >> 总账、明细账、日记账、其他辅助账簿（备查账簿）
  - 登记
    - 一般记账颜色 >> 蓝黑墨水或碳素墨水
    - 红色墨水记账
      - 冲销**错误**记录
      - 多栏式账簿不设借贷栏时登记**减少数**
      - 三栏账簿余额栏前未印明余额方向时登记**负数余额**
    - 书写所占行距 >> 占格距的 1/2
    - 按页次顺序连续登记，**不得跳行、隔页**
  - 更正
    - 总原则：不准涂改、挖补、刮擦或用药水消除字迹，不准重新抄写
    - 具体方法
      - 登记时数字错误 >> 全部划红线更正
      - 登记时文字错误 >> 只划去错误的文字
      - 记账凭证错误导致账簿记录发生错误 >> 按更正的记账凭证重新登记账簿

5300
~~5200~~

工
在建工~~土~~程

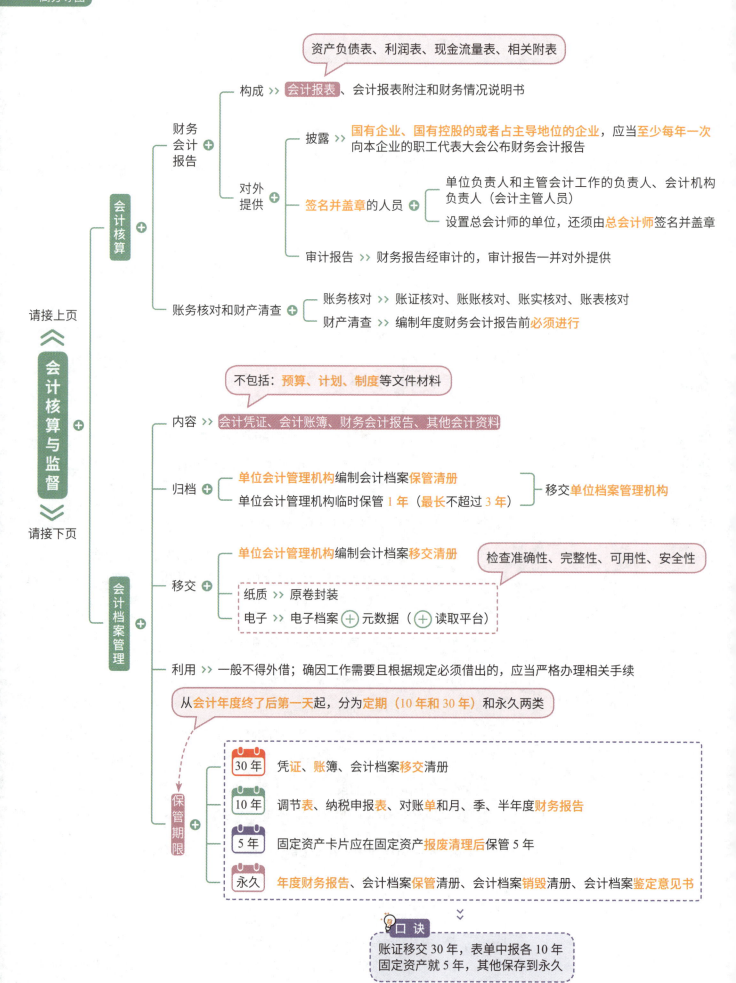

请接上页

会计核算与监督

请接下页

会计核算

财务会计报告

构成 >> 会计报表、会计报表附注和财务情况说明书

资产负债表、利润表、现金流量表、相关附表

对外提供

披露 >> 国有企业、国有控股的或者占主导地位的企业，应当至少每年一次向本企业的职工代表大会公布财务会计报告

签名并盖章的人员

单位负责人和主管会计工作的负责人、会计机构负责人（会计主管人员）

设置总会计师的单位，还须由总会计师签名并盖章

审计报告 >> 财务报告经审计的，审计报告一并对外提供

账务核对和财产清查

账务核对 >> 账证核对、账账核对、账实核对、账表核对

财产清查 >> 编制年度财务会计报告前必须进行

会计档案管理

内容 >> 会计凭证、会计账簿、财务会计报告、其他会计资料

不包括：预算、计划、制度等文件材料

归档

单位会计管理机构编制会计档案保管清册

单位会计管理机构临时保管 1 年（最长不超过 3 年）

移交单位档案管理机构

移交

单位会计管理机构编制会计档案移交清册

检查准确性、完整性、可用性、安全性

纸质 >> 原卷封装

电子 >> 电子档案 ⊕ 元数据（⊕ 读取平台）

利用 >> 一般不得外借；确因工作需要且根据规定必须借出的，应当严格办理相关手续

从会计年度终了后第一天起，分为定期（10 年和 30 年）和永久两类

保管期限

30 年 凭证、账簿、会计档案移交清册

10 年 调节表、纳税申报表、对账单和月、季、半年度财务报告

5 年 固定资产卡片应在固定资产报废清理后保管 5 年

永久 年度财务报告、会计档案保管清册、会计档案销毁清册、会计档案鉴定意见书

口诀

账证移交 30 年，表单中报各 10 年
固定资产就 5 年，其他保存到永久

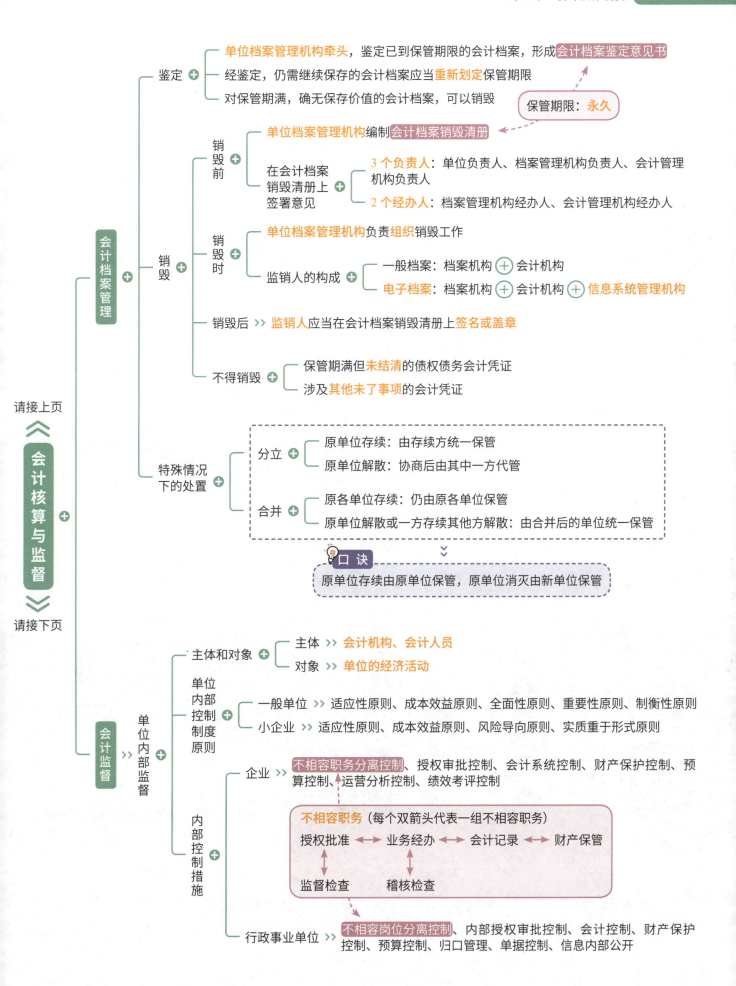

会计核算与监督

请接上页
请接下页

会计档案管理

鉴定
- 单位档案管理机构牵头，鉴定已到保管期限的会计档案，形成会计档案鉴定意见书
- 经鉴定，仍需继续保存的会计档案应当重新划定保管期限
- 对保管期满，确无保存价值的会计档案，可以销毁

保管期限：永久

销毁
- 销毁前
  - 单位档案管理机构编制会计档案销毁清册
  - 在会计档案销毁清册上签署意见
    - 3个负责人：单位负责人、档案管理机构负责人、会计管理机构负责人
    - 2个经办人：档案管理机构经办人、会计管理机构经办人
- 销毁时
  - 单位档案管理机构负责组织销毁工作
  - 监销人的构成
    - 一般档案：档案机构 + 会计机构
    - 电子档案：档案机构 + 会计机构 + 信息系统管理机构
- 销毁后 » 监销人应当在会计档案销毁清册上签名或盖章
- 不得销毁
  - 保管期满但未结清的债权债务会计凭证
  - 涉及其他未了事项的会计凭证

特殊情况下的处置
- 分立
  - 原单位存续：由存续方统一保管
  - 原单位解散：协商后由其中一方代管
- 合并
  - 原各单位存续：仍由原各单位保管
  - 原单位解散或一方存续其他方解散：由合并后的单位统一保管

口诀
原单位存续由原单位保管，原单位消灭由新单位保管

会计监督

单位内部监督
- 主体和对象
  - 主体 » 会计机构、会计人员
  - 对象 » 单位的经济活动
- 单位内部控制制度原则
  - 一般单位 » 适应性原则、成本效益原则、全面性原则、重要性原则、制衡性原则
  - 小企业 » 适应性原则、成本效益原则、风险导向原则、实质重于形式原则
- 内部控制措施
  - 企业 » 不相容职务分离控制、授权审批控制、会计系统控制、财产保护控制、预算控制、运营分析控制、绩效考评控制

    不相容职务（每个双箭头代表一组不相容职务）
    授权批准 ←→ 业务经办 ←→ 会计记录 ←→ 财产保管
    监督检查　　　稽核检查

  - 行政事业单位 » 不相容岗位分离控制、内部授权审批控制、会计控制、财产保护控制、预算控制、归口管理、单据控制、信息内部公开

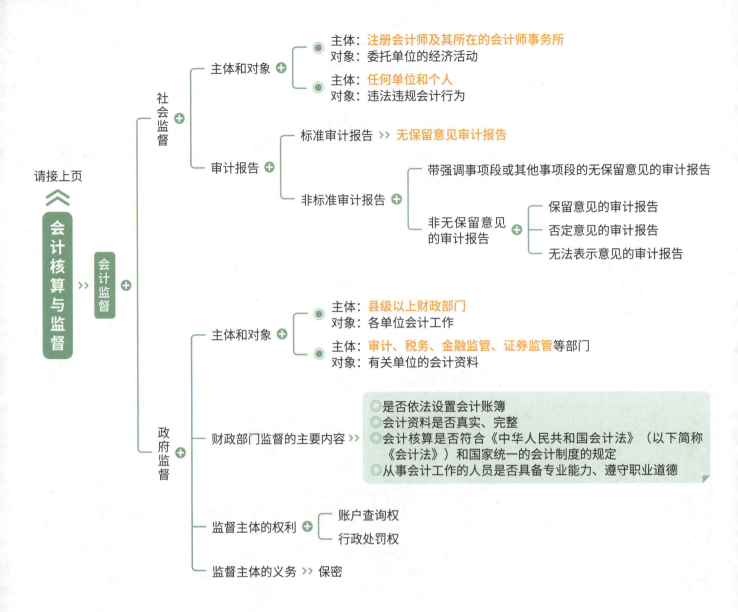

请接上页

会计核算与监督 >> 会计监督

社会监督

- 主体和对象
  - 主体：**注册会计师及其所在的会计师事务所**
    对象：委托单位的经济活动
  - 主体：**任何单位和个人**
    对象：违法违规会计行为

- 审计报告
  - 标准审计报告 >> **无保留意见审计报告**
  - 非标准审计报告
    - 带强调事项段或其他事项段的无保留意见的审计报告
    - 非无保留意见的审计报告
      - 保留意见的审计报告
      - 否定意见的审计报告
      - 无法表示意见的审计报告

政府监督

- 主体和对象
  - 主体：**县级以上财政部门**
    对象：各单位会计工作
  - 主体：**审计、税务、金融监管、证券监管**等部门
    对象：有关单位的会计资料

- 财政部门监督的主要内容 >>
  - ◎是否依法设置会计账簿
  - ◎会计资料是否真实、完整
  - ◎会计核算是否符合《中华人民共和国会计法》（以下简称《会计法》）和国家统一的会计制度的规定
  - ◎从事会计工作的人员是否具备专业能力、遵守职业道德

- 监督主体的权利
  - 账户查询权
  - 行政处罚权

- 监督主体的义务 >> 保密

---

03 会计机构和会计人员

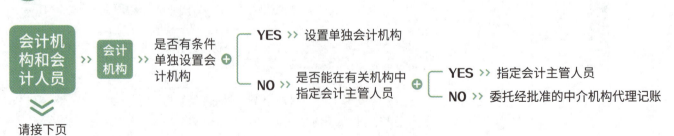

会计机构和会计人员 >> 会计机构 >> 是否有条件单独设置会计机构

- YES >> 设置单独会计机构
- NO >> 是否能在有关机构中指定会计主管人员
  - YES >> 指定会计主管人员
  - NO >> 委托经批准的中介机构代理记账

请接下页

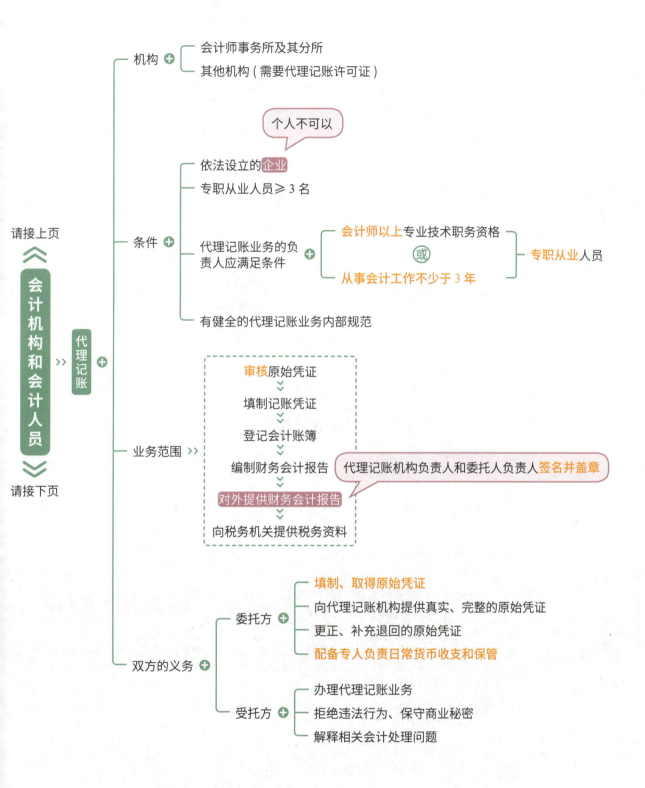

请接上页

请接下页

会计机构和会计人员 ›› 代理记账 ⊕

机构 ⊕
- 会计师事务所及其分所
- 其他机构（需要代理记账许可证）

个人不可以

条件 ⊕
- 依法设立的 企业
- 专职从业人员 ≥ 3 名
- 代理记账业务的负责人应满足条件 ⊕
  - 会计师以上专业技术职务资格
  - 或
  - 从事会计工作不少于 3 年
  - 专职从业人员
- 有健全的代理记账业务内部规范

业务范围 ››
- 审核原始凭证
- 填制记账凭证
- 登记会计账簿
- 编制财务会计报告　代理记账机构负责人和委托人负责人签名并盖章
- 对外提供财务会计报告
- 向税务机关提供税务资料

双方的义务 ⊕
- 委托方 ⊕
  - 填制、取得原始凭证
  - 向代理记账机构提供真实、完整的原始凭证
  - 更正、补充退回的原始凭证
  - 配备专人负责日常货币收支和保管
- 受托方 ⊕
  - 办理代理记账业务
  - 拒绝违法行为、保守商业秘密
  - 解释相关会计处理问题

会计机构和会计人员

请接上页

会计岗位设置

会计工作岗位 ›› 会计机构负责人或者会计主管人员；出纳、稽核、会计部门档案管理等

档案部门保管会计档案不属于会计工作岗位

设置要求 ⊕
- 人员 ›› 一人一岗、一人多岗或者一岗多人
- 兼任 ›› 出纳人员不得兼任稽核、会计档案保管和收入、支出、费用、债权债务账目的登记工作
- 轮岗 ›› 工作岗位应有计划地进行轮换

回避制度 ››

适用于国家机关、国有企业、事业单位

单位领导人

× 直系亲属

会计机构负责人、会计主管人员

直系亲属 √

直系亲属 × √ 直系亲属

出纳   其他会计岗位

总 结

需回避的关系：夫妻关系、直系血亲关系、三代以内旁系血亲以及姻亲关系

会计人员 ⊕

一般要求 ›› 守法、具备相应的专业能力、良好的职业道德、参加继续教育

会计机构负责人或会计主管人员 ›› 会计师以上专业技术职务资格 或 会计工作经验 ≥ 3 年

禁入规定 ⊕
- 因有提供虚假财务会计报告，做假账，隐匿或者故意销毁会计凭证、会计账簿、财务会计报告，贪污，挪用公款，职务侵占等与会计职务有关的违法行为被依法追究刑事责任的人员，不得再从事会计工作
- 因伪造、变造会计凭证、会计账簿，编制虚假财务会计报告，隐匿或者故意销毁依法应当保存的会计凭证、会计账簿、财务会计报告，尚不构成犯罪的，5 年内不得从事会计工作
- 会计人员具有违反国家统一的会计制度的一般违法行为，情节严重的，5 年内不得从事会计工作

会计专业职务 ⊕
- 初级职称 ›› 助理会计师 ›› 高中及以上
- 中级职称 ›› 会计师 ›› 专科以上＋对应会计工作年限 — 全国统一考试
- 副高级职称 ›› 高级会计师
- 正高级职称 ›› 正高级会计师

口 诀

专 5 本 4 二 2 硕 1 博 0

请接下页

请接上页

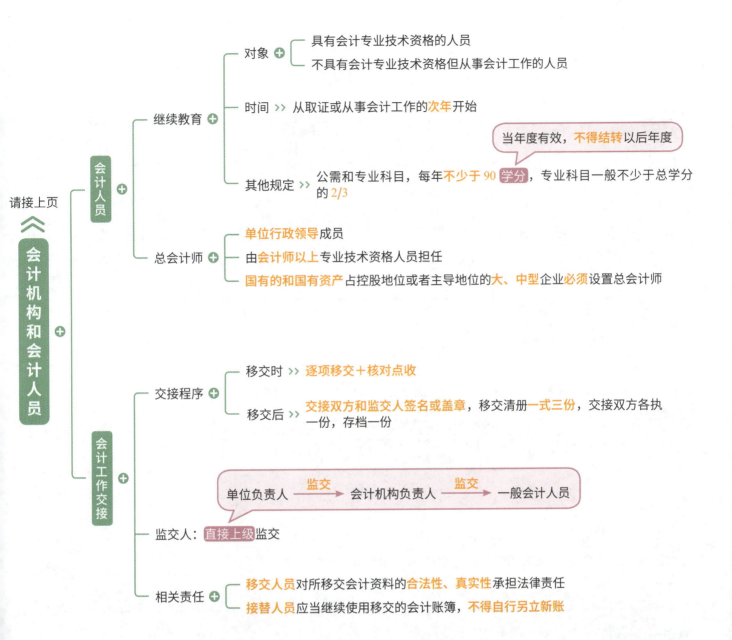

会计机构和会计人员

会计人员

继续教育

对象
- 具有会计专业技术资格的人员
- 不具有会计专业技术资格但从事会计工作的人员

时间 >> 从取证或从事会计工作的**次年**开始

其他规定 >> 公需和专业科目，每年**不少于** 90 **学分**，专业科目一般不少于总学分的 2/3

当年度有效，**不得结转**以后年度

总会计师
- **单位行政领导**成员
- 由**会计师以上**专业技术资格人员担任
- **国有的和国有资产**占控股地位或者主导地位的**大、中型**企业**必须**设置总会计师

会计工作交接

交接程序

移交时 >> **逐项移交＋核对点收**

移交后 >> **交接双方和监交人签名或盖章**，移交清册**一式三份**，交接双方各执一份，存档一份

监交人：**直接上级**监交

单位负责人 —监交→ 会计机构负责人 —监交→ 一般会计人员

相关责任
- **移交人员**对所移交会计资料的**合法性、真实性**承担法律责任
- **接替人员**应当继续使用移交的会计账簿，**不得自行另立新账**

04 会计法律责任

会计法律责任

会计违法行为 \\ 法律责任	行政责任			行政处分	刑事责任（法院）
	《会计法》规定的行政处罚（由县级以上财政部门实施）				
违反国家统一会计制度行为（十项违法行为）	责令整改	情节严重，5年内不得从事会计工作	罚款：个人2 000元～2万元 单位3 000元～5万元	仅限于国家工作人员	构成犯罪的，依法追究刑事责任（不得再从事会计工作）
伪造、变造会计凭证、会计账簿及编制虚假财务会计报告	通报	5年内不得从事会计工作	罚款：个人3 000元～5万元 单位5 000元～10万元		
隐匿或故意销毁依法应保存的会计资料					
授意、指使、强令会计机构、会计人员及其他人员伪造、变造会计凭证、会计账簿，编制虚假财务会计报告或隐匿、故意销毁依法应保存的会计资料	—	—	罚款：5 000元～5万元		
单位负责人对依法履行职责、抵制违反《会计法》规定行为的会计人员实施打击报复	①构成打击报复会计人员罪（3年以下有期徒刑或拘役）；②不构成犯罪的，给予行政处分 补救措施：恢复其名誉和原有职务、级别				
财政部门及有关行政部门工作人员职务违法行为	①构成犯罪的依法追究刑事责任；②不构成犯罪的，给予行政处分				

扫一扫，提个小建议

图书勘误，评价建议，微信"扫一扫"。您的感受是我们最好的动力！祝您奇兵制胜。

学习收获 >>

第三章　支付结算法律制度

01 支付结算概述

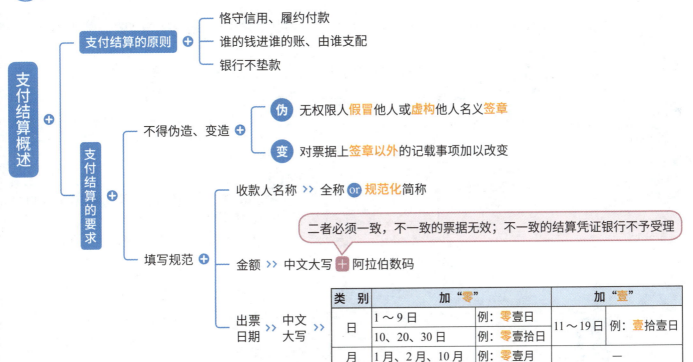

02 银行结算账户

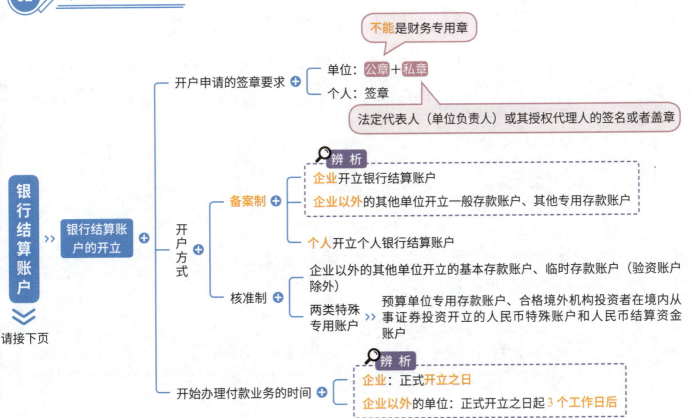

请接下页

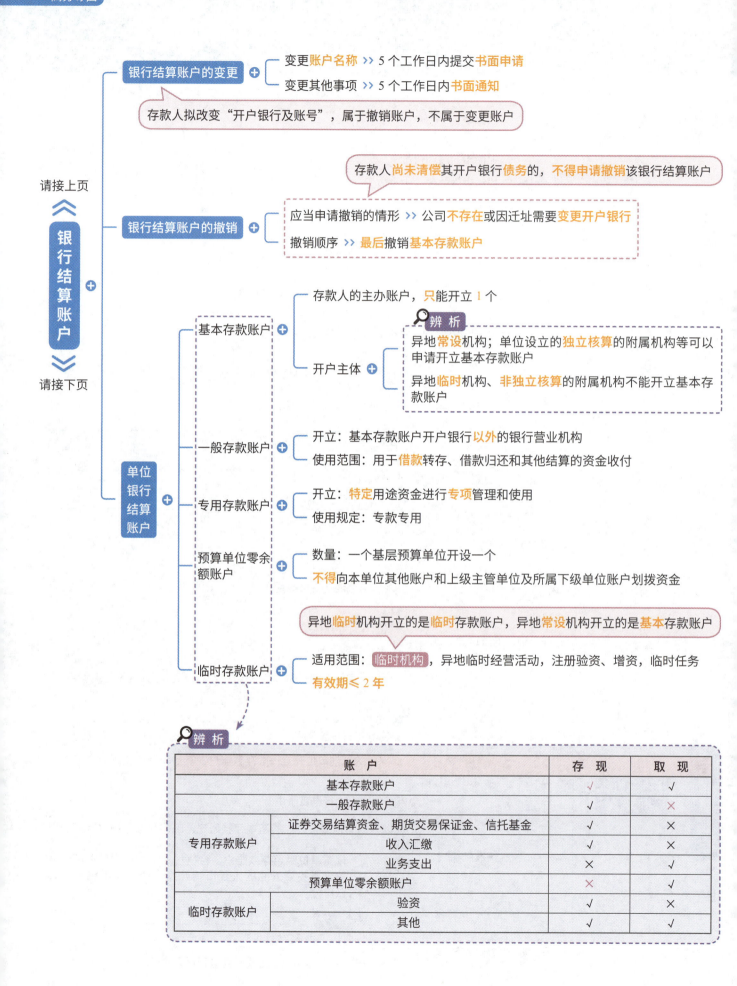

业务功能	I类银行账户	II类银行账户	III类银行账户
存入现金	√	限额	×
取出现金	√	限额	×
向非绑定账户转出资金业务	√	限额	限额
从非绑定账户转入资金业务	√	限额	限额
投资理财	√	√	×
消费和缴费	√	限额	限额
账户余额	无限额	无限额	任一时点不得超过2 000元
配发实体卡	√	√	×

开户方式		开立账户
柜面开户		I类、II类、III类
自助机具开户	工作人员现场核验	I类、II类、III类
	工作人员未现场核验	II类、III类
电子渠道开户		II类、III类

请接上页

银行结算账户 >> 个人银行结算账户 +
- 业务功能 >>
- 开户方式 >>

03 银行非现金支付业务

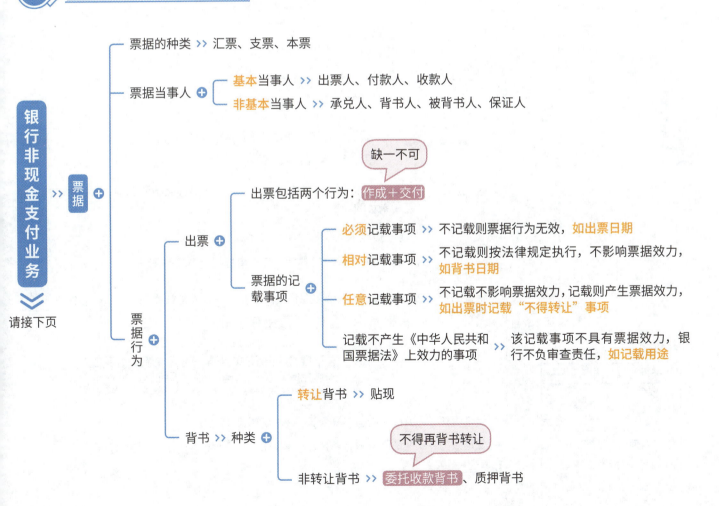

银行非现金支付业务 >> 票据 +

- 票据的种类 >> 汇票、支票、本票
- 票据当事人 +
  - 基本当事人 >> 出票人、付款人、收款人
  - 非基本当事人 >> 承兑人、背书人、被背书人、保证人
- 票据行为 +
  - 出票 +
    - 出票包括两个行为：作成＋交付 【缺一不可】
    - 票据的记载事项 +
      - 必须记载事项 >> 不记载则票据行为无效，如出票日期
      - 相对记载事项 >> 不记载则按法律规定执行，不影响票据效力，如背书日期
      - 任意记载事项 >> 不记载不影响票据效力，记载则产生票据效力，如出票时记载"不得转让"事项
      - 记载不产生《中华人民共和国票据法》上效力的事项 >> 该记载事项不具有票据效力，银行不负审查责任，如记载用途
  - 背书 >> 种类 +
    - 转让背书 >> 贴现
    - 非转让背书 >> 委托收款背书【不得再背书转让】、质押背书

请接下页

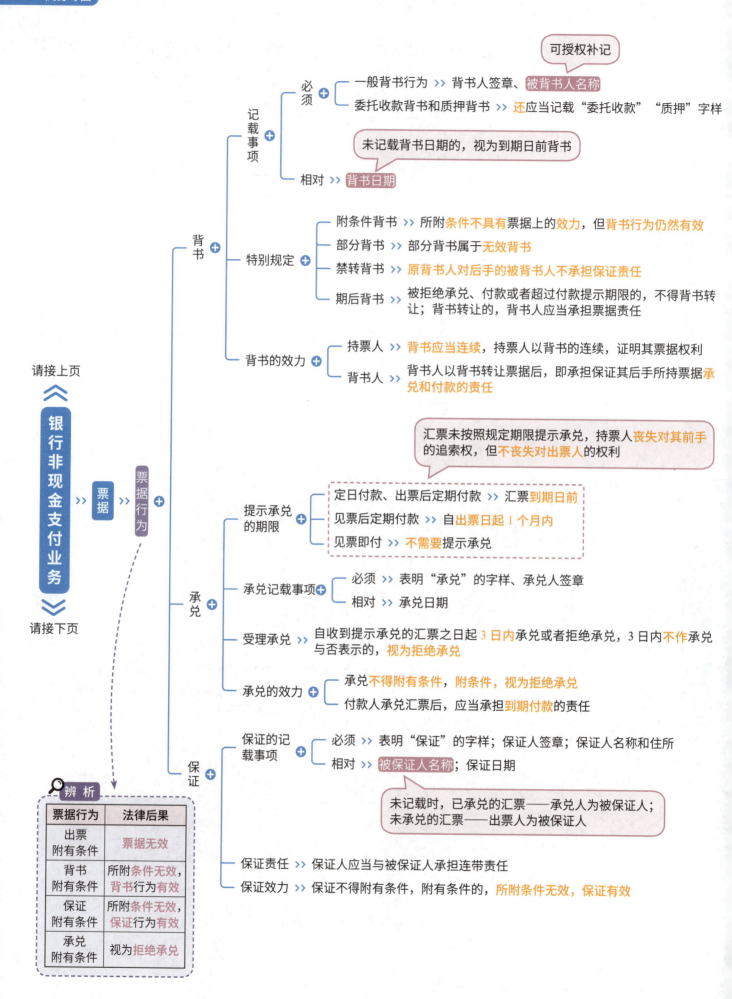

辨析

未记载日期的法律后果辨析

情 形	法律后果
出票日期未记载	出票行为无效，票据无效
付款日期未记载	出票行为有效，视为见票即付
背书日期未记载	背书行为有效，视为到期日前背书
承兑日期未记载	承兑行为有效，以承兑人收到提示承兑的汇票之日起 3 日内的最后 1 日为承兑日期
保证日期未记载	保证行为有效，出票日期为保证日期

请接上页

银行非现金支付业务

请接下页

票据 ➕

票据权利 ➕

　　种类 ➕
- 付款请求权 ➤➤ 第一顺序权利
- 追索权 ➤➤ 第二顺序权利

　　享有情况 ➕
- 真实交易关系＋支付对价 ➤➤ 享有
- 无偿取得（税收、继承、赠与）➤➤ 享有（但不优于前手）
- 非法取得（欺诈、盗窃、胁迫）➤➤ 不享有
- 重大过失取得 ➤➤ 不享有
- 明知他人非法取得仍受让该票据（恶意）➤➤ 不享有
- 不知他人非法取得 ➕
  - 支付对价 ➤➤ 享有
  - 未支付对价 ➤➤ 不享有

　　时效 ➤➤

票据种类		出票人／承兑人		一般前手	
		对出票人的权利	对承兑人的权利	追索权	再追索权
即期票据	支票	自出票日起 6 个月		被拒绝付款日起 6 个月	自清偿日或被提起诉讼之日起 3 个月
	银行汇票	自出票日起 2 年	—		
	银行本票				
远期票据	商业汇票	自票据到期日起 2 年	自票据到期日起 2 年	被拒绝承兑或被拒绝付款日起 6 个月	

票据丧失的补救 ➕

挂失止付 ➤➤ （非必经措施）

可以挂失止付的票据	
已明确付款人或代理付款人	已承兑的商业汇票
	支票
	填明"现金"字样和代理付款人的银行汇票
	填明"现金"字样的银行本票

公示催告 ➕
- 失票后直接申请，或者通知挂失止付后的 3 日内
- 公告期间不得少于 60 日，且公示催告期间届满日不得早于票据付款日后 15 日
- 在公示催告期间，转让票据权利的行为无效

普通诉讼

票据责任 ➤➤ 提示付款 ➤➤

票据种类		提示付款的期限
即期票据	银行汇票	自出票日起 1 个月
	银行本票	自出票日起最长不超过 2 个月
	支票	自出票日起 10 日
远期票据	商业汇票	自票据到期日起 10 日

➤➤ 口诀

即期票据（起算点为出票日）：汇 1 本 2 支 10
远期票据（起算点为到期日）：10 日

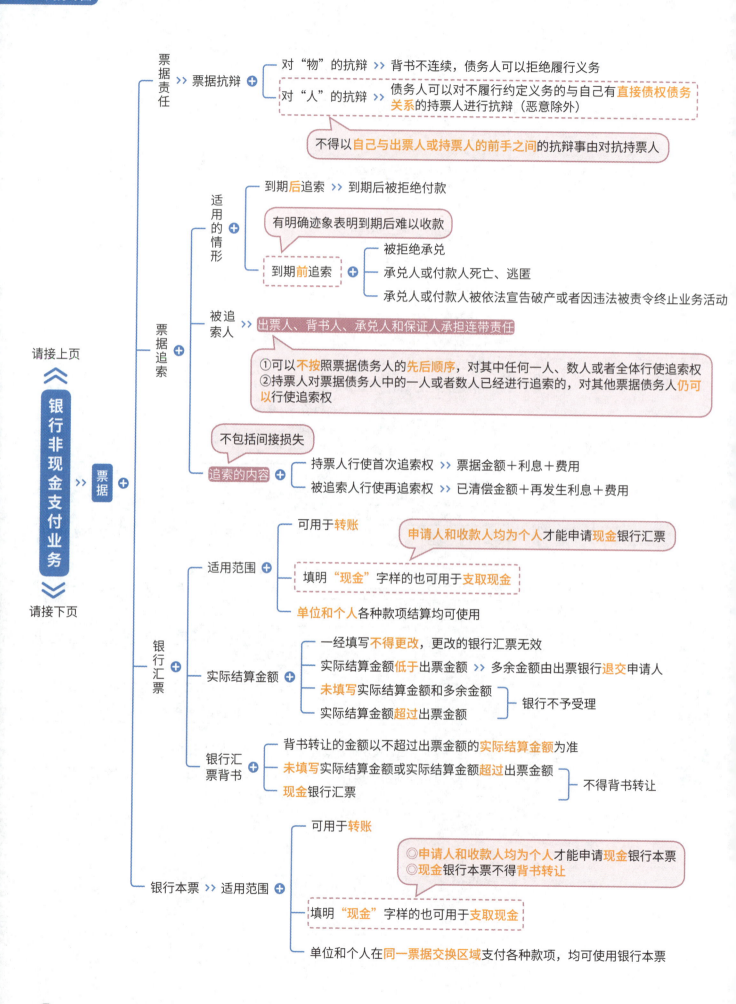

请接上页

银行非现金支付业务 >> 票据

请接下页

票据

票据责任 >> **票据抗辩**
- 对"物"的抗辩 >> 背书不连续，债务人可以拒绝履行义务
- 对"人"的抗辩 >> 债务人可以对不履行约定义务的与自己有**直接债权债务关系**的持票人进行抗辩（恶意除外）
  - 不得以**自己与出票人或持票人的前手之间**的抗辩事由对抗持票人

票据追索
- **适用的情形**
  - 到期**后**追索 >> 到期后被拒绝付款
  - 到期**前**追索
    - 有明确迹象表明到期后难以收款
    - 被拒绝承兑
    - 承兑人或付款人死亡、逃匿
    - 承兑人或付款人被依法宣告破产或者因违法被责令终止业务活动
- **被追索人** >> 出票人、背书人、承兑人和保证人承担连带责任
  - ①可以**不按**照票据债务人的**先后顺序**，对其中任何一人、数人或者全体行使追索权
  - ②持票人对票据债务人中的一人或者数人已经进行追索的，对其他票据债务人**仍可以**行使追索权
- **追索的内容**（不包括间接损失）
  - 持票人行使首次追索权 >> 票据金额＋利息＋费用
  - 被追索人行使再追索权 >> 已清偿金额＋再发生利息＋费用

银行汇票
- **适用范围**
  - 可用于**转账**
    - **申请人和收款人均为个人**才能申请**现金**银行汇票
  - 填明"**现金**"字样的也可用于**支取现金**
  - **单位和个人**各种款项结算均可使用
- **实际结算金额**
  - 一经填写**不得更改**，更改的银行汇票无效
  - 实际结算金额**低于**出票金额 >> 多余金额由出票银行**退交**申请人
  - **未填写**实际结算金额和多余金额 ┐
  - 实际结算金额**超过**出票金额 ┘ — 银行不予受理
- **银行汇票背书**
  - 背书转让的金额以不超过出票金额的**实际结算金额**为准
  - **未填写**实际结算金额或实际结算金额**超过**出票金额 ┐
  - **现金**银行汇票 ┘ — 不得背书转让

银行本票 >> **适用范围**
- 可用于**转账**
  - ◎**申请人和收款人均为个人**才能申请**现金**银行本票
  - ◎**现金**银行本票不得**背书转让**
- 填明"**现金**"字样的也可用于**支取现金**
- 单位和个人在**同一票据交换区域**支付各种款项，均可使用银行本票

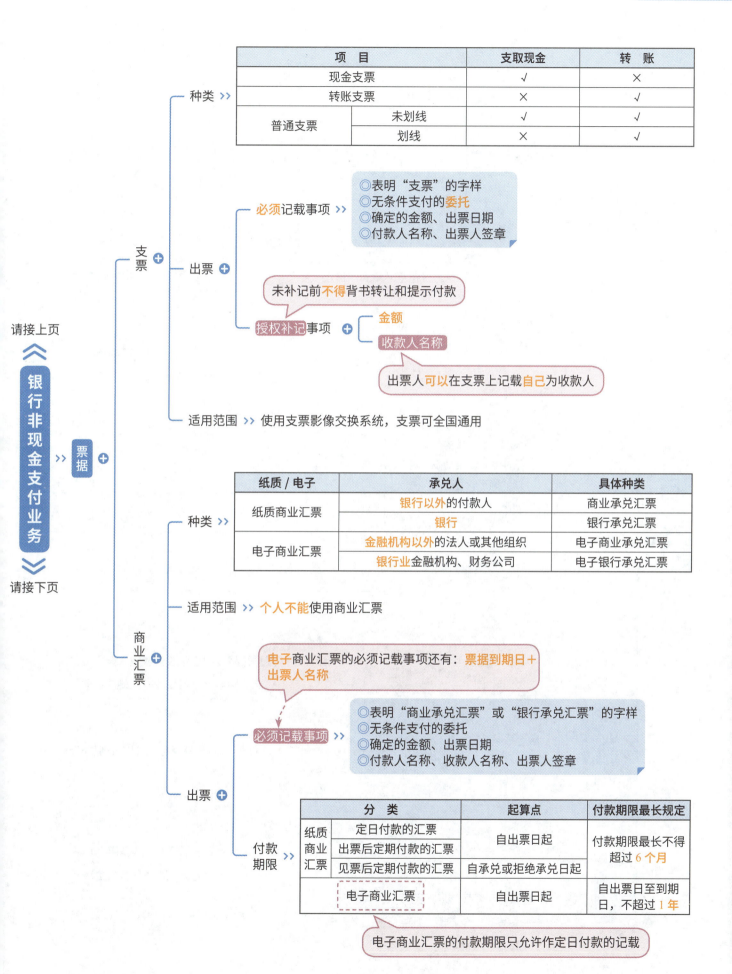

项　目		支取现金	转　账
现金支票		√	×
转账支票		×	√
普通支票	未划线	√	√
	划线	×	√

必须记载事项 >>
◎表明"支票"的字样
◎无条件支付的委托
◎确定的金额、出票日期
◎付款人名称、出票人签章

未补记前不得背书转让和提示付款

授权补记事项 ⊕
金额
收款人名称

出票人可以在支票上记载自己为收款人

适用范围 >> 使用支票影像交换系统，支票可全国通用

种类 支票 ⊕ 出票 ⊕

请接上页

银行非现金支付业务 >> 票据 ⊕

请接下页

商业汇票 ⊕

纸质／电子	承兑人	具体种类
纸质商业汇票	银行以外的付款人	商业承兑汇票
	银行	银行承兑汇票
电子商业汇票	金融机构以外的法人或其他组织	电子商业承兑汇票
	银行业金融机构、财务公司	电子银行承兑汇票

种类 >>

适用范围 >> 个人不能使用商业汇票

电子商业汇票的必须记载事项还有：票据到期日＋出票人名称

必须记载事项 >>
◎表明"商业承兑汇票"或"银行承兑汇票"的字样
◎无条件支付的委托
◎确定的金额、出票日期
◎付款人名称、收款人名称、出票人签章

出票 ⊕

分　类		起算点	付款期限最长规定
纸质商业汇票	定日付款的汇票	自出票日起	付款期限最长不得超过6个月
	出票后定期付款的汇票		
	见票后定期付款的汇票	自承兑或拒绝承兑日起	
	电子商业汇票	自出票日起	自出票日至到期日，不超过1年

付款期限 >>

电子商业汇票的付款期限只允许作定日付款的记载

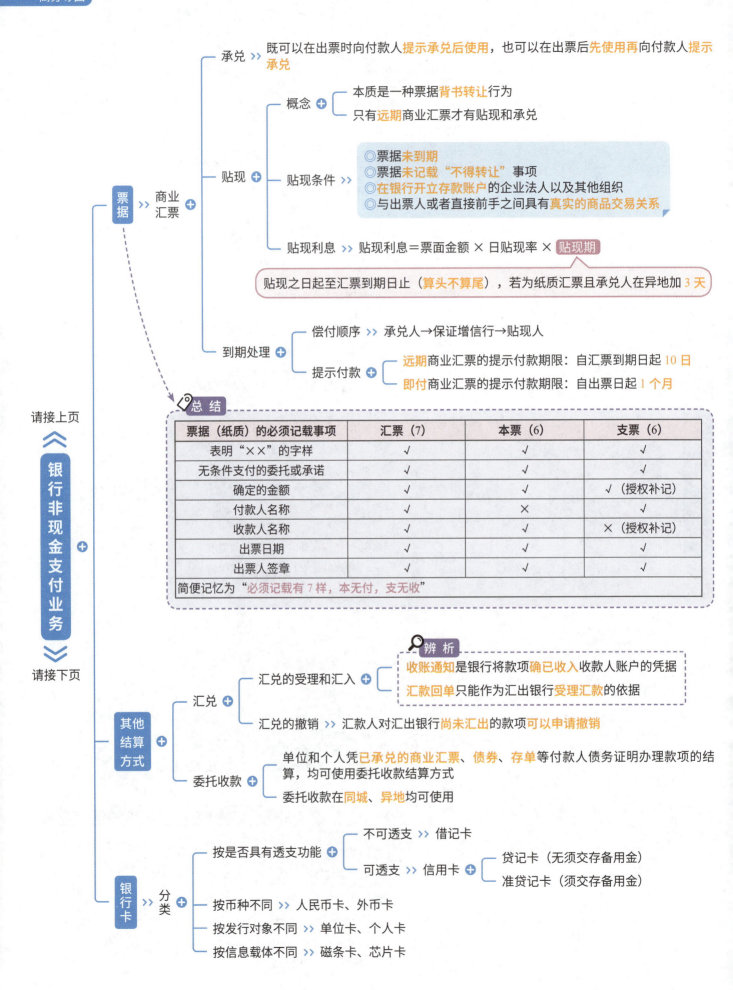

银行非现金支付业务

请接上页

请接下页

票据 ›› 商业汇票

承兑 ›› 既可以在出票时向付款人提示承兑后使用，也可以在出票后先使用再向付款人提示承兑

贴现
- 概念
  - 本质是一种票据背书转让行为
  - 只有远期商业汇票才有贴现和承兑
- 贴现条件 ››
  ◎ 票据未到期
  ◎ 票据未记载"不得转让"事项
  ◎ 在银行开立存款账户的企业法人以及其他组织
  ◎ 与出票人或者直接前手之间具有真实的商品交易关系
- 贴现利息 ›› 贴现利息＝票面金额 × 日贴现率 × 贴现期
  - 贴现之日起至汇票到期日止（算头不算尾），若为纸质汇票且承兑人在异地加 3 天

到期处理
- 偿付顺序 ›› 承兑人→保证增信行→贴现人
- 提示付款
  - 远期商业汇票的提示付款期限：自汇票到期日起 10 日
  - 即付商业汇票的提示付款期限：自出票日起 1 个月

总 结

票据（纸质）的必须记载事项	汇票（7）	本票（6）	支票（6）
表明"××"的字样	√	√	√
无条件支付的委托或承诺	√	√	√
确定的金额	√	√	√（授权补记）
付款人名称	√	×	√
收款人名称	√	√	×（授权补记）
出票日期	√	√	√
出票人签章	√	√	√
简便记忆为"必须记载有 7 样，本无付，支无收"			

其他结算方式

汇兑
- 汇兑的受理和汇入
  - **辨 析**
  - 收账通知是银行将款项确已收入收款人账户的凭据
  - 汇款回单只能作为汇出银行受理汇款的依据
- 汇兑的撤销 ›› 汇款人对汇出银行尚未汇出的款项可以申请撤销

委托收款
- 单位和个人凭已承兑的商业汇票、债券、存单等付款人债务证明办理款项的结算，均可使用委托收款结算方式
- 委托收款在同城、异地均可使用

银行卡 ›› 分类
- 按是否具有透支功能
  - 不可透支 ›› 借记卡
  - 可透支 ›› 信用卡
    - 贷记卡（无须交存备用金）
    - 准贷记卡（须交存备用金）
- 按币种不同 ›› 人民币卡、外币卡
- 按发行对象不同 ›› 单位卡、个人卡
- 按信息载体不同 ›› 磁条卡、芯片卡

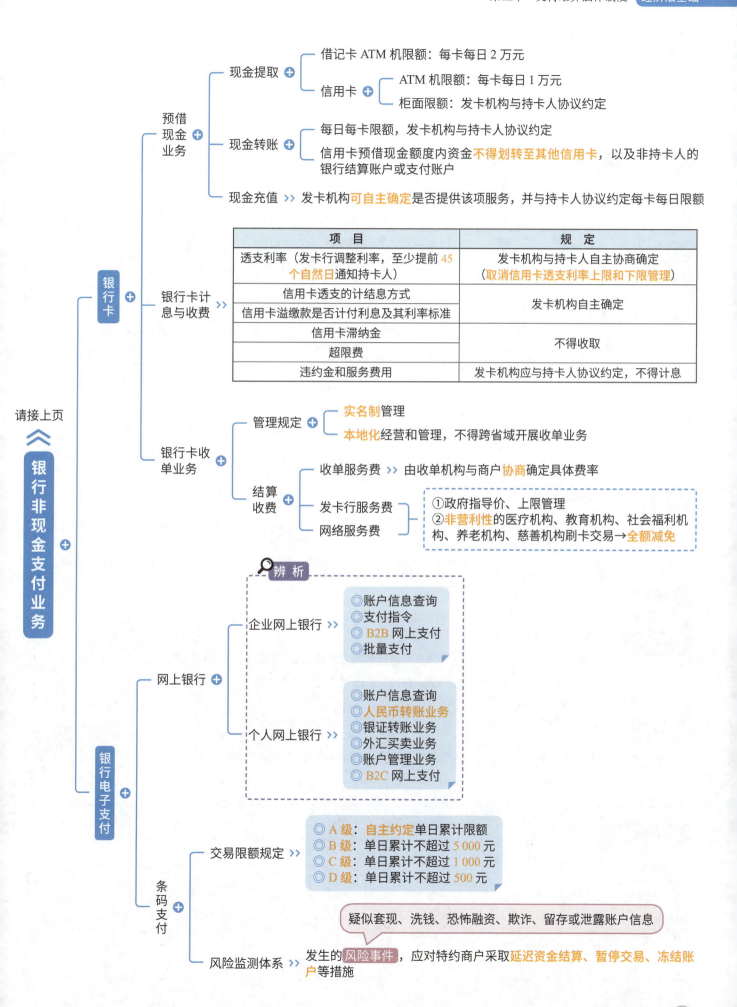

请接上页

银行非现金支付业务

银行卡

预借现金业务

现金提取
- 借记卡 ATM 机限额：每卡每日 2 万元
- 信用卡
  - ATM 机限额：每卡每日 1 万元
  - 柜面限额：发卡机构与持卡人协议约定

现金转账
- 每日每卡限额，发卡机构与持卡人协议约定
- 信用卡预借现金额度内资金**不得划转至其他信用卡**，以及非持卡人的银行结算账户或支付账户

现金充值 >> 发卡机构**可自主确定**是否提供该项服务，并与持卡人协议约定每卡每日限额

银行卡计息与收费 >>

项　目	规　定
透支利率（发卡行调整利率，至少提前 45 个自然日通知持卡人）	发卡机构与持卡人自主协商确定（取消信用卡透支利率上限和下限管理）
信用卡透支的计结息方式	发卡机构自主确定
信用卡溢缴款是否计付利息及其利率标准	
信用卡滞纳金	不得收取
超限费	
违约金和服务费用	发卡机构应与持卡人协议约定，不得计息

银行卡收单业务

管理规定
- **实名制**管理
- **本地化**经营和管理，不得跨省域开展收单业务

结算收费
- 收单服务费 >> 由收单机构与商户**协商**确定具体费率
- 发卡行服务费
- 网络服务费
  - ①政府指导价、上限管理
  - ②**非营利性**的医疗机构、教育机构、社会福利机构、养老机构、慈善机构刷卡交易→**全额减免**

银行电子支付

网上银行

辨　析

企业网上银行 >>
- ◎账户信息查询
- ◎支付指令
- ◎ B2B 网上支付
- ◎批量支付

个人网上银行 >>
- ◎账户信息查询
- ◎**人民币转账业务**
- ◎银证转账业务
- ◎外汇买卖业务
- ◎账户管理业务
- ◎ B2C 网上支付

条码支付

交易限额规定 >>
- ◎ A 级：**自主约定**单日累计限额
- ◎ B 级：单日累计不超过 5 000 元
- ◎ C 级：单日累计不超过 1 000 元
- ◎ D 级：单日累计不超过 500 元

风险监测体系 >> 发生的 风险事件 ，应对特约商户采取**延迟资金结算、暂停交易、冻结账户**等措施

疑似套现、洗钱、恐怖融资、欺诈、留存或泄露账户信息

04 支付机构非现金支付业务

支付机构非现金支付业务 ⊕

- 支付服务的种类 ⊕
  - 网络支付
  - 预付卡
  - 银行卡收单

- 支付账户 ⊕
  - 实行实名制管理
  - **不得透支，不得出借、出租、出售**

- 预付卡 ››

项 目	记名预付卡	不记名预付卡
区分标准	记载持卡人身份信息	不记载持卡人身份信息
单张限额	5 000 元	1 000 元
挂失	可挂失	不可挂失
赎回	可赎回（购卡 3 个月后）	不可赎回
有效期	不得设置有效期	不得低于 3 年（超过有效期尚有资金余额的预付卡，可通过延期、激活、换卡等方式继续使用）
实名购买	需要	一次性购买 10 000 元以上需要
应当转账（不得使用现金）购买／充值	购买：单位一次性购买 5 000 元以上，个人一次性购买 50 000 元以上 充值：一次性充值 5 000 元以上	
使用信用卡购买及充值	✕	
使用规定	以人民币计价，不具有透支功能；专卡专用；不得套现；不得流通	

05 支付结算纪律与法律责任

支付结算纪律与法律责任 ››

- 空头支票 ⊕

  - 概念 ››
    出票人签发的支票金额，超过其 **付款时** 在付款人处实有的存款金额的，为 **空头支票**

    > "出票时" "签发时" "开具时" "交付时"（✕）

    > 禁止签发空头支票

  - 罚则 ⊕
    - **中国人民银行** 处票面金额 **5%** 但 **不低于** 1 000 元的罚款
    - **持票人** 有权要求出票人支付支票金额 2% 的赔偿金

扫一扫，提个小建议

图书勘误，评价建议，微信"扫一扫"。您的感受是我们最好的动力！祝您奇兵制胜。

● 学习收获 ››

01 税收法律制度概述

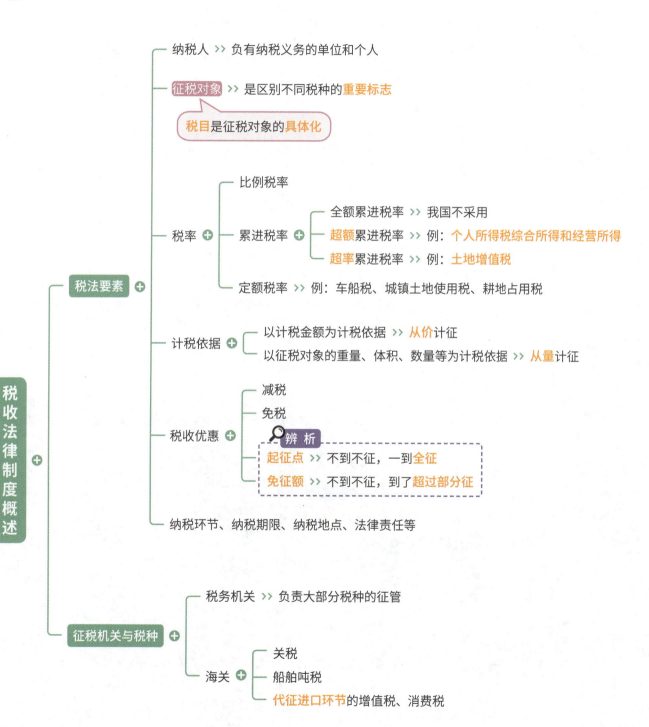

税收法律制度概述
- 税法要素
  - 纳税人 >> 负有纳税义务的单位和个人
  - 征税对象 >> 是区别不同税种的重要标志
    - 税目是征税对象的具体化
  - 税率
    - 比例税率
    - 累进税率
      - 全额累进税率 >> 我国不采用
      - 超额累进税率 >> 例：个人所得税综合所得和经营所得
      - 超率累进税率 >> 例：土地增值税
    - 定额税率 >> 例：车船税、城镇土地使用税、耕地占用税
  - 计税依据
    - 以计税金额为计税依据 >> 从价计征
    - 以征税对象的重量、体积、数量等为计税依据 >> 从量计征
  - 税收优惠
    - 减税
    - 免税
    - 辨析
      - 起征点 >> 不到不征，一到全征
      - 免征额 >> 不到不征，到了超过部分征
  - 纳税环节、纳税期限、纳税地点、法律责任等
- 征税机关与税种
  - 税务机关 >> 负责大部分税种的征管
  - 海关
    - 关税
    - 船舶吨税
    - 代征进口环节的增值税、消费税

02 增值税法律制度

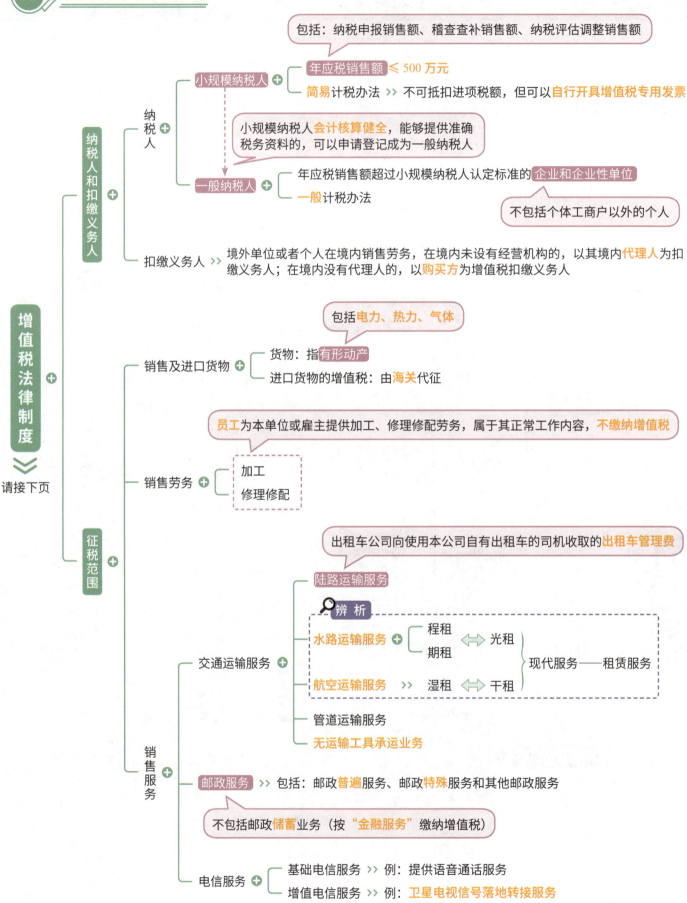

增值税法律制度
》
请接下页

纳税人和扣缴义务人

纳税人

小规模纳税人
- 年应税销售额 ≤ 500 万元
  - 包括：纳税申报销售额、稽查查补销售额、纳税评估调整销售额
- 简易计税办法 》 不可抵扣进项税额，但可以自行开具增值税专用发票

小规模纳税人会计核算健全，能够提供准确税务资料的，可以申请登记成为一般纳税人

一般纳税人
- 年应税销售额超过小规模纳税人认定标准的企业和企业性单位
  - 不包括个体工商户以外的个人
- 一般计税办法

扣缴义务人 》 境外单位或者个人在境内销售劳务，在境内未设有经营机构的，以其境内代理人为扣缴义务人；在境内没有代理人的，以购买方为增值税扣缴义务人

征税范围

销售及进口货物
- 货物：指有形动产
  - 包括电力、热力、气体
- 进口货物的增值税：由海关代征

销售劳务
- 加工
- 修理修配

员工为本单位或雇主提供加工、修理修配劳务，属于其正常工作内容，不缴纳增值税

销售服务

交通运输服务
- 陆路运输服务

出租车公司向使用本公司自有出租车的司机收取的出租车管理费

🔍 辨 析
- 水路运输服务
  - 程租
  - 期租 ⇔ 光租
- 航空运输服务 》 湿租 ⇔ 干租

  现代服务——租赁服务

- 管道运输服务
- 无运输工具承运业务

邮政服务 》 包括：邮政普遍服务、邮政特殊服务和其他邮政服务

不包括邮政储蓄业务（按"金融服务"缴纳增值税）

电信服务
- 基础电信服务 》 例：提供语音通话服务
- 增值电信服务 》 例：卫星电视信号落地转接服务

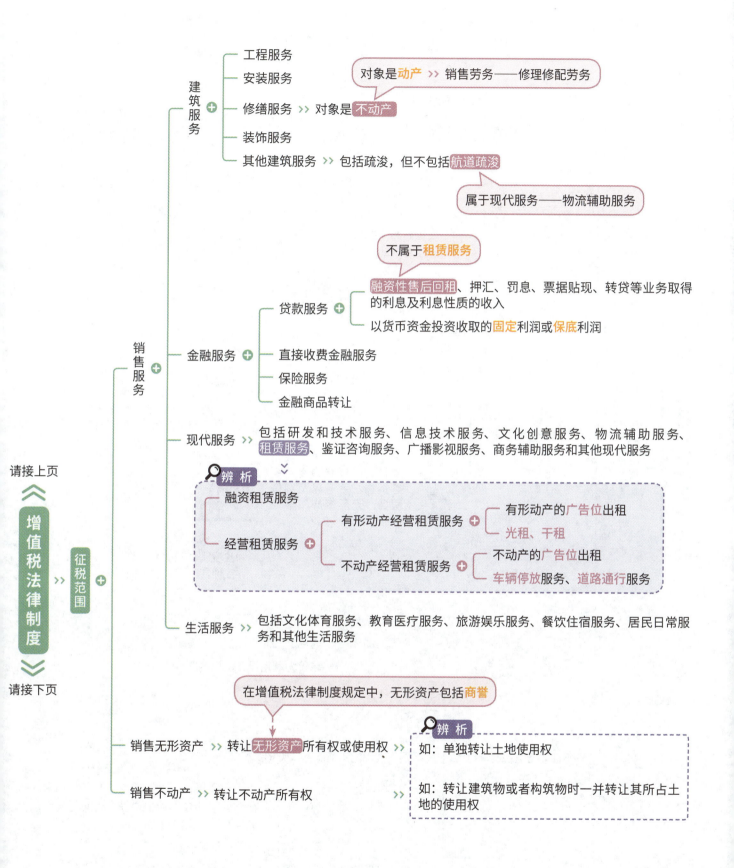

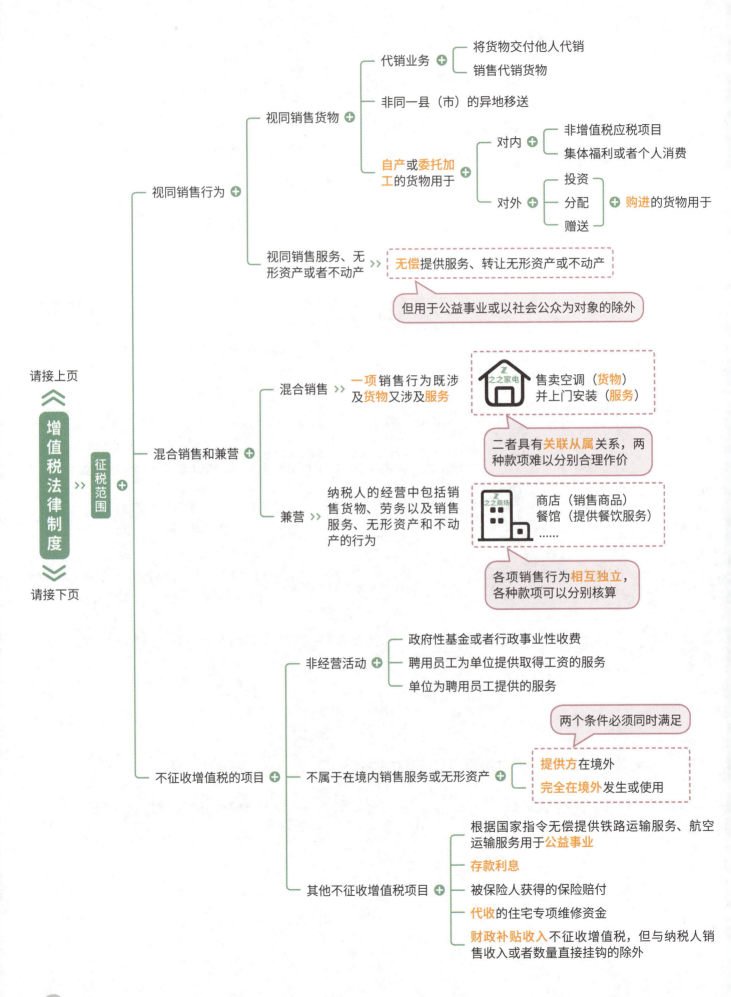

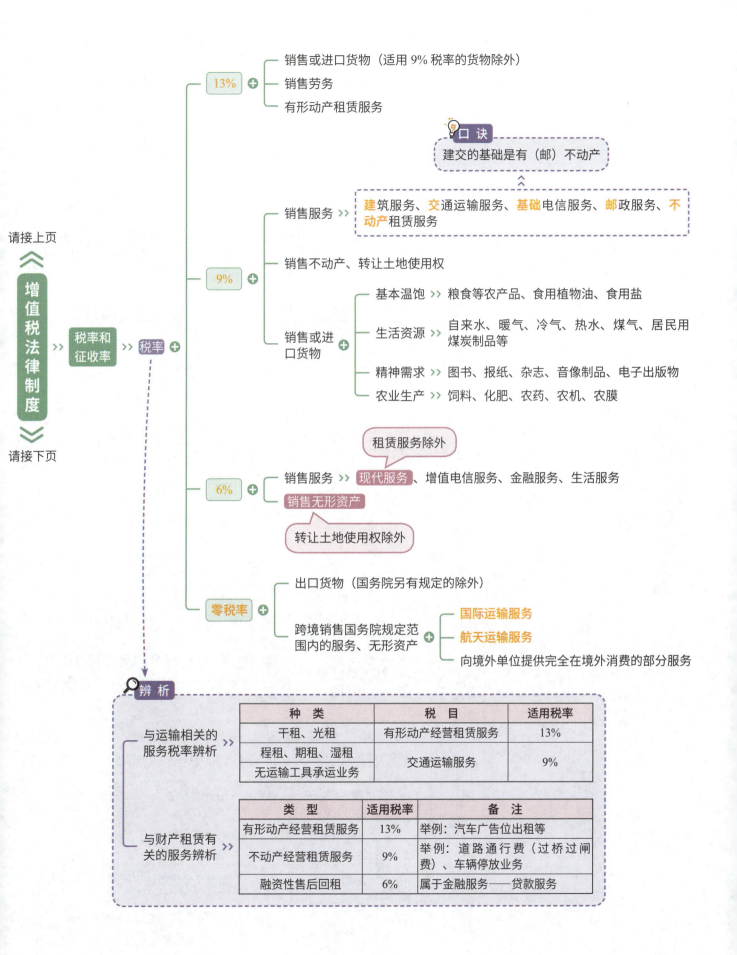

请接上页

增值税法律制度 >> 税率和征收率 >> 税率 ⊕

请接下页

13% ⊕
- 销售或进口货物（适用 9% 税率的货物除外）
- 销售劳务
- 有形动产租赁服务

💡 **口诀**
建交的基础是有（邮）不动产

9% ⊕
- 销售服务 >> **建**筑服务、**交**通运输服务、**基础**电信服务、**邮**政服务、**不动产**租赁服务
- 销售不动产、转让土地使用权
- 销售或进口货物 ⊕
  - 基本温饱 >> 粮食等农产品、食用植物油、食用盐
  - 生活资源 >> 自来水、暖气、冷气、热水、煤气、居民用煤炭制品等
  - 精神需求 >> 图书、报纸、杂志、音像制品、电子出版物
  - 农业生产 >> 饲料、化肥、农药、农机、农膜

6% ⊕
- 销售服务 >> **现代服务**、增值电信服务、金融服务、生活服务
  - 租赁服务除外
- **销售无形资产**
  - 转让土地使用权除外

零税率 ⊕
- 出口货物（国务院另有规定的除外）
- 跨境销售国务院规定范围内的服务、无形资产 ⊕
  - **国际运输服务**
  - **航天运输服务**
  - 向境外单位提供完全在境外消费的部分服务

🔍 **辨析**

与运输相关的服务税率辨析 >>

种类	税目	适用税率
干租、光租	有形动产经营租赁服务	13%
程租、期租、湿租	交通运输服务	9%
无运输工具承运业务		

与财产租赁有关的服务辨析 >>

类型	适用税率	备注
有形动产经营租赁服务	13%	举例：汽车广告位出租等
不动产经营租赁服务	9%	举例：道路通行费（过桥过闸费）、车辆停放业务
融资性售后回租	6%	属于金融服务——贷款服务

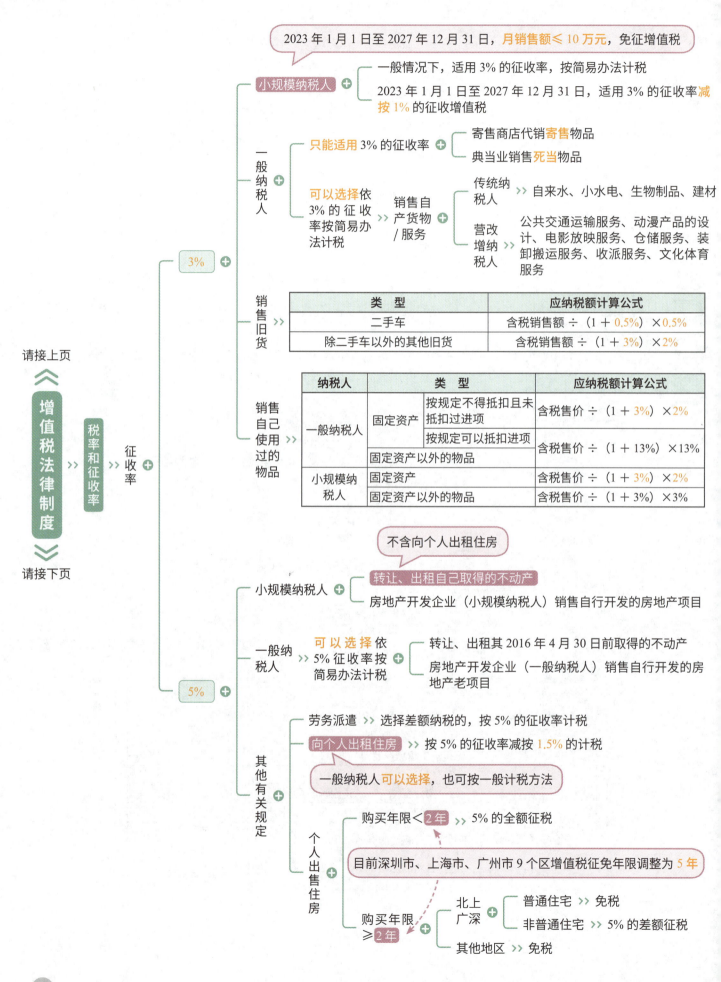

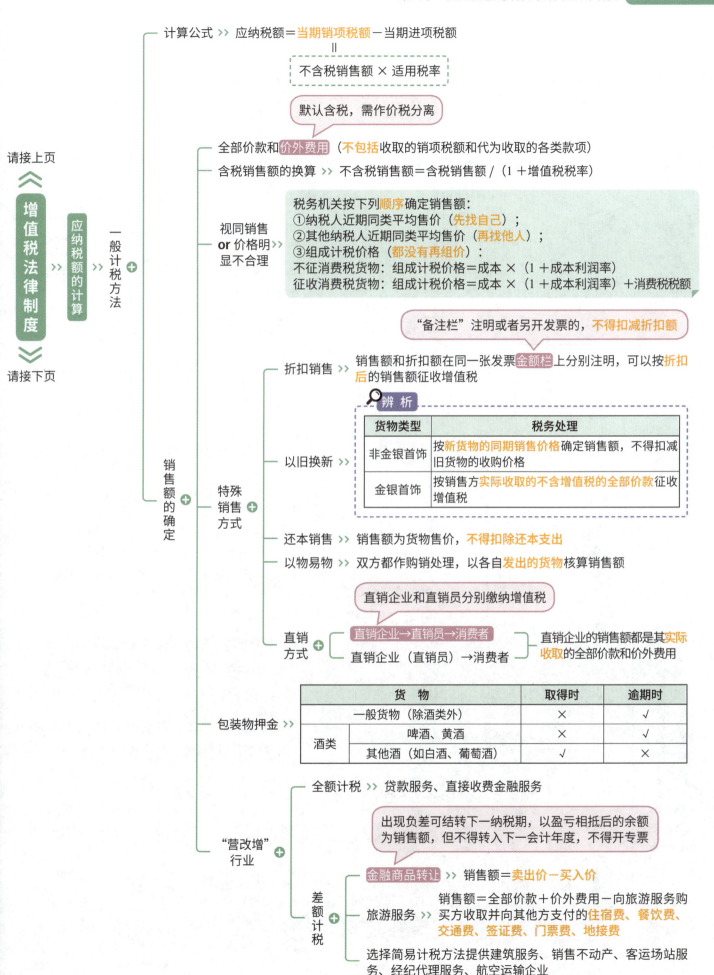

请接上页

增值税法律制度

请接下页

应纳税额的计算

一般计税方法

计算公式 >> 应纳税额＝**当期销项税额**－当期进项税额
＝
不含税销售额 × 适用税率

默认含税，需作价税分离

全部价款和**价外费用**（**不包括**收取的销项税额和代为收取的各类款项）

含税销售额的换算 >> 不含税销售额＝含税销售额／（1＋增值税税率）

视同销售 **or** 价格明显不合理 >>
税务机关按下列**顺序**确定销售额：
①纳税人近期同类平均售价（**先找自己**）；
②其他纳税人近期同类平均售价（**再找他人**）；
③组成计税价格（**都没有再组价**）：
不征消费税货物：组成计税价格＝成本 ×（1＋成本利润率）
征收消费税货物：组成计税价格＝成本 ×（1＋成本利润率）＋消费税税额

销售额的确定

特殊销售方式

"备注栏"注明或者另开发票的，**不得扣减折扣额**

折扣销售 >> 销售额和折扣额在同一张发票**金额栏**上分别注明，可以按**折扣后**的销售额征收增值税

🔍 辨析

货物类型	税务处理
非金银首饰	按**新货物的同期销售价格**确定销售额，不得扣减旧货物的收购价格
金银首饰	按销售方**实际收取的不含增值税的全部价款**征收增值税

以旧换新 >>

还本销售 >> 销售额为货物售价，**不得扣除还本支出**

以物易物 >> 双方都作购销处理，以各自**发出的货物**核算销售额

直销方式

直销企业和直销员分别缴纳增值税

直销企业→直销员→消费者
直销企业（直销员）→消费者

直销企业的销售额都是其**实际收取**的全部价款和价外费用

包装物押金 >>

货 物		取得时	逾期时
一般货物（除酒类外）		×	√
酒类	啤酒、黄酒	×	√
	其他酒（如白酒、葡萄酒）	√	×

"营改增"行业

全额计税 >> 贷款服务、直接收费金融服务

差额计税

出现负差可结转下一纳税期，以盈亏相抵后的余额为销售额，但不得转入下一会计年度，不得开专票

金融商品转让 >> 销售额＝**卖出价－买入价**

旅游服务 >> 销售额＝全部价款＋价外费用－向旅游服务购买方收取并向其他方支付的**住宿费、餐饮费、交通费、签证费、门票费、地接费**

选择简易计税方法提供建筑服务、销售不动产、客运场站服务、经纪代理服务、航空运输企业

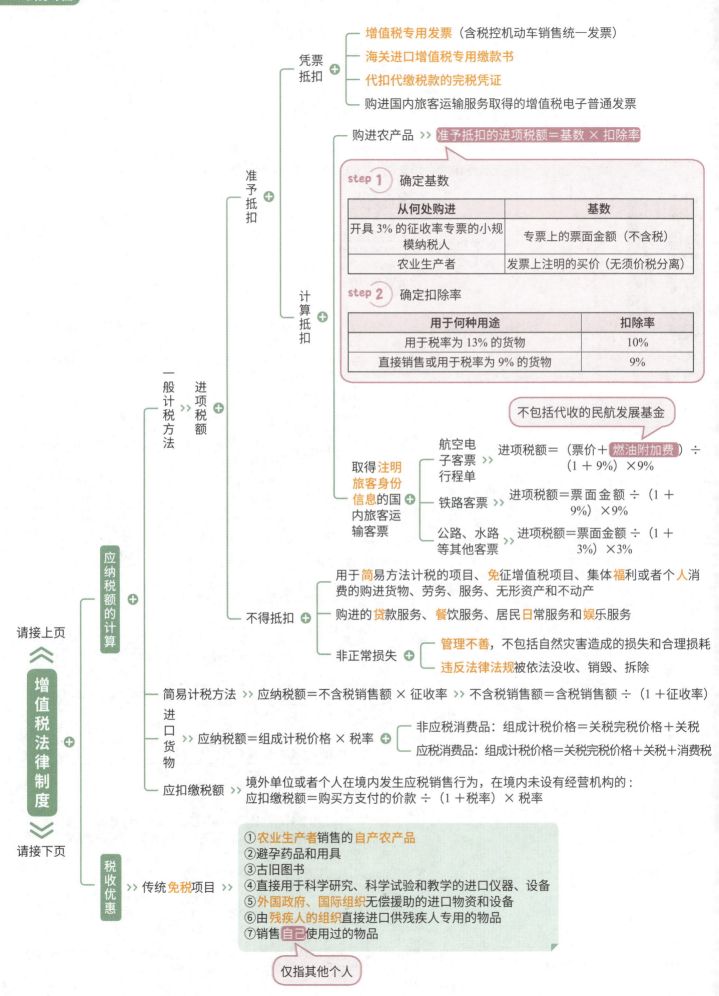

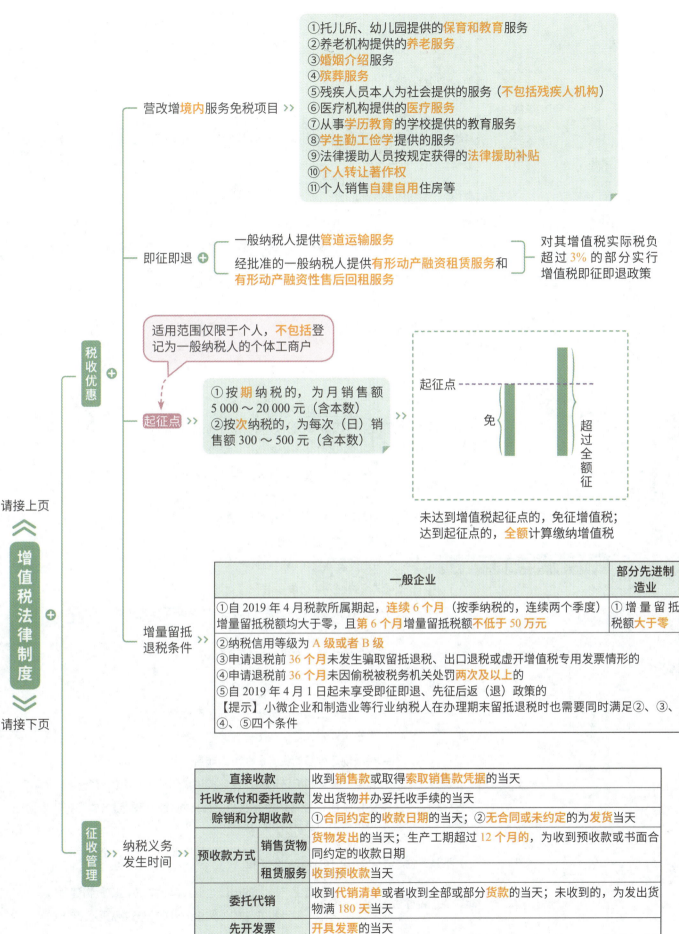

增值税法律制度

请接上页

请接下页

税收优惠

营改增境内服务免税项目 >>
①托儿所、幼儿园提供的**保育和教育**服务
②养老机构提供的**养老服务**
③**婚姻介绍**服务
④**殡葬服务**
⑤残疾人员本人为社会提供的服务（**不包括残疾人机构**）
⑥医疗机构提供的**医疗服务**
⑦从事**学历教育**的学校提供的教育服务
⑧**学生勤工俭学**提供的服务
⑨法律援助人员按规定获得的**法律援助补贴**
⑩**个人转让著作权**
⑪个人销售**自建自用**住房等

即征即退 ➕
一般纳税人提供**管道运输服务**
经批准的一般纳税人提供**有形动产融资租赁服务**和**有形动产融资性售后回租服务**
对其增值税实际税负超过 3% 的部分实行增值税即征即退政策

适用范围仅限于个人，**不包括**登记为一般纳税人的个体工商户

起征点 >>
①按**期**纳税的，为月销售额 5 000 ～ 20 000 元（含本数）
②按**次**纳税的，为每次（日）销售额 300 ～ 500 元（含本数）

起征点
免
超过全额征

未达到增值税起征点的，免征增值税；达到起征点的，**全额**计算缴纳增值税

增量留抵退税条件 >>

	一般企业	部分先进制造业
①	自 2019 年 4 月税款所属期起，**连续 6 个月**（按季纳税的，连续两个季度）增量留抵税额均大于零，且**第 6 个月**增量留抵税额**不低于 50 万元**	① 增量留抵税额**大于零**

②纳税信用等级为 **A 级或者 B 级**
③申请退税前 **36 个月**未发生骗取留抵退税、出口退税或虚开增值税专用发票情形的
④申请退税前 **36 个月**未因偷税被税务机关处罚**两次及以上**的
⑤自 2019 年 4 月 1 日起未享受即征即退、先征后返（退）政策的
【提示】小微企业和制造业等行业纳税人在办理期末留抵退税时也需要同时满足②、③、④、⑤四个条件

征收管理 >>
纳税义务发生时间 >>

直接收款		收到**销售款**或取得**索取销售款凭据**的当天
托收承付和委托收款		发出货物**并**办妥托收手续的当天
赊销和分期收款		①合同约定的**收款日期**的当天；②**无合同或未约定**的为**发货**当天
预收款方式	销售货物	**货物发出**的当天；生产工期超过 **12 个月的**，为收到预收款或书面合同约定的收款日期
	租赁服务	**收到预收款**当天
委托代销		收到**代销清单**或者收到全部或部分**货款**的当天；未收到的，为发出货物满 **180 天**当天
先开发票		**开具发票**的当天
进口货物		**报关进口**的当天

类 型		纳税地点
固定业户	一般情况	机构所在地税务机关
	总分机构不在同一县（市）	分别申报
		经批准，可以由总机构汇总后向总机构所在地的税务机关申报
	非固定业户	向销售地或劳务发生地税务机关申报纳税
其他个人提供建筑服务，销售或者租赁不动产，转让自然资源使用权		向建筑服务发生地、不动产所在地、自然资源所在地税务机关申报纳税
进口货物		报关地海关
扣缴义务人		机构所在地或居住地税务机关

征收管理

- 纳税地点 >>
- 纳税期限 >> 1 日、3 日、5 日、10 日、15 日、1 个月或者 1 个季度

  仅限于小规模纳税人、银行、财务公司、信托投资公司、信用社等

请接上页

增值税法律制度

增值税专用发票管理

- 联次
  - 发票联
  - 抵扣联 —— 购买方持有
  - 记账联 >> 销售方持有
- 不得开具专用发票
  - 商业企业一般纳税人零售烟、酒、食品、服装、鞋帽（不包括劳保专用部分）、化妆品等消费品的
  - 购买方为消费者个人的
  - 发生应税销售行为适用免税规定的

全面数字化电子发票(数电票)

- 无须使用税控专用设备即可开具
- 无须进行发票验旧操作
- 无须进行发票票种核定和领用
- 对试点纳税人实行发票总额度管理
- 可通过电子发票平台、电子邮件、二维码等方式交付

增值税出口退税

- 出口退税率 >> 五档：13%、10%、9%、6%、零税率
- 退（免）税办法
  - 免抵退税办法
    - 生产企业
      - 生产企业出口自产货物和视同自产货物
      - 生产企业对外提供加工修理修配劳务
      - 相关规定列名的生产企业出口非自产货物
      - 适用一般计税方法的生产企业提供增值税零税率的服务和无形资产
      - 适用一般计税方法的外贸企业直接将零税率的服务或自行研发的无形资产出口（视同生产企业）
  - 免退税办法
    - 不具有生产能力的出口企业或其他单位
      - 不具有生产能力的出口企业或其他单位出口货物劳务
      - 适用一般计税方法的外贸企业外购服务或无形资产出口

03 消费税法律制度

纳税人

基本规定 >> 在我国境内生产、委托加工和进口规定的消费品的**单位**和**个人**，以及国务院确定的销售规定的消费品的其他单位和个人，为消费税的纳税人

电子烟相关规定 >>

纳税环节		纳税人
生产环节	一般方式生产	取得烟草专卖**生产**企业许可证，并**持有商标**的企业
	代加工方式生产	**持有商标**的企业
批发环节		取得烟草专卖**批发**企业许可证并**经营**电子烟批发业务的企业
进口环节		进口电子烟的单位和个人

> **只从事代加工**电子烟产品业务的企业**不属于**电子烟消费税纳税人

税目 >>

> 卷烟、雪茄烟、烟丝、**电子烟**

种 类	不包含	种 类	不包含
成品油	**原油**	木制一次性筷子	**竹制、非一次性筷子**
烟	**烟叶**	电池	**—**
酒	**料酒、酒精**	涂料	**—**
高档化妆品	**演员用的油彩、上妆油、卸妆油；普通化妆品**	小汽车	**电动汽车、沙滩车、雪地车、高尔夫车、厢式货车**
高尔夫球及球具	**高尔夫球帽**	鞭炮、焰火	**体育用发令纸、鞭炮药引线**
贵重首饰及珠宝玉石	**金店和银行销售的金条**	摩托车	
高档手表	**—**	实木地板	**—**
游艇	**—**		

征税范围

生产应税消费品
- 对外销售 >> **销售时纳税**
  > 并非生产时
- 自产自用
  - 连续生产应税消费品 >> 移送时不纳税，**销售时纳税**
  - 用于**其他方面** >> **移送时纳税**
    > 用于生产非应税消费品、在建工程、管理部门、非生产机构、提供劳务、馈赠、赞助、集资、广告、样品、职工福利、奖励等方面

委托加工应税消费品
> 受托方只收取加工费和代垫部分辅料
- 加工环节
  - 受托方为单位 >> **受托方**代收代缴消费税
  - 受托方为个人 >> **委托方**收回后自行缴纳消费税
- 收回后
  - 连续生产
    - 非应税消费品 >> 不再缴纳
    - 应税消费品 — **准予扣除**已扣缴的消费税
  - 对外出售
    - **加价出售**
    - **直接**出售 >> 不再缴纳

进口应税消费品 >> **报关时**缴纳，海关代征

零售应税消费品
- **金银铂钻**
  > **仅在零售环节征收**
- 超豪华小汽车
  > **不得扣除**生产（委托加工、进口）环节已缴纳的消费税
  - **加征**一次消费税
  > 批发商→零售商

批发应税消费品 >> 卷烟、电子烟

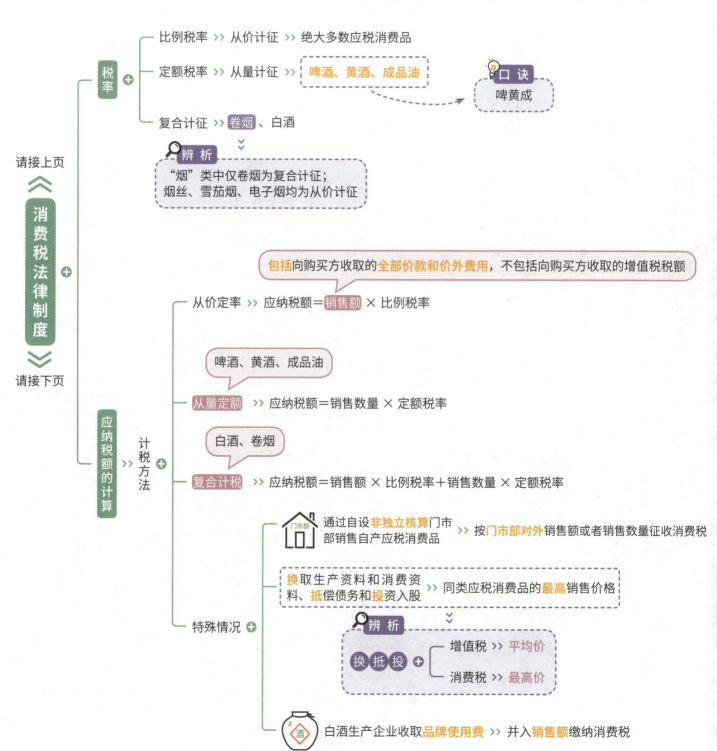

消费品	生产（委托加工、进口）环节	零售环节	批发环节
一般货物（如酒）	✓		
金银铂钻		✓	
卷烟、电子烟	✓		✓
超豪华小汽车	✓	✓	

税率
- 比例税率 ▶▶ 从价计征 ▶▶ 绝大多数应税消费品
- 定额税率 ▶▶ 从量计征 ▶▶ 啤酒、黄酒、成品油
  - 口诀 啤黄成
- 复合计征 ▶▶ 卷烟、白酒
  - 辨析 "烟"类中仅卷烟为复合计征；烟丝、雪茄烟、电子烟均为从价计征

请接上页

消费税法律制度

请接下页

应纳税额的计算

计税方法
- 从价定率 ▶▶ 应纳税额＝销售额 × 比例税率
  - 包括向购买方收取的全部价款和价外费用，不包括向购买方收取的增值税税额
- 从量定额 ▶▶ 应纳税额＝销售数量 × 定额税率
  - 啤酒、黄酒、成品油
- 复合计税 ▶▶ 应纳税额＝销售额 × 比例税率＋销售数量 × 定额税率
  - 白酒、卷烟
- 特殊情况
  - 通过自设非独立核算门市部销售自产应税消费品 ▶▶ 按门市部对外销售额或者销售数量征收消费税
  - 换取生产资料和消费资料、抵偿债务和投资入股 ▶▶ 同类应税消费品的最高销售价格
    - 辨析 换 抵 投 ＋ 增值税 ▶▶ 平均价 / 消费税 ▶▶ 最高价
  - 白酒生产企业收取品牌使用费 ▶▶ 并入销售额缴纳消费税

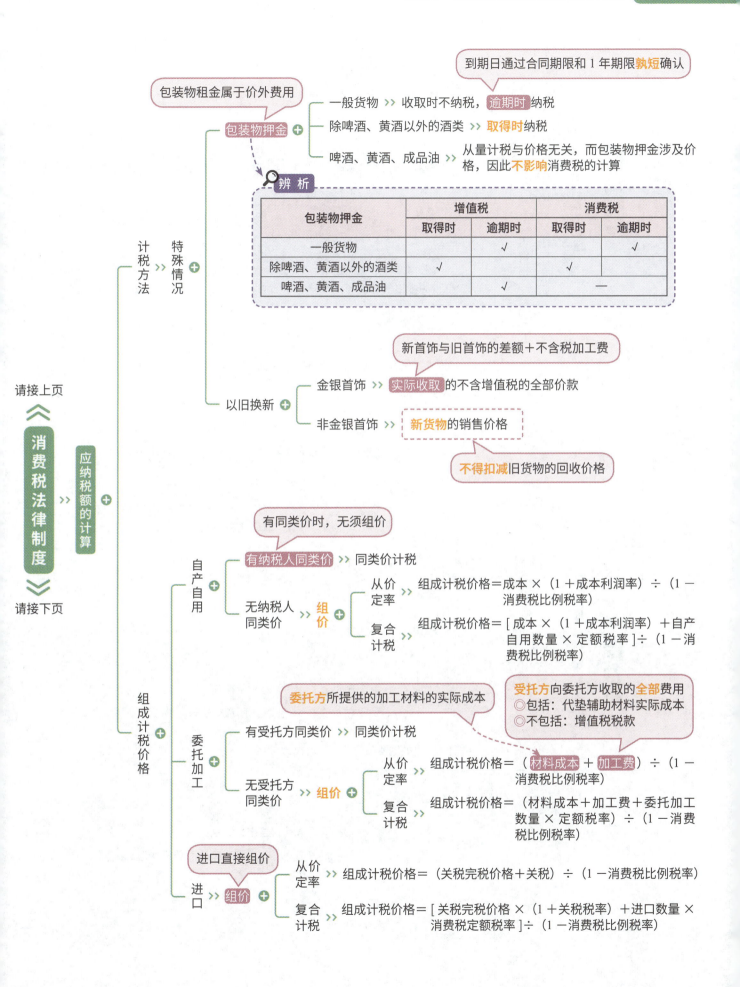

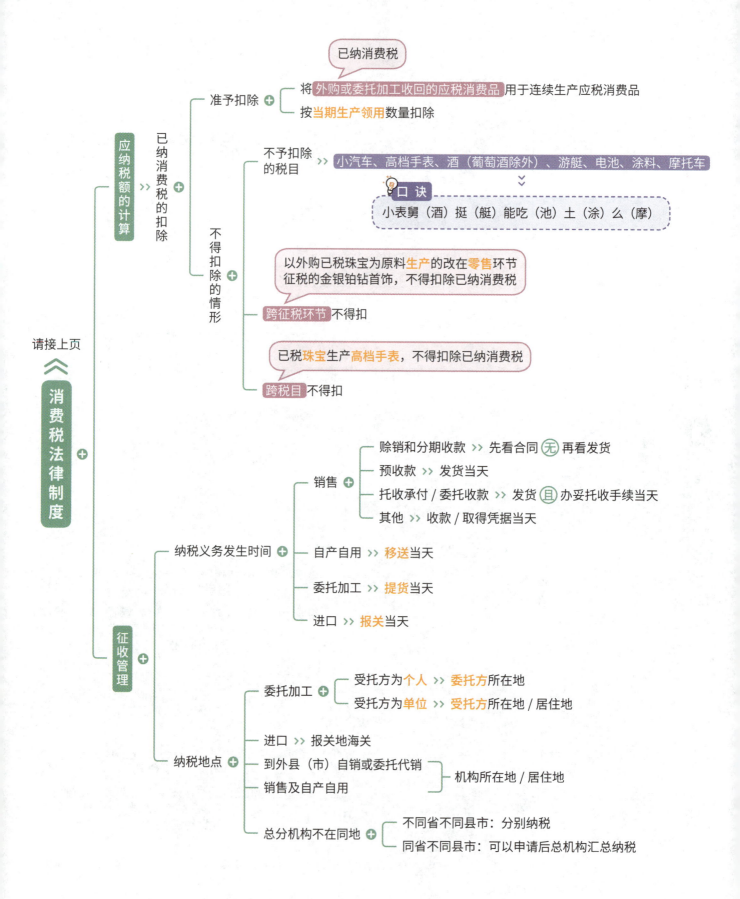

已纳消费税

准予扣除 ⊕
将 外购或委托加工收回的应税消费品 用于连续生产应税消费品
按 当期生产领用 数量扣除

不予扣除
的税目 ≫ 小汽车、高档手表、酒（葡萄酒除外）、游艇、电池、涂料、摩托车

口诀
小表舅（酒）挺（艇）能吃（池）土（涂）么（摩）

不得扣除的情形 ⊕

以外购已税珠宝为原料 生产 的改在 零售 环节征税的金银铂钻首饰，不得扣除已纳消费税

跨征税环节 不得扣

已税 珠宝 生产 高档手表，不得扣除已纳消费税

跨税目 不得扣

销售 ⊕
赊销和分期收款 ≫ 先看合同 无 再看发货
预收款 ≫ 发货当天
托收承付／委托收款 ≫ 发货 且 办妥托收手续当天
其他 ≫ 收款／取得凭据当天

纳税义务发生时间 ⊕
自产自用 ≫ 移送 当天
委托加工 ≫ 提货 当天
进口 ≫ 报关 当天

委托加工 ⊕
受托方为 个人 ≫ 委托方 所在地
受托方为 单位 ≫ 受托方 所在地／居住地

纳税地点 ⊕
进口 ≫ 报关地海关
到外县（市）自销或委托代销
销售及自产自用
机构所在地／居住地

总分机构不在同地 ⊕
不同省不同县市：分别纳税
同省不同县市：可以申请后总机构汇总纳税

应纳税额的计算 ⊕
已纳消费税的扣除
征收管理 ⊕

请接上页
≪
消费税法律制度 ⊕

04 城建税、教育费附加、地方教育附加

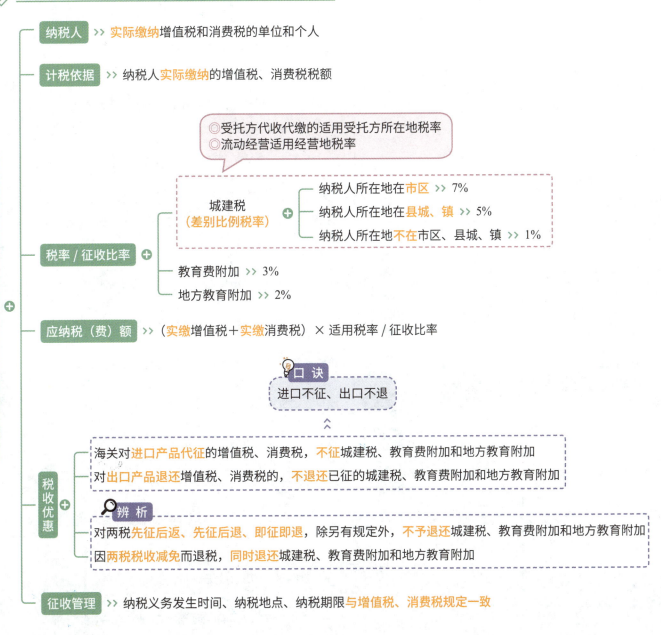

城建税、教育费附加、地方教育附加

- 纳税人 >> 实际缴纳增值税和消费税的单位和个人
- 计税依据 >> 纳税人实际缴纳的增值税、消费税税额
- 税率/征收比率
  - ◎受托方代收代缴的适用受托方所在地税率
  - ◎流动经营适用经营地税率
  - 城建税（差别比例税率）
    - 纳税人所在地在市区 >> 7%
    - 纳税人所在地在县城、镇 >> 5%
    - 纳税人所在地不在市区、县城、镇 >> 1%
  - 教育费附加 >> 3%
  - 地方教育附加 >> 2%
- 应纳税（费）额 >>（实缴增值税＋实缴消费税）× 适用税率/征收比率
- 税收优惠
  - 口诀：进口不征、出口不退
  - 海关对进口产品代征的增值税、消费税，不征城建税、教育费附加和地方教育附加
  - 对出口产品退还增值税、消费税的，不退还已征的城建税、教育费附加和地方教育附加
  - 辨析
  - 对两税先征后返、先征后退、即征即退，除另有规定外，不予退还城建税、教育费附加和地方教育附加
  - 因两税税收减免而退税，同时退还城建税、教育费附加和地方教育附加
- 征收管理 >> 纳税义务发生时间、纳税地点、纳税期限与增值税、消费税规定一致

05 车辆购置税

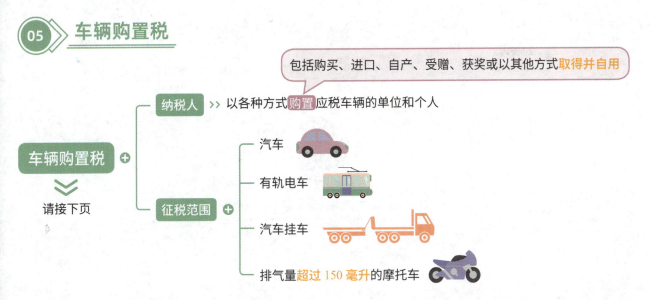

包括购买、进口、自产、受赠、获奖或以其他方式取得并自用

车辆购置税
请接下页

- 纳税人 >> 以各种方式购置应税车辆的单位和个人
- 征税范围
  - 汽车
  - 有轨电车
  - 汽车挂车
  - 排气量超过150毫升的摩托车

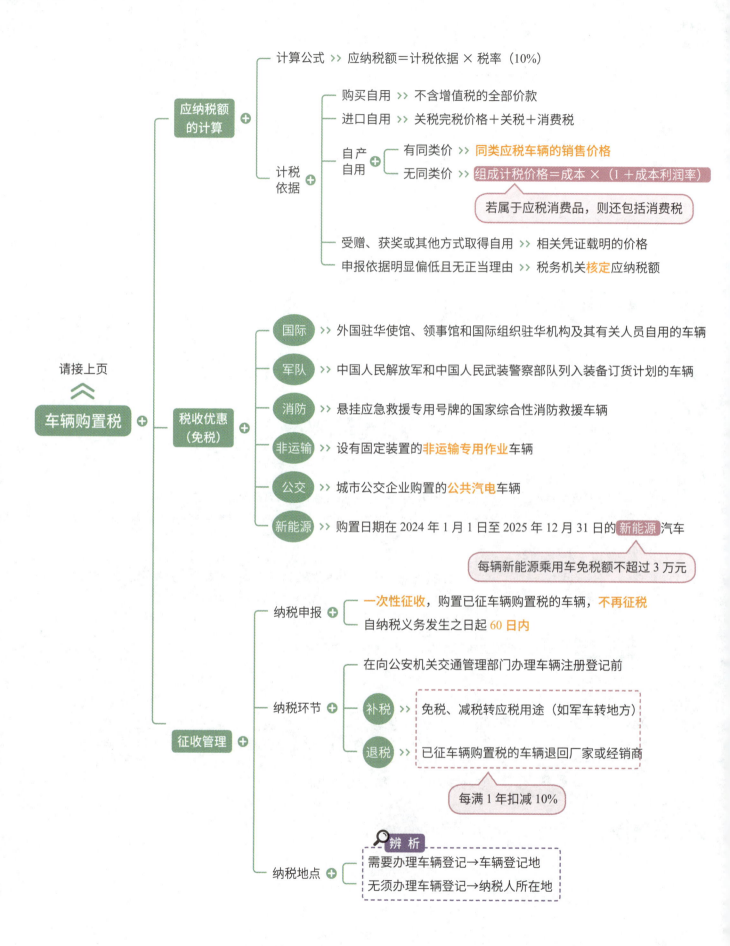

车辆购置税（请接上页）

应纳税额的计算

- 计算公式 ≫ 应纳税额＝计税依据 × 税率（10%）
- 计税依据
  - 购买自用 ≫ 不含增值税的全部价款
  - 进口自用 ≫ 关税完税价格＋关税＋消费税
  - 自产自用
    - 有同类价 ≫ 同类应税车辆的销售价格
    - 无同类价 ≫ 组成计税价格＝成本 ×（1＋成本利润率）
    - 若属于应税消费品，则还包括消费税
  - 受赠、获奖或其他方式取得自用 ≫ 相关凭证载明的价格
  - 申报依据明显偏低且无正当理由 ≫ 税务机关核定应纳税额

税收优惠（免税）

- 国际 ≫ 外国驻华使馆、领事馆和国际组织驻华机构及其有关人员自用的车辆
- 军队 ≫ 中国人民解放军和中国人民武装警察部队列入装备订货计划的车辆
- 消防 ≫ 悬挂应急救援专用号牌的国家综合性消防救援车辆
- 非运输 ≫ 设有固定装置的非运输专用作业车辆
- 公交 ≫ 城市公交企业购置的公共汽电车辆
- 新能源 ≫ 购置日期在 2024 年 1 月 1 日至 2025 年 12 月 31 日的新能源汽车
  - 每辆新能源乘用车免税额不超过 3 万元

征收管理

- 纳税申报
  - 一次性征收，购置已征车辆购置税的车辆，不再征税
  - 自纳税义务发生之日起 60 日内
- 纳税环节
  - 在向公安机关交通管理部门办理车辆注册登记前
  - 补税 ≫ 免税、减税转应税用途（如军车转地方）
  - 退税 ≫ 已征车辆购置税的车辆退回厂家或经销商
    - 每满 1 年扣减 10%
- 纳税地点
  - 🔍 辨析
  - 需要办理车辆登记→车辆登记地
  - 无须办理车辆登记→纳税人所在地

06 关税

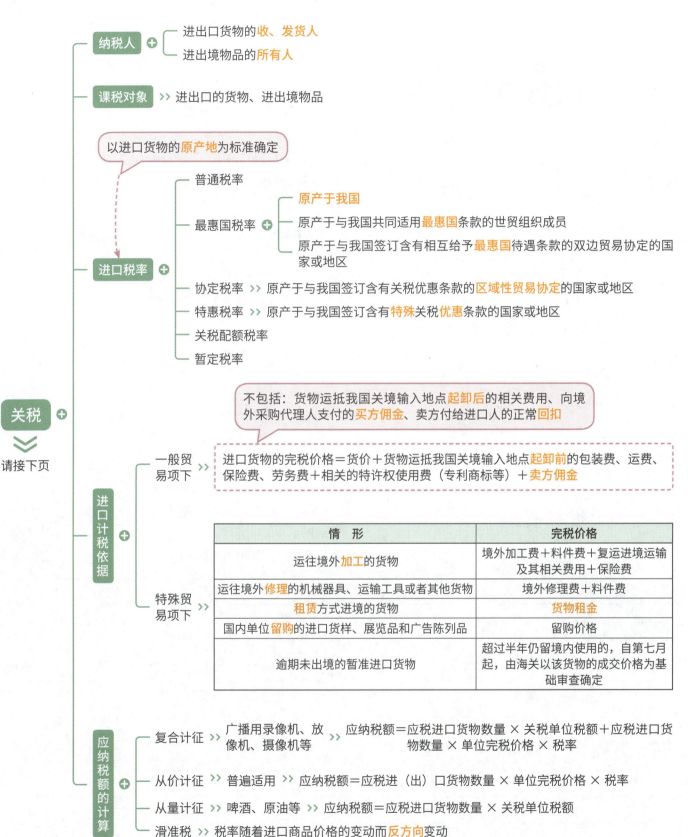

纳税人 ➕
- 进出口货物的 **收、发货人**
- 进出境物品的 **所有人**

课税对象 ➤➤ 进出口的货物、进出境物品

进口税率 ➕
> 以进口货物的 **原产地** 为标准确定

- 普通税率
- 最惠国税率 ➕
  - **原产于我国**
  - 原产于与我国共同适用 **最惠国** 条款的世贸组织成员
  - 原产于与我国签订含有相互给予 **最惠国** 待遇条款的双边贸易协定的国家或地区
- 协定税率 ➤➤ 原产于与我国签订含有关税优惠条款的 **区域性贸易协定** 的国家或地区
- 特惠税率 ➤➤ 原产于与我国签订含有 **特殊** 关税 **优惠** 条款的国家或地区
- 关税配额税率
- 暂定税率

进口计税依据 ➕

一般贸易项下
> 不包括：货物运抵我国关境输入地点 **起卸后** 的相关费用、向境外采购代理人支付的 **买方佣金**、卖方付给进口人的正常 **回扣**

进口货物的完税价格＝货价＋货物运抵我国关境输入地点 **起卸前** 的包装费、运费、保险费、劳务费＋相关的特许权使用费（专利商标等）＋ **卖方佣金**

特殊贸易项下 ➤➤

情　形	完税价格
运往境外 **加工** 的货物	境外加工费＋料件费＋复运进境运输及其相关费用＋保险费
运往境外 **修理** 的机械器具、运输工具或者其他货物	境外修理费＋料件费
租赁 方式进境的货物	**货物租金**
国内单位 **留购** 的进口货样、展览品和广告陈列品	留购价格
逾期未出境的暂准进口货物	超过半年仍留境内使用的，自第七月起，由海关以该货物的成交价格为基础审查确定

应纳税额的计算 ➕
- 复合计征 ➤➤ 广播用录像机、放像机、摄像机等 ➤➤ 应纳税额＝应税进口货物数量 × 关税单位税额＋应税进口货物数量 × 单位完税价格 × 税率
- 从价计征 ➤➤ 普遍适用 ➤➤ 应纳税额＝应税进（出）口货物数量 × 单位完税价格 × 税率
- 从量计征 ➤➤ 啤酒、原油等 ➤➤ 应纳税额＝应税进口货物数量 × 关税单位税额
- 滑准税 ➤➤ 税率随着进口商品价格的变动而 **反方向** 变动

关税 ➕
⌄
请接下页

请接上页

关税 ⊕

税收优惠
（法定性减免） ⊕

- 一票货物关税税额、进口环节增值税或者消费税税额在人民币 50 元以下的
- 无商业价值的广告品及货样

> 外国企业无偿赠送的物资照章纳税

- 国际组织、外国政府无偿赠送的物资
- 进出境运输工具装载的途中必需的燃料、物料和饮食用品
- 在海关放行前损失的货物
- 因故退还的中国出口货物，可以免征进口关税，但已征收的出口关税不予退还
- 因故退还的境外进口货物，可以免征出口关税，但已征收的进口关税不予退还

征收管理 ⊕

- 纳税期限 ≫ 纳税人应当在海关填发税款缴款书之日起 15 日内，向指定银行缴纳税款

- 退税、补征和追征 ⊕
  - 由于海关误征、多缴税款的，可从缴纳税款之日起的 1 年内申请退税
  - 少征或漏征的税款，海关有权自缴纳税款或者货物、物品放行之日起 1 年内予以补征
  - 因收发货人或代理人违反规定造成少征或漏征税款的，海关自缴纳税款或者货物、物品放行之日起 3 年内可以追征

💡 口诀
1 退 1 补 3 追

🔍 扫一扫，提个小建议

图书勘误，评价建议，微信"扫一扫"。您的感受是我们最好的动力！祝您奇兵制胜。

💡 学习收获 ≫

01 企业所得税法律制度

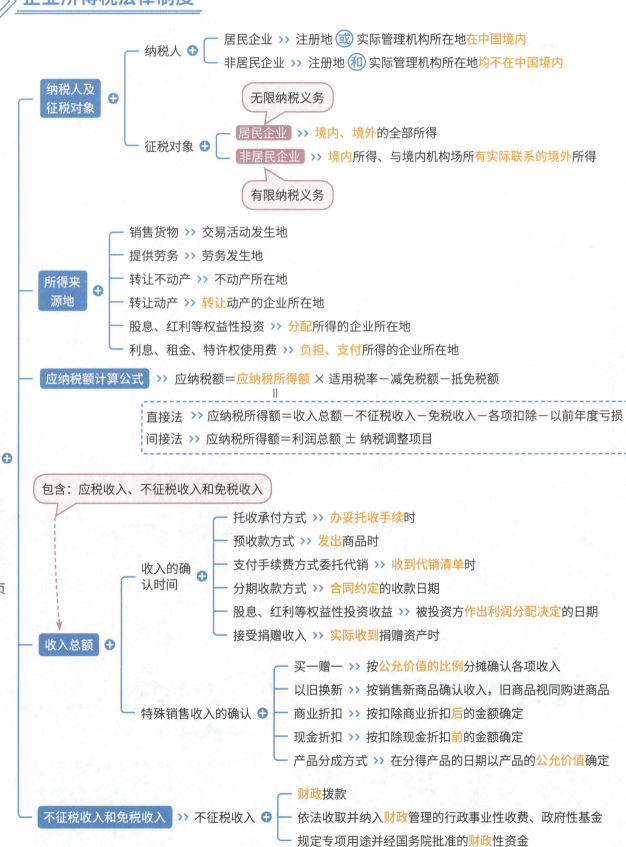

企业所得税法律制度

纳税人及征税对象

- 纳税人
  - 居民企业 » 注册地 或 实际管理机构所在地 在中国境内
  - 非居民企业 » 注册地 和 实际管理机构所在地 均不在中国境内
- 征税对象
  - 无限纳税义务
  - 居民企业 » 境内、境外的全部所得
  - 非居民企业 » 境内所得、与境内机构场所有实际联系的境外所得
  - 有限纳税义务

所得来源地

- 销售货物 » 交易活动发生地
- 提供劳务 » 劳务发生地
- 转让不动产 » 不动产所在地
- 转让动产 » 转让动产的企业所在地
- 股息、红利等权益性投资 » 分配所得的企业所在地
- 利息、租金、特许权使用费 » 负担、支付所得的企业所在地

应纳税额计算公式 » 应纳税额＝应纳税所得额 × 适用税率－减免税额－抵免税额
＝
- 直接法 » 应纳税所得额＝收入总额－不征税收入－免税收入－各项扣除－以前年度亏损
- 间接法 » 应纳税所得额＝利润总额 ± 纳税调整项目

收入总额

包含：应税收入、不征税收入和免税收入

- 收入的确认时间
  - 托收承付方式 » 办妥托收手续时
  - 预收款方式 » 发出商品时
  - 支付手续费方式委托代销 » 收到代销清单时
  - 分期收款方式 » 合同约定的收款日期
  - 股息、红利等权益性投资收益 » 被投资方作出利润分配决定的日期
  - 接受捐赠收入 » 实际收到捐赠资产时
- 特殊销售收入的确认
  - 买一赠一 » 按公允价值的比例分摊确认各项收入
  - 以旧换新 » 按销售新商品确认收入，旧商品视同购进商品
  - 商业折扣 » 按扣除商业折扣后的金额确定
  - 现金折扣 » 按扣除现金折扣前的金额确定
  - 产品分成方式 » 在分得产品的日期以产品的公允价值确定

不征税收入和免税收入 » 不征税收入
- 财政拨款
- 依法收取并纳入财政管理的行政事业性收费、政府性基金
- 规定专项用途并经国务院批准的财政性资金

请接下页

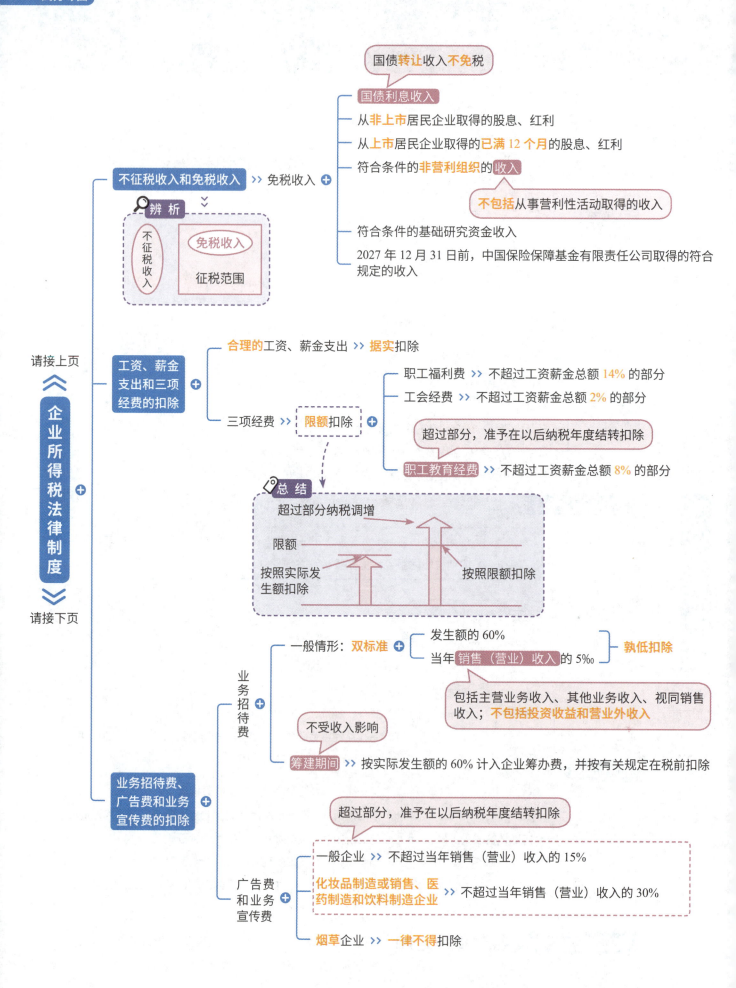

国债**转让**收入**不免税**

不征税收入和免税收入 >> 免税收入 ⊕
- 国债利息收入
- 从**非上市**居民企业取得的股息、红利
- 从**上市**居民企业取得的**已满 12 个月**的股息、红利
- 符合条件的**非营利组织**的 收入
  - **不包括**从事营利性活动取得的收入
- 符合条件的基础研究资金收入
- 2027 年 12 月 31 日前，中国保险保障基金有限责任公司取得的符合规定的收入

辨析

| 不征税收入 | **免税收入** |
| | 征税范围 |

企业所得税法律制度 ⊕

请接上页

请接下页

工资、薪金支出和三项经费的扣除 ⊕
- **合理的**工资、薪金支出 >> **据实**扣除
- 三项经费 >> **限额**扣除 ⊕
  - 职工福利费 >> 不超过工资薪金总额 14% 的部分
  - 工会经费 >> 不超过工资薪金总额 2% 的部分
    - 超过部分，准予在以后纳税年度结转扣除
  - **职工教育经费** >> 不超过工资薪金总额 8% 的部分

总结

超过部分纳税调增

限额

按照实际发生额扣除   按照限额扣除

业务招待费、广告费和业务宣传费的扣除 ⊕
- 业务招待费 ⊕
  - 一般情形：双标准 ⊕
    - 发生额的 60%
    - 当年 销售（营业）收入 的 5‰
    - **执低扣除**
    - 包括主营业务收入、其他业务收入、视同销售收入；**不包括投资收益和营业外收入**
  - 不受收入影响
  - **筹建期间** >> 按实际发生额的 60% 计入企业筹办费，并按有关规定在税前扣除
- 广告费和业务宣传费 ⊕
  - 超过部分，准予在以后纳税年度结转扣除
  - 一般企业 >> 不超过当年销售（营业）收入的 15%
  - **化妆品制造或销售、医药制造和饮料制造企业** >> 不超过当年销售（营业）收入的 30%
  - **烟草**企业 >> **一律不得**扣除

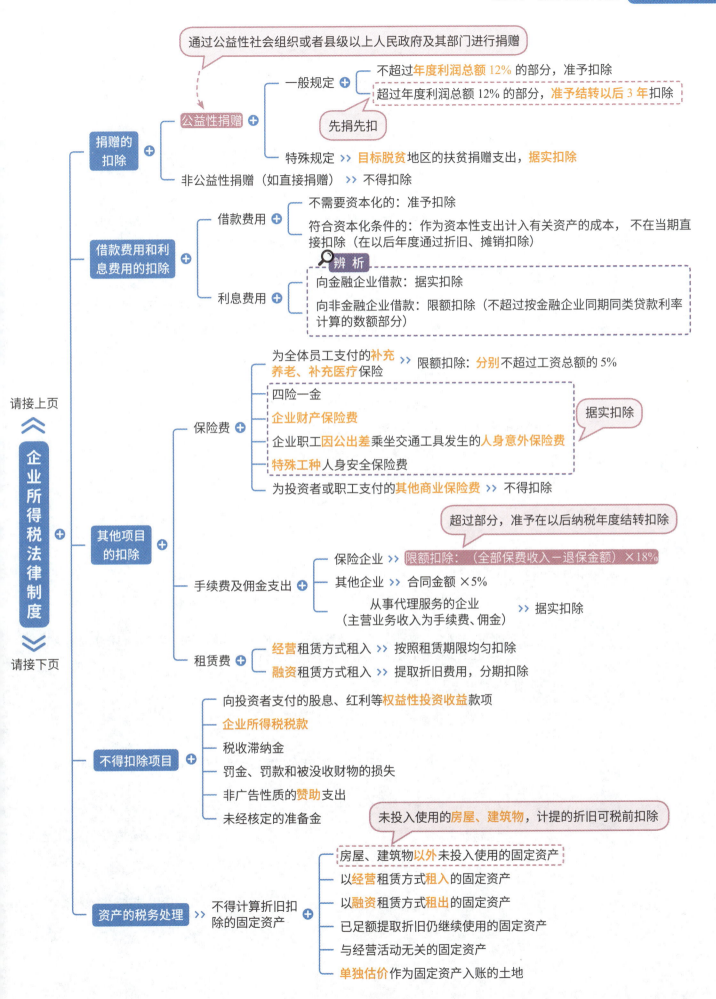

请接上页 《《

企业所得税法律制度 ➕

请接下页 》》

捐赠的扣除 ➕
- 公益性捐赠 ➕
  - 通过公益性社会组织或者县级以上人民政府及其部门进行捐赠
  - 一般规定 ➕
    - 不超过年度利润总额 12% 的部分，准予扣除
    - 超过年度利润总额 12% 的部分，准予结转以后 3 年扣除
    - 先捐先扣
  - 特殊规定 》》 目标脱贫地区的扶贫捐赠支出，据实扣除
- 非公益性捐赠（如直接捐赠）》》 不得扣除

借款费用和利息费用的扣除 ➕
- 借款费用 ➕
  - 不需要资本化的：准予扣除
  - 符合资本化条件的：作为资本性支出计入有关资产的成本，不在当期直接扣除（在以后年度通过折旧、摊销扣除）
- 利息费用 ➕ 🔍 辨析
  - 向金融企业借款：据实扣除
  - 向非金融企业借款：限额扣除（不超过按金融企业同期同类贷款利率计算的数额部分）

其他项目的扣除 ➕
- 保险费 ➕
  - 为全体员工支付的补充养老、补充医疗保险 》》 限额扣除：分别不超过工资总额的 5%
  - 四险一金
  - 企业财产保险费
  - 企业职工因公出差乘坐交通工具发生的人身意外保险费 据实扣除
  - 特殊工种人身安全保险费
  - 为投资者或职工支付的其他商业保险费 》》 不得扣除
- 手续费及佣金支出 ➕
  - 保险企业 》》 限额扣除：（全部保费收入－退保金额）×18%
    - 超过部分，准予在以后纳税年度结转扣除
  - 其他企业 合同金额 ×5%
  - 从事代理服务的企业（主营业务收入为手续费、佣金）》》 据实扣除
- 租赁费 ➕
  - 经营租赁方式租入 》》 按照租赁期限均匀扣除
  - 融资租赁方式租入 》》 提取折旧费用，分期扣除

不得扣除项目 ➕
- 向投资者支付的股息、红利等权益性投资收益款项
- 企业所得税税款
- 税收滞纳金
- 罚金、罚款和被没收财物的损失
- 非广告性质的赞助支出
- 未经核定的准备金

资产的税务处理 》》
- 不得计算折旧扣除的固定资产 ➕
  - 房屋、建筑物以外未投入使用的固定资产
    - 未投入使用的房屋、建筑物，计提的折旧可税前扣除
  - 以经营租赁方式租入的固定资产
  - 以融资租赁方式租出的固定资产
  - 已足额提取折旧仍继续使用的固定资产
  - 与经营活动无关的固定资产
  - 单独估价作为固定资产入账的土地

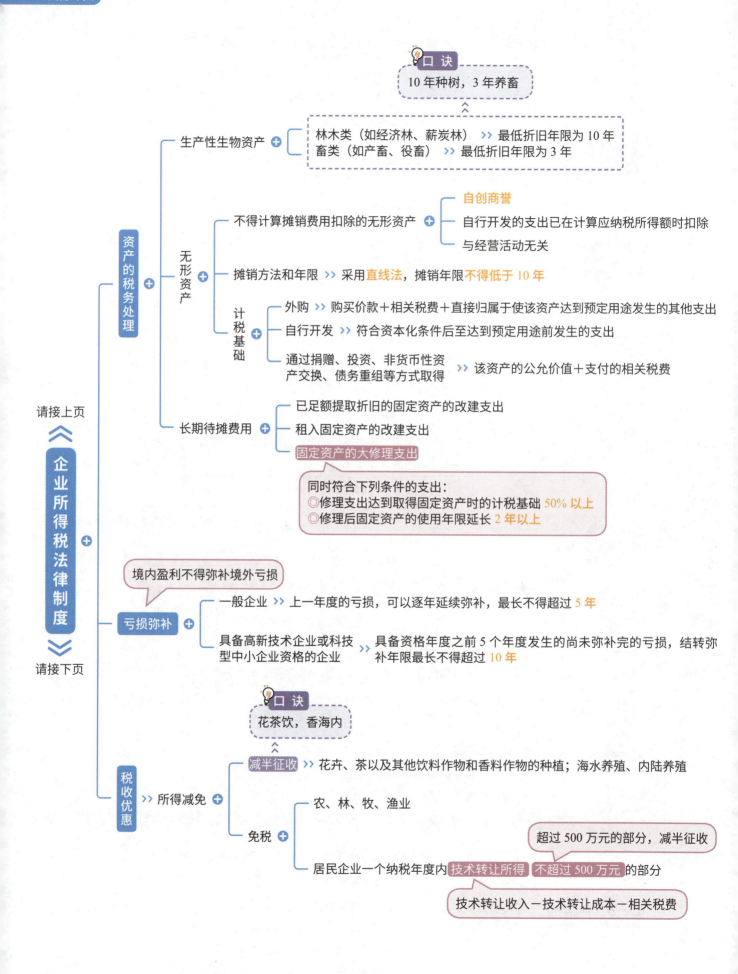

口诀
10 年种树，3 年养畜

生产性生物资产
- 林木类（如经济林、薪炭林） >> 最低折旧年限为 10 年
- 畜类（如产畜、役畜） >> 最低折旧年限为 3 年

资产的税务处理

无形资产
- 不得计算摊销费用扣除的无形资产
  - 自创商誉
  - 自行开发的支出已在计算应纳税所得额时扣除
  - 与经营活动无关
- 摊销方法和年限 >> 采用直线法，摊销年限不得低于 10 年
- 计税基础
  - 外购 >> 购买价款＋相关税费＋直接归属于使该资产达到预定用途发生的其他支出
  - 自行开发 >> 符合资本化条件后至达到预定用途前发生的支出
  - 通过捐赠、投资、非货币性资产交换、债务重组等方式取得 >> 该资产的公允价值＋支付的相关税费

长期待摊费用
- 已足额提取折旧的固定资产的改建支出
- 租入固定资产的改建支出
- 固定资产的大修理支出

同时符合下列条件的支出：
◎修理支出达到取得固定资产时的计税基础 50% 以上
◎修理后固定资产的使用年限延长 2 年以上

企业所得税法律制度

请接上页
请接下页

亏损弥补

境内盈利不得弥补境外亏损

- 一般企业 >> 上一年度的亏损，可以逐年延续弥补，最长不得超过 5 年
- 具备高新技术企业或科技型中小企业资格的企业 >> 具备资格年度之前 5 个年度发生的尚未弥补完的亏损，结转弥补年限最长不得超过 10 年

税收优惠

口诀
花茶饮，香海内

所得减免
- 减半征收 >> 花卉、茶以及其他饮料作物和香料作物的种植；海水养殖、内陆养殖
- 免税
  - 农、林、牧、渔业
  - 居民企业一个纳税年度内 技术转让所得 不超过 500 万元 的部分

超过 500 万元的部分，减半征收

技术转让收入－技术转让成本－相关税费

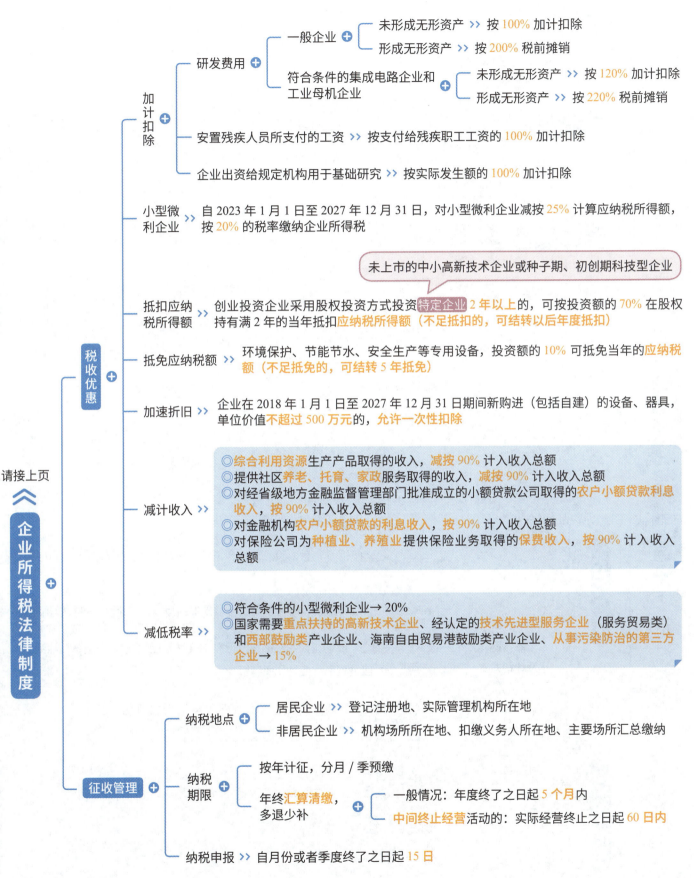

请接上页

企业所得税法律制度

税收优惠

加计扣除
- 研发费用
  - 一般企业
    - 未形成无形资产 >> 按 100% 加计扣除
    - 形成无形资产 >> 按 200% 税前摊销
  - 符合条件的集成电路企业和工业母机企业
    - 未形成无形资产 >> 按 120% 加计扣除
    - 形成无形资产 >> 按 220% 税前摊销
- 安置残疾人员所支付的工资 >> 按支付给残疾职工工资的 100% 加计扣除
- 企业出资给规定机构用于基础研究 >> 按实际发生额的 100% 加计扣除

小型微利企业 >> 自 2023 年 1 月 1 日至 2027 年 12 月 31 日，对小型微利企业减按 25% 计算应纳税所得额，按 20% 的税率缴纳企业所得税

抵扣应纳税所得额 >> 未上市的中小高新技术企业或种子期、初创期科技型企业

创业投资企业采用股权投资方式投资特定企业 2 年以上的，可按投资额的 70% 在股权持有满 2 年的当年抵扣应纳税所得额（不足抵扣的，可结转以后年度抵扣）

抵免应纳税额 >> 环境保护、节能节水、安全生产等专用设备，投资额的 10% 可抵免当年的应纳税额（不足抵免的，可结转 5 年抵免）

加速折旧 >> 企业在 2018 年 1 月 1 日至 2027 年 12 月 31 日期间新购进（包括自建）的设备、器具，单位价值不超过 500 万元的，允许一次性扣除

减计收入 >>
◎综合利用资源生产产品取得的收入，减按 90% 计入收入总额
◎提供社区养老、托育、家政服务取得的收入，减按 90% 计入收入总额
◎对经省级地方金融监督管理部门批准成立的小额贷款公司取得的农户小额贷款利息收入，按 90% 计入收入总额
◎对金融机构农户小额贷款的利息收入，按 90% 计入收入总额
◎对保险公司为种植业、养殖业提供保险业务取得的保费收入，按 90% 计入收入总额

减低税率 >>
◎符合条件的小型微利企业 → 20%
◎国家需要重点扶持的高新技术企业、经认定的技术先进型服务企业（服务贸易类）和西部鼓励类产业企业、海南自由贸易港鼓励类产业企业、从事污染防治的第三方企业 → 15%

征收管理
- 纳税地点
  - 居民企业 >> 登记注册地、实际管理机构所在地
  - 非居民企业 >> 机构场所所在地、扣缴义务人所在地、主要场所汇总缴纳
- 纳税期限
  - 按年计征，分月 / 季预缴
  - 年终汇算清缴，多退少补
    - 一般情况：年度终了之日起 5 个月内
    - 中间终止经营活动的：实际经营终止之日起 60 日内
- 纳税申报 >> 自月份或者季度终了之日起 15 日

 **个人所得税法律制度**

个人所得税法律制度 ⊕ ⌄ 请接下页

纳税人 ⊕

居民个人 ⊕
- 无限纳税义务
- 在中国境内**有住所**
- 在中国境内无住所且 1 个纳税年度 内在境内累计居住**满 183 天** — 公历 1 月 1 日—12 月 31 日

非居民个人 ⊕
- 无住所且在境内不居住
- 无住所且 1 个纳税年度内在境内累计居住**不满 183 天**
- 有限纳税义务

所得来源的确定 ≫ 来源于中国**境内**的所得

项 目	来源于中国境内的所得	
任职、受雇、履约而提供劳务	在中国**境内提供**劳务	
财产出租、许可特许权	特许权、财产在中国**境内使用**	
转让财产	不动产等财产	**不动产**在中国**境内**
	其他财产	转让**行为**发生在中国**境内**
利息、股息、红利	从中国**境内**取得	

个人所得税概述 ⊕

个人所得税税目 ⊕

综合所得 ⊕
- 工资、薪金所得
- 劳务报酬所得
- 稿酬所得
- 特许权使用费所得

≫ 口 诀 ≫ 工劳稿特

分类所得 ≫ 经营所得；利息、股息、红利所得；财产租赁所得；财产转让所得；偶然所得

个人所得税税率及计税方式 ⊕
- **超额累进税率**：应纳税额＝应纳税所得额 × 税率（预扣率）－速算扣除数
  - 综合所得；经营所得；劳务报酬所得（预扣预缴）；工资薪金（预扣预缴）
- **比例税率**：应纳税额＝应纳税所得额 × 税率
  - 财产租赁所得；财产转让所得；偶然所得；利息、股息、红利所得；稿酬所得（预扣预缴）；特许权使用费所得（预扣预缴）

应纳税额的计算 ≫ 居民综合所得 ≫ 项目界定

任职或者受雇 → 工资、薪金所得

不包括：
① **独生子女补贴**
② **托儿补助费**
③差旅费津贴、**误餐补助**
④执行公务员工资制度未纳入基本工资总额的补贴、津贴差额和家属成员的副食补贴

不包括单位以误餐补助名义发给职工的补助、津贴

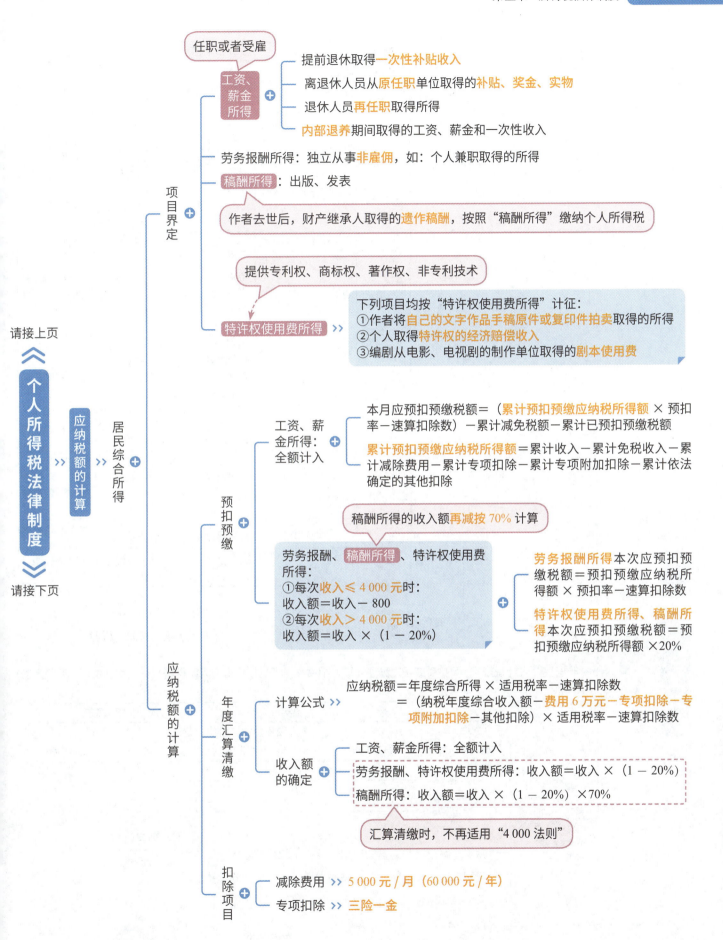

项　目	扣除范围	扣除标准	扣除办法
3 岁以下婴幼儿照护支出	照护 3 岁以下婴幼儿子女	2 000 元 / 子女 / 月	二选一： ①父母双方分别扣 50% ②其中一方扣 100%
子女教育支出	学前教育、学历教育	2 000 元 / 子女 / 月	二选一： ①父母双方分别扣 50% ②其中一方扣 100%
继续教育支出	学历（学位）继续教育	400 元 / 月（48 个月为限）	①本科及以下，可选择父母扣，也可本人扣，但不得同时扣 ②超过本科，自己扣
	职业资格继续教育	3 600 元	取证当年本人扣除
赡养老人支出	①赡养 60 周岁以上父母 ②赡养子女均去世的 60 周岁以上的祖父母、外祖父母	3 000 元 / 月（2 个以上老人不加倍）	①独生子女：3 000 元 / 月 ②非独生子女：≤ 1 500 元 / 月
住房租金支出	在主要工作城市没有自有住房	①直辖市、省会市、计划单列市：1 500 元 / 月 ②市户籍人口＞100 万；1 100 元 / 月 ③市户籍人口≤100 万：800 元 / 月	①夫妻工作城市相同：选一方扣 ②夫妻工作城市不同：各扣各的 ③住房贷款利息支出和住房租金支出只能选择其一扣除
住房贷款利息支出	本人或配偶首套住房贷款利息	1 000 元 / 月（240 个月为限）	①婚前分别扣 ②婚后（只能一套）由一方扣 100% 或双方各扣 50%
大病医疗支出	一个纳税年度内，医保目录范围内的自付部分	累计超过 15 000 元的部分，在 80 000 元限额内据实扣除	①可选择由本人或其配偶扣除 ②未成年子女可选择由其父母一方扣除

请接上页

≪

个人所得税法律制度

≫

请接下页

应纳税额的计算 ⊕

居民综合所得 ≫ 应纳税额的计算 ≫ 扣除项目 ⊕ 专项附加扣除 ≫

其他 ≫ 符合国家规定的企业年金、职业年金、商业健康保险等 ≫ 商业健康保险的支出扣除限额为：2 400 元 / 年（200 元 / 月）

非居民个人计税规定 ≫ 按月或按次分项计算，扣缴义务人代扣代缴个人所得税（一次性到位，无汇算清缴）

经营所得及其计算 ≫ 特殊项目规定 ⊕

企业为个人购买房屋及其他财产 ≫

为谁买		税目界定
为其他个人投资者或其家庭成员	个人独资企业、合伙企业	经营所得
	其他企业	利息、股息、红利所得
为企业其他人员		综合所得

🔍 辨 析

从事个体出租车运营的出租车驾驶员取得的收入

出租车属于个人所有，驾驶员向挂靠单位缴纳管理费 — 经营所得 — 车归驾驶员

采取单车承包或承租方式运营 ≫ 工资、薪金所得

车归单位

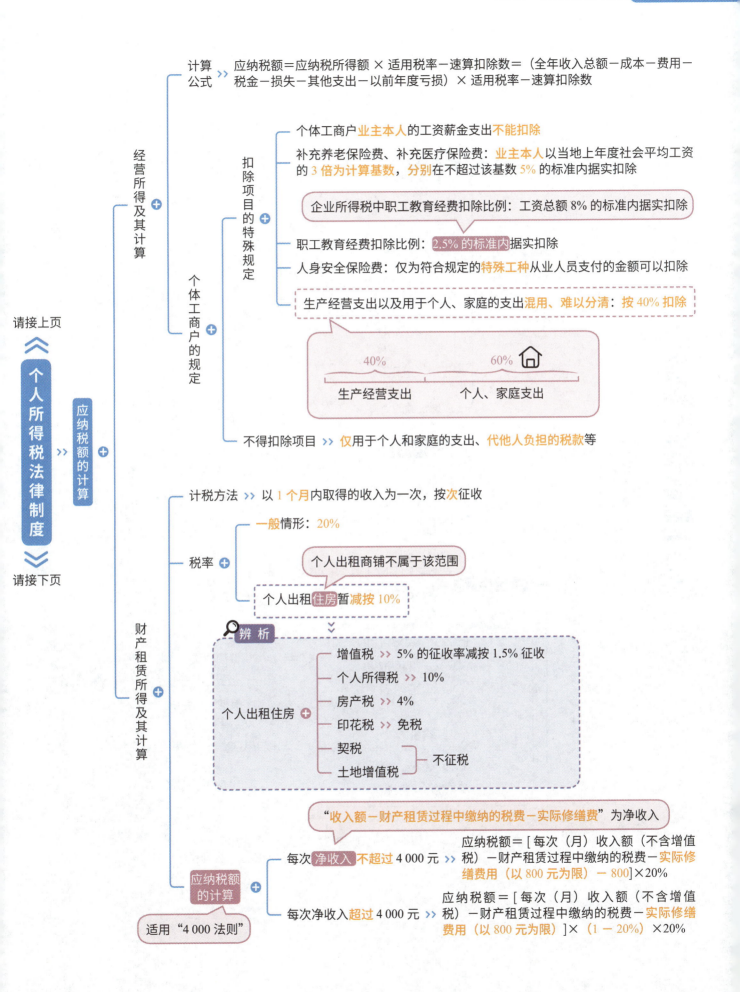

计算公式　>>　应纳税额＝应纳税所得额 × 适用税率－速算扣除数＝（全年收入总额－成本－费用－税金－损失－其他支出－以前年度亏损）× 适用税率－速算扣除数

个体工商户的规定

扣除项目的特殊规定

个体工商户业主本人的工资薪金支出不能扣除

补充养老保险费、补充医疗保险费：业主本人以当地上年度社会平均工资的 3 倍为计算基数，分别在不超过该基数 5% 的标准内据实扣除

企业所得税中职工教育经费扣除比例：工资总额 8% 的标准内据实扣除

职工教育经费扣除比例：2.5% 的标准内据实扣除

人身安全保险费：仅为符合规定的特殊工种从业人员支付的金额可以扣除

生产经营支出以及用于个人、家庭的支出混用、难以分清：按 40% 扣除

40%	60%
生产经营支出	个人、家庭支出

不得扣除项目　>>　仅用于个人和家庭的支出、代他人负担的税款等

经营所得及其计算

财产租赁所得及其计算

计税方法　>>　以 1 个月内取得的收入为一次，按次征收

税率

一般情形：20%

个人出租商铺不属于该范围

个人出租住房暂减按 10%

辨析

个人出租住房

增值税　>>　5% 的征收率减按 1.5% 征收

个人所得税　>>　10%

房产税　>>　4%

印花税　>>　免税

契税 ⎱ 不征税
土地增值税 ⎰

应纳税额的计算

适用 "4 000 法则"

"收入额－财产租赁过程中缴纳的税费－实际修缮费"为净收入

每次净收入不超过 4 000 元　>>　应纳税额＝[每次（月）收入额（不含增值税）－财产租赁过程中缴纳的税费－实际修缮费用（以 800 元为限）－ 800]×20%

每次净收入超过 4 000 元　>>　应纳税额＝[每次（月）收入额（不含增值税）－财产租赁过程中缴纳的税费－实际修缮费用（以 800 元为限）]×（1－20%）×20%

个人所得税法律制度

应纳税额的计算

请接上页

请接下页

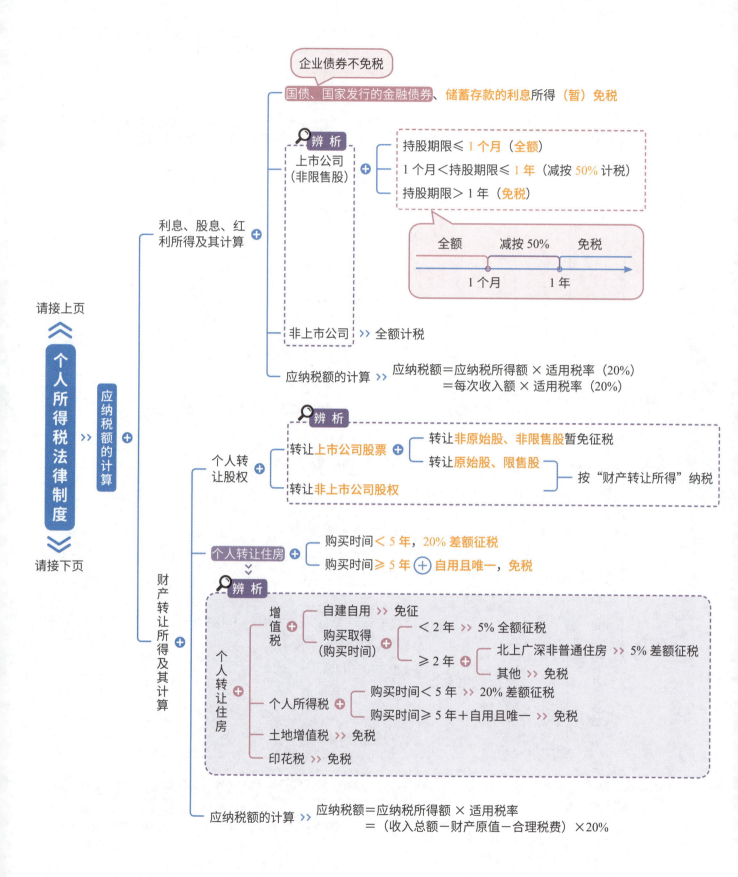

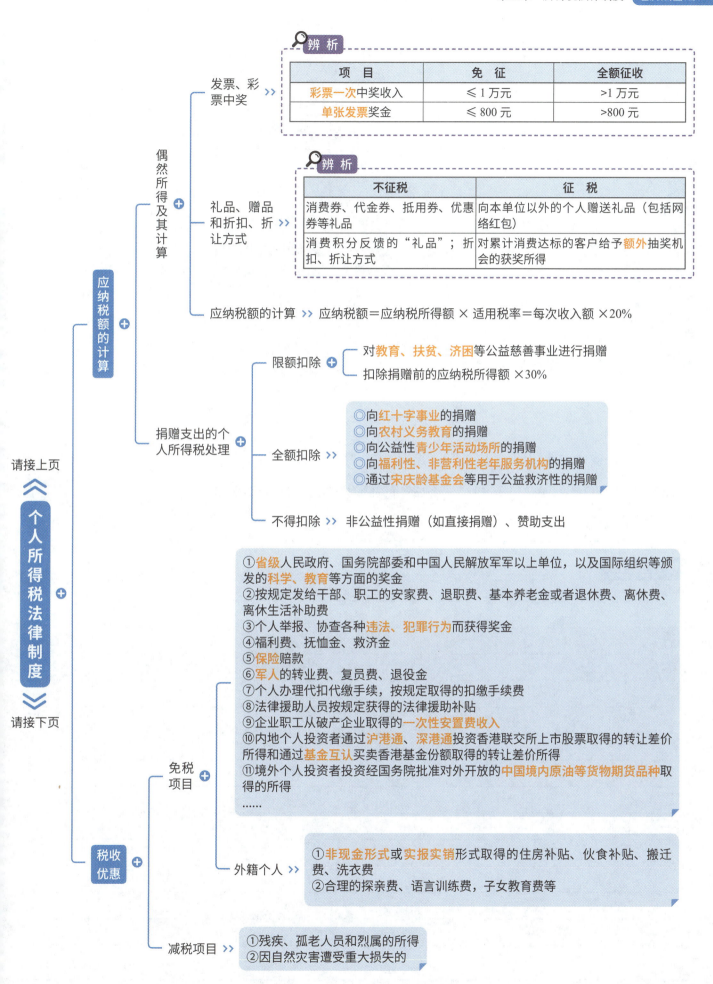

请接上页

个人所得税法律制度 »» 征收管理 ⊕

应当依法办理纳税申报的情形 »»

2024 年 1 月 1 日至 2027 年 12 月 31 日居民个人可免于办理汇算清缴的情形：
①年度综合所得收入≤ 12 万元且需要汇算清缴补税的；
②年度汇算清缴补税金额≤ 400 元的

①取得综合所得需要办理汇算清缴
②取得应税所得没有扣缴义务人
③取得应税所得，扣缴义务人未扣缴税款
④取得境外所得
⑤因移居境外注销中国户籍
⑥非居民个人在中国境内从两处以上取得工资、薪金所得等

办理汇算清缴的期限 »»

🔍 辨 析
居民个人综合所得：次年 3 月 1 日至 6 月 30 日
纳税人取得经营所得：在取得所得的次年 3 月 31 日前

🔎 扫一扫，提个小建议

图书勘误，评价建议，微信"扫一扫"。您的感受是我们最好的动力！祝您奇兵制胜。

💡 学习收获 »»

01 房产税法律制度

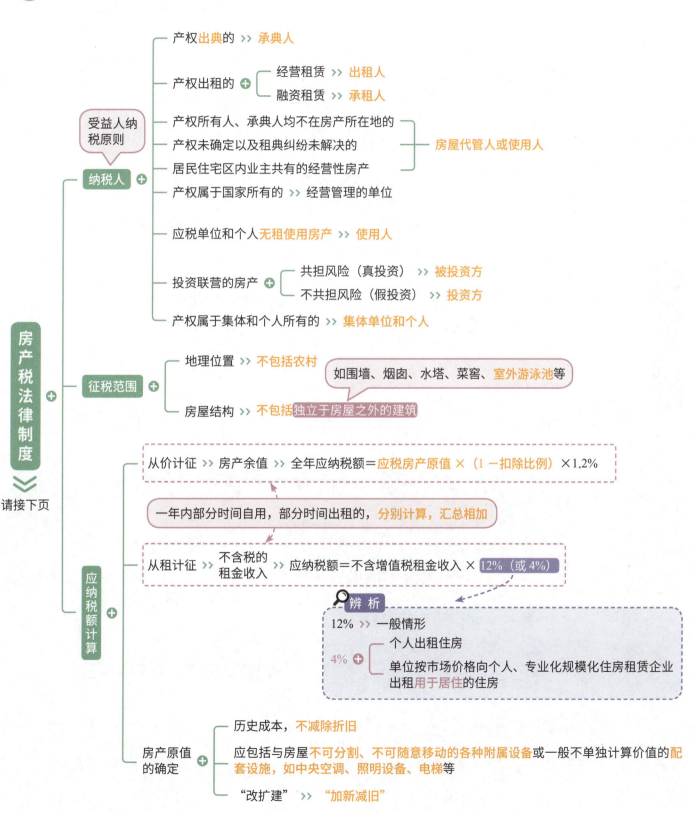

房产税法律制度

纳税人 ⊕
受益人纳税原则
- 产权出典的 ≫ 承典人
- 产权出租的 ⊕
  - 经营租赁 ≫ 出租人
  - 融资租赁 ≫ 承租人
- 产权所有人、承典人均不在房产所在地的
- 产权未确定以及租典纠纷未解决的 — 房屋代管人或使用人
- 居民住宅区内业主共有的经营性房产
- 产权属于国家所有的 ≫ 经营管理的单位
- 应税单位和个人无租使用房产 ≫ 使用人
- 投资联营的房产 ⊕
  - 共担风险（真投资） ≫ 被投资方
  - 不共担风险（假投资） ≫ 投资方
- 产权属于集体和个人所有的 ≫ 集体单位和个人

征税范围 ⊕
- 地理位置 ≫ 不包括农村
- 房屋结构 ≫ 不包括独立于房屋之外的建筑
  - 如围墙、烟囱、水塔、菜窖、室外游泳池等

应纳税额计算 ⊕
- 从价计征 ≫ 房产余值 ≫ 全年应纳税额＝应税房产原值×（1－扣除比例）×1.2%
- 一年内部分时间自用，部分时间出租的，分别计算，汇总相加
- 从租计征 ≫ 不含税的租金收入 ≫ 应纳税额＝不含增值税租金收入×12%（或4%）
  - 辨析
    - 12% ≫ 一般情形
    - 4% ⊕
      - 个人出租住房
      - 单位按市场价格向个人、专业化规模化住房租赁企业出租用于居住的住房
- 房产原值的确定 ⊕
  - 历史成本，不减除折旧
  - 应包括与房屋不可分割、不可随意移动的各种附属设备或一般不单独计算价值的配套设施，如中央空调、照明设备、电梯等
  - "改扩建" ≫ "加新减旧"

请接下页

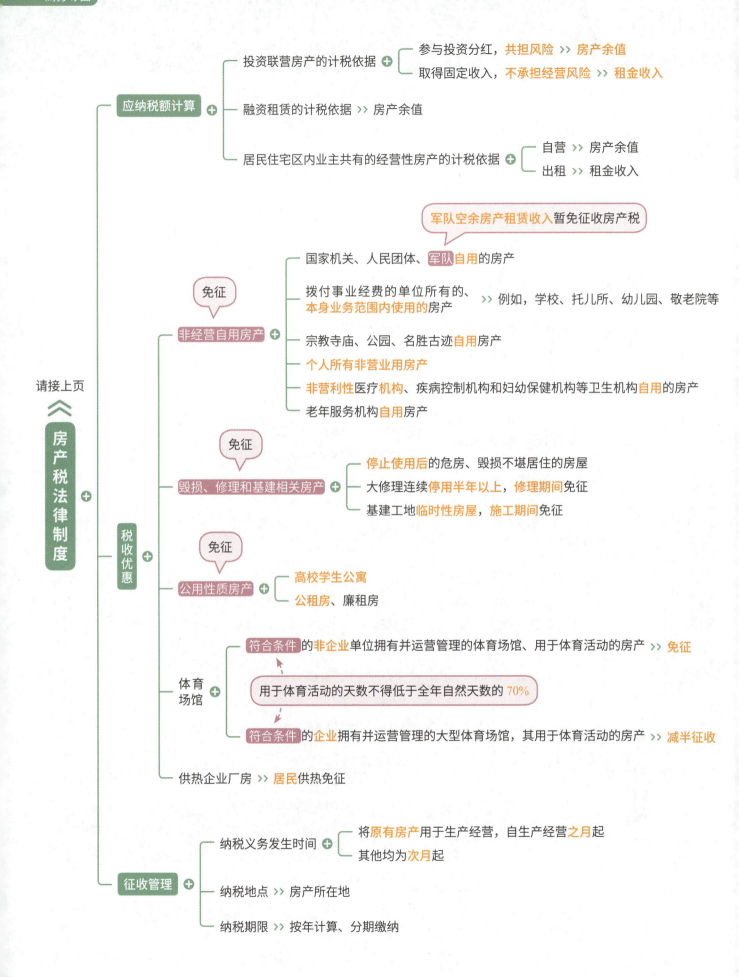

应纳税额计算
- 投资联营房产的计税依据
  - 参与投资分红，共担风险 》》 房产余值
  - 取得固定收入，不承担经营风险 》》 租金收入
- 融资租赁的计税依据 》》 房产余值
- 居民住宅区内业主共有的经营性房产的计税依据
  - 自营 》》 房产余值
  - 出租 》》 租金收入

请接上页

房产税法律制度

税收优惠
- 非经营自用房产【免征】
  - 国家机关、人民团体、军队自用的房产
    - 军队空余房产租赁收入暂免征收房产税
  - 拨付事业经费的单位所有的、本身业务范围内使用的房产 》》 例如，学校、托儿所、幼儿园、敬老院等
  - 宗教寺庙、公园、名胜古迹自用房产
  - 个人所有非营业用房产
  - 非营利性医疗机构、疾病控制机构和妇幼保健机构等卫生机构自用的房产
  - 老年服务机构自用房产
- 毁损、修理和基建相关房产【免征】
  - 停止使用后的危房、毁损不堪居住的房屋
  - 大修理连续停用半年以上，修理期间免征
  - 基建工地临时性房屋，施工期间免征
- 公用性质房产【免征】
  - 高校学生公寓
  - 公租房、廉租房
- 体育场馆
  - 符合条件的非企业单位拥有并运营管理的体育场馆、用于体育活动的房产 》》 免征
    - 用于体育活动的天数不得低于全年自然天数的70%
  - 符合条件的企业拥有并运营管理的大型体育场馆，其用于体育活动的房产 》》 减半征收
- 供热企业厂房 》》 居民供热免征

征收管理
- 纳税义务发生时间
  - 将原有房产用于生产经营，自生产经营之月起
  - 其他均为次月起
- 纳税地点 》》 房产所在地
- 纳税期限 》》 按年计算、分期缴纳

02 契税法律制度

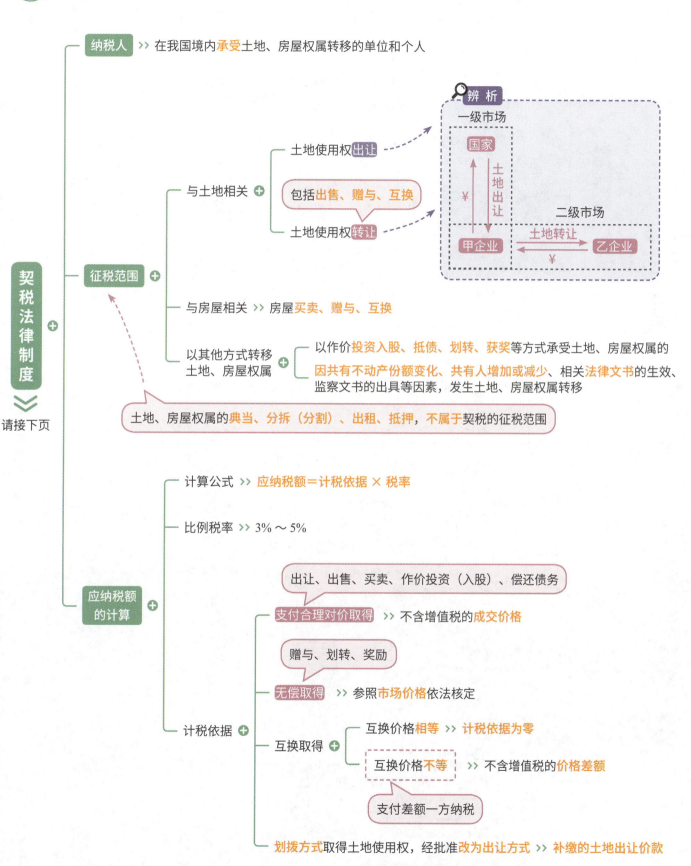

契税法律制度

- 纳税人 >> 在我国境内**承受**土地、房屋权属转移的单位和个人

- 征税范围
  - 与土地相关
    - 土地使用权**出让**
    - 包括**出售、赠与、互换**
    - 土地使用权**转让**

    辨析
    一级市场
    国家
    ¥ 土地出让
    甲企业 土地转让 ¥ 乙企业
    二级市场

  - 与房屋相关 >> 房屋**买卖、赠与、互换**
  - 以其他方式转移土地、房屋权属
    - 以作价**投资入股、抵债、划转、获奖**等方式承受土地、房屋权属的
    - **因共有不动产份额变化、共有人增加或减少、相关法律文书**的生效、监察文书的出具等因素，发生土地、房屋权属转移

  土地、房屋权属的**典当、分拆（分割）、出租、抵押，不属于**契税的征税范围

- 应纳税额的计算
  - 计算公式 >> **应纳税额＝计税依据 × 税率**
  - 比例税率 >> 3% ～ 5%
  - 计税依据
    - **支付合理对价取得** >> 不含增值税的**成交价格**
      - 出让、出售、买卖、作价投资（入股）、偿还债务
    - **无偿取得** >> 参照**市场价格**依法核定
      - 赠与、划转、奖励
    - 互换取得
      - **互换价格相等** >> **计税依据为零**
      - **互换价格不等** >> 不含增值税的**价格差额**
        - 支付差额一方纳税
    - **划拨方式**取得土地使用权，经批准**改为出让方式** >> **补缴的土地出让价款**

请接下页

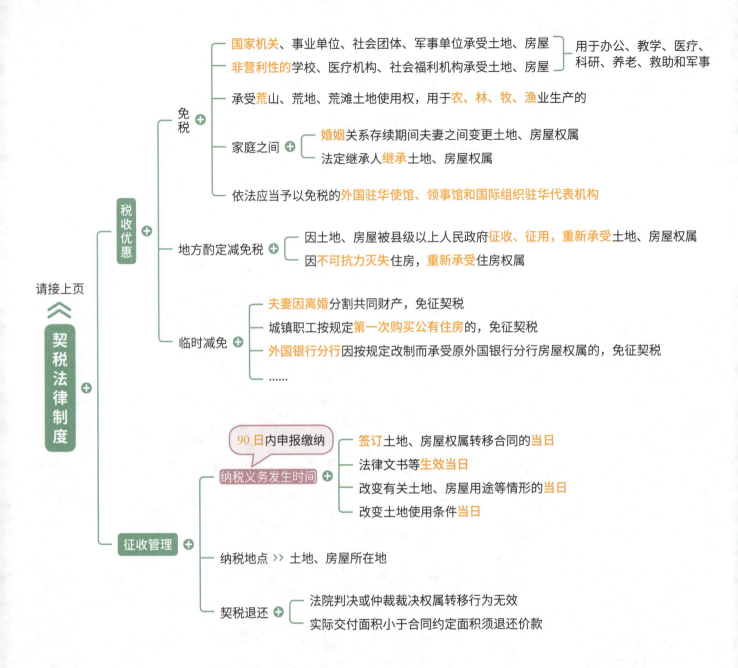

请接上页

契税法律制度

- 税收优惠
  - 免税
    - 国家机关、事业单位、社会团体、军事单位承受土地、房屋 ┐
    - 非营利性的学校、医疗机构、社会福利机构承受土地、房屋 ┘ 用于办公、教学、医疗、科研、养老、救助和军事
    - 承受荒山、荒地、荒滩土地使用权，用于农、林、牧、渔业生产的
    - 家庭之间
      - 婚姻关系存续期间夫妻之间变更土地、房屋权属
      - 法定继承人继承土地、房屋权属
    - 依法应当予以免税的外国驻华使馆、领事馆和国际组织驻华代表机构
  - 地方酌定减免税
    - 因土地、房屋被县级以上人民政府征收、征用，重新承受土地、房屋权属
    - 因不可抗力灭失住房，重新承受住房权属
  - 临时减免
    - 夫妻因离婚分割共同财产，免征契税
    - 城镇职工按规定第一次购买公有住房的，免征契税
    - 外国银行分行因按规定改制而承受原外国银行分行房屋权属的，免征契税
    - ……
- 征收管理
  - 纳税义务发生时间（90日内申报缴纳）
    - 签订土地、房屋权属转移合同的当日
    - 法律文书等生效当日
    - 改变有关土地、房屋用途等情形的当日
    - 改变土地使用条件当日
  - 纳税地点 》》 土地、房屋所在地
  - 契税退还
    - 法院判决或仲裁裁决权属转移行为无效
    - 实际交付面积小于合同约定面积须退还价款

03 土地增值税法律制度

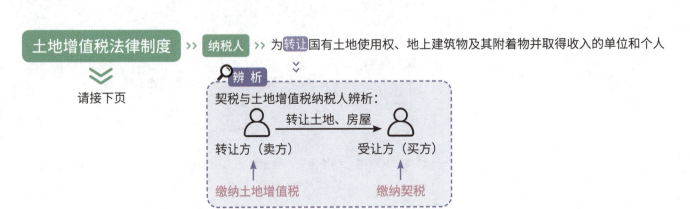

土地增值税法律制度 》》 纳税人 》》 为转让国有土地使用权、地上建筑物及其附着物并取得收入的单位和个人

请接下页

🔍 辨析

契税与土地增值税纳税人辨析：

转让方（卖方） —转让土地、房屋→ 受让方（买方）

缴纳土地增值税　　缴纳契税

土地增值税法律制度

请接上页 ≪

请接下页 ≫

征税范围 ⊕

一般规定 ⊕
- **转让**国有土地使用权的行为征税
- **转让**地上建筑物及其他附着物产权的行为征税
- 对以**继承、赠与**等方式**无偿转让**的房地产，**不予征税**

特殊规定 ≫

情　形		是否征税
房地产互换	**个人**之间互换自有居住用房	**免征**
	其他主体之间互换房地产	征收
合作建房	建成后分房**自用**	**免征**
	建成后转让	征收
房地产抵押	**抵押期间**	**不征**
	抵押期满且权属发生转移	征收
房地产开发企业	将部分房产转为**自用或出租**	**不征**
	将房产**销售**或视同销售	征收
房地产的**出租、重新评估增值和代建行为**		**不征**

应纳税额的计算 ⊕

税率 ≫ 四级超率累进税率

计算公式 ⊕
- **增值额**＝房地产转让收入（不含增值税）－扣除项目金额
- **增值率**＝增值额÷扣除项目金额×100%
- **应纳税额＝增值额×适用税率－扣除项目金额×速算扣除系数**

扣除项目金额 ⊕

新房 ⊕
- ①取得土地使用权支付的金额 ≫ 据实扣除（地价＋契税）
- **②房地产开发成本** ≫ 据实扣除
- **③房地产开发费用** ⊕
  - 利息能分摊且**能提供金融机构贷款证明** ≫ 利息＋（①＋②）×规定比例（5%以内）
  - 利息不能分摊或**不能提供金融机构贷款证明** ≫ （①＋②）×规定比例（10%以内）
- ④与转让房地产有关的税金 ≫ 不含允许抵扣的进项税额
- ⑤加计扣除 ≫ （①＋②）×20%（非房地产企业没有此项扣除）

旧房 ⊕
- 有评估价格 ⊕
  - 评估价格＝**重置成本价**×成新度折扣率
  - **地价款**和相关费用
  - 与转让房地产有关的**税金**
- 无评估价格，有购房发票 ⊕
  - 扣除项目金额＝发票所载金额（**不含契税**）×[1＋5%×（转让年度－购房年度）]
  - 与转让房地产有关的税金（**包括能够提供完税凭证的契税**）

税收优惠 ⊕
- 纳税人建造**普通标准住宅**出售，增值额未超过扣除项目金额20%的免税，超过部分全额征收
- 因**国家建设需要**依法征收、收回的房地产，免征
- **居民个人销售住房免征土地增值税**
- 企业整体改制、合并、分立，将房地产转移、变更至改制、合并、分立后的企业，暂不征收土地增值税
- 单位、个人以房地产作价入股进行投资，将房地产转移、变更到被投资的企业，暂不征收土地增值税

请接上页

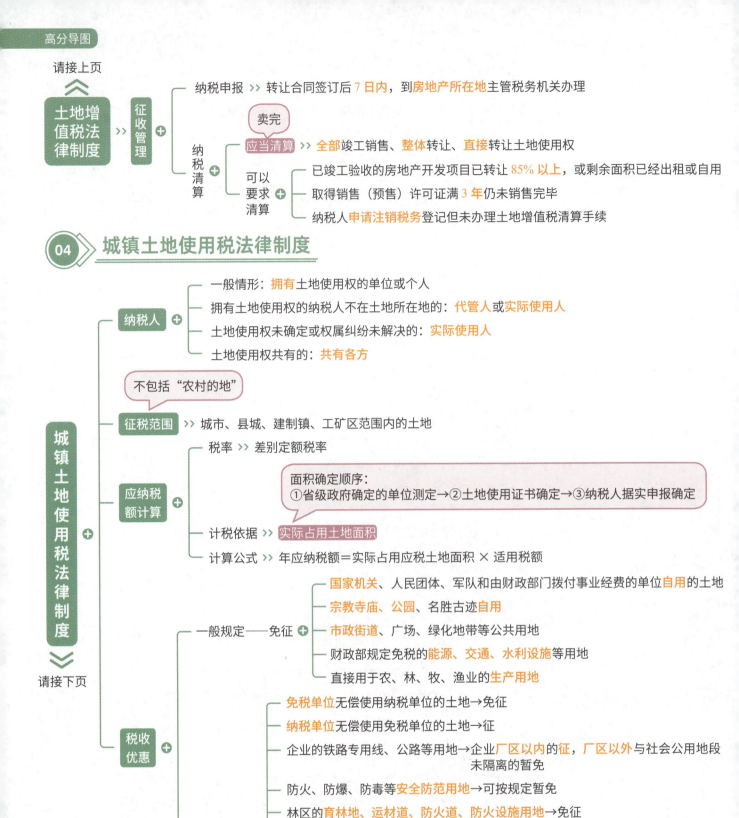

土地增值税法律制度 ≫

征收管理 ➕

━ 纳税申报 ≫ 转让合同签订后 **7 日内**，到**房地产所在地**主管税务机关办理

━ 纳税清算 ➕

　　━ **应当清算** ≫ **全部**竣工销售、**整体**转让、**直接**转让土地使用权 (卖完)

　　━ 可以要求清算 ➕

　　　　━ 已竣工验收的房地产开发项目已转让 **85% 以上**，或剩余面积已经出租或自用

　　　　━ 取得销售（预售）许可证满 **3 年**仍未销售完毕

　　　　━ 纳税人**申请注销税务**登记但未办理土地增值税清算手续

04 城镇土地使用税法律制度

城镇土地使用税法律制度 ➕

━ **纳税人** ➕

　━ 一般情形：**拥有**土地使用权的单位或个人

　━ 拥有土地使用权的纳税人不在土地所在地的：**代管人**或**实际使用人**

　━ 土地使用权未确定或权属纠纷未解决的：**实际使用人**

　━ 土地使用权共有的：**共有各方**

━ **征税范围** ≫ 城市、县城、建制镇、工矿区范围内的土地（不包括"农村的地"）

━ **应纳税额计算** ➕

　━ 税率 ≫ 差别定额税率

　━ 计税依据 ≫ **实际占用土地面积**

　　（面积确定顺序：①省级政府确定的单位测定→②土地使用证书确定→③纳税人据实申报确定）

　━ 计算公式 ≫ 年应纳税额＝实际占用应税土地面积 × 适用税额

━ **税收优惠** ➕

　━ 一般规定——免征 ➕

　　━ **国家机关**、人民团体、军队和由财政部门拨付事业经费的单位**自用**的土地

　　━ **宗教寺庙**、**公园**、名胜古迹**自用**

　　━ **市政街道**、广场、绿化地带等公共用地

　　━ 财政部规定免税的**能源、交通、水利设施**等用地

　　━ 直接用于农、林、牧、渔业的**生产用地**

　━ 特殊规定 ➕

　　━ **免税单位**无偿使用纳税单位的土地→免征

　　━ **纳税单位**无偿使用免税单位的土地→征

　　━ 企业的铁路专用线、公路等用地→企业**厂区以内**的**征**，**厂区以外**与社会公用地段未隔离的暂免

　　━ 防火、防爆、防毒等**安全防范用地**→可按规定暂免

　　━ 林区的**育林地、运材道、防火道、防火设施用地**→免征

　　━ **盐滩、盐矿的矿井用地**→暂免

　　━ 火电厂厂区围墙外的灰场、输灰管、输油（气）管道、铁路专用线→免征

　　━ 水电站的生产、办公、生活用地→征（其他用地免税）

　　━ 供电部门**输电线路、变电站用地**→免税

　　━ 机场**飞行区、场内外通信导航设施、排水防洪设施、场外道路用地**→免征

　　━ 港口的**码头用地**→免征

　　━ 符合条件（参考房产税对应政策）的体育场馆用地→免征

　　━ **老年服务机构**自用土地→免征

　　━ 供热企业为居民供热所使用的土地→免征

请接下页

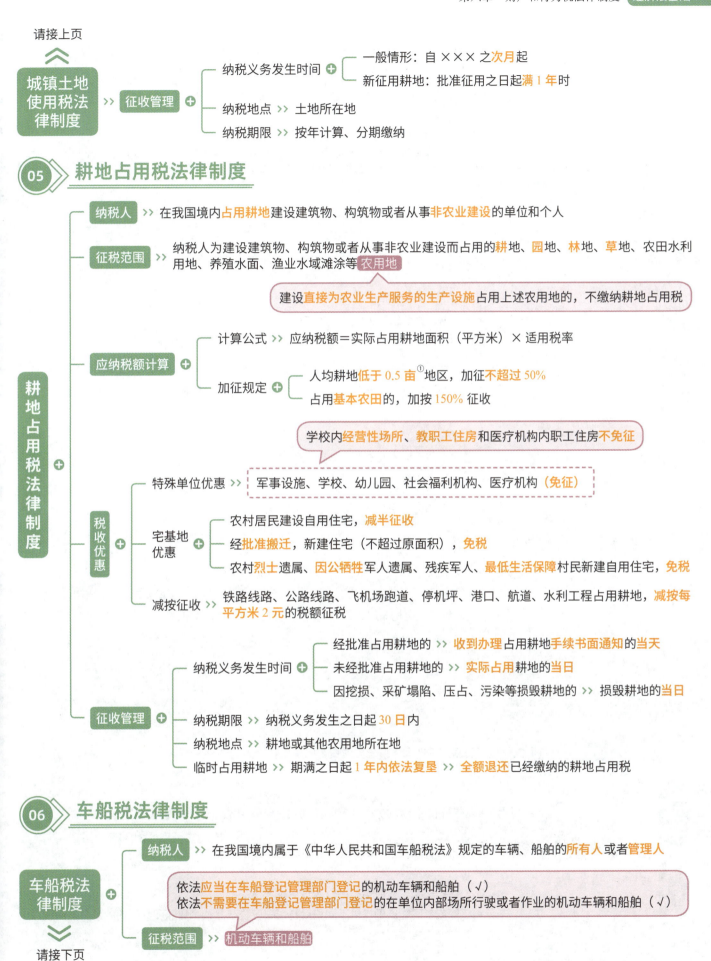

请接上页

城镇土地使用税法律制度 ⇢ 征收管理 ⊕
- 纳税义务发生时间 ⊕
  - 一般情形：自 ××× 之次月起
  - 新征用耕地：批准征用之日起满 1 年时
- 纳税地点 ⇢ 土地所在地
- 纳税期限 ⇢ 按年计算、分期缴纳

05 耕地占用税法律制度

耕地占用税法律制度 ⊕

- 纳税人 ⇢ 在我国境内占用耕地建设建筑物、构筑物或者从事非农业建设的单位和个人
- 征税范围 ⇢ 纳税人为建设建筑物、构筑物或者从事非农业建设而占用的耕地、园地、林地、草地、农田水利用地、养殖水面、渔业水域滩涂等农用地
  - 建设直接为农业生产服务的生产设施占用上述农用地的，不缴纳耕地占用税
- 应纳税额计算 ⊕
  - 计算公式 ⇢ 应纳税额＝实际占用耕地面积（平方米）× 适用税率
  - 加征规定 ⊕
    - 人均耕地低于 0.5 亩① 地区，加征不超过 50%
    - 占用基本农田的，加按 150% 征收
- 税收优惠 ⊕
  - 特殊单位优惠 ⇢ 军事设施、学校、幼儿园、社会福利机构、医疗机构（免征）
    - 学校内经营性场所、教职工住房和医疗机构内职工住房不免征
  - 宅基地优惠 ⊕
    - 农村居民建设自用住宅，减半征收
    - 经批准搬迁，新建住宅（不超过原面积），免税
    - 农村烈士遗属、因公牺牲军人遗属、残疾军人、最低生活保障村民新建自用住宅，免税
  - 减按征收 ⇢ 铁路线路、公路线路、飞机场跑道、停机坪、港口、航道、水利工程占用耕地，减按每平方米 2 元的税额征税
- 征收管理 ⊕
  - 纳税义务发生时间 ⊕
    - 经批准占用耕地的 ⇢ 收到办理占用耕地手续书面通知的当天
    - 未经批准占用耕地的 ⇢ 实际占用耕地的当日
    - 因挖损、采矿塌陷、压占、污染等损毁耕地的 ⇢ 损毁耕地的当日
  - 纳税期限 ⇢ 纳税义务发生之日起 30 日内
  - 纳税地点 ⇢ 耕地或其他农用地所在地
  - 临时占用耕地 ⇢ 期满之日起 1 年内依法复垦 ⇢ 全额退还已经缴纳的耕地占用税

06 车船税法律制度

车船税法律制度 ⊕
- 纳税人 ⇢ 在我国境内属于《中华人民共和国车船税法》规定的车辆、船舶的所有人或者管理人
  - 依法应当在车船登记管理部门登记的机动车辆和船舶（√）
  - 依法不需要在车船登记管理部门登记的在单位内部场所行驶或者作业的机动车辆和船舶（√）
- 征税范围 ⇢ 机动车辆和船舶

请接下页

① 1 亩 ≈ 666.67 平方米

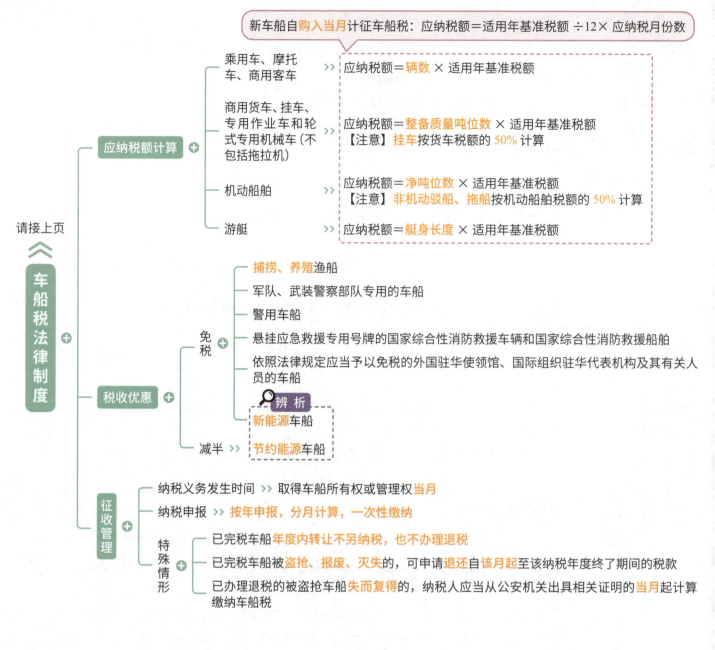

新车船自**购入当月**计征车船税：应纳税额＝适用年基准税额 ÷12× 应纳税月份数

应纳税额计算 +

乘用车、摩托车、商用客车 >> 应纳税额＝**辆数** × 适用年基准税额

商用货车、挂车、专用作业车和轮式专用机械车（不包括拖拉机） 应纳税额＝**整备质量吨位数** × 适用年基准税额
【注意】**挂车**按货车税额的 50% 计算

机动船舶 >> 应纳税额＝**净吨位数** × 适用年基准税额
【注意】**非机动驳船、拖船**按机动船舶税额的 50% 计算

游艇 >> 应纳税额＝**艇身长度** × 适用年基准税额

请接上页

车船税法律制度 +

税收优惠 +

免税 +
- **捕捞、养殖**渔船
- 军队、武装警察部队专用的车船
- 警用车船
- 悬挂应急救援专用号牌的国家综合性消防救援车辆和国家综合性消防救援船舶
- 依照法律规定应当予以免税的外国驻华使领馆、国际组织驻华代表机构及其有关人员的车船

🔍 **辨 析**
- **新能源**车船

减半 >> **节约能源**车船

征收管理 +

- 纳税义务发生时间 >> 取得车船所有权或管理权**当月**
- 纳税申报 >> **按年申报，分月计算，一次性缴纳**
- 特殊情形 +
  - 已完税车船**年度内转让不另纳税，也不办理退税**
  - 已完税车船被**盗抢、报废、灭失**的，可申请**退还自该月起**至该纳税年度终了期间的税款
  - 已办理退税的被盗抢车船**失而复得**的，纳税人应当从公安机关出具相关证明的**当月**起计算缴纳车船税

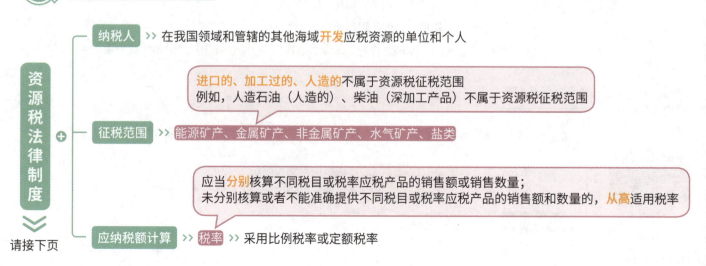

07 资源税法律制度

资源税法律制度 +

请接下页

- 纳税人 >> 在我国领域和管辖的其他海域**开发**应税资源的单位和个人

- 征税范围 >> **进口的、加工过的、人造的**不属于资源税征税范围
例如，人造石油（人造的）、柴油（深加工产品）不属于资源税征税范围
能源矿产、金属矿产、非金属矿产、水气矿产、盐类

- 应纳税额计算 >> 应当**分别**核算不同税目或税率应税产品的销售额或销售数量；
未分别核算或者不能准确提供不同税目或税率应税产品的销售额和数量的，**从高**适用税率
税率 >> 采用比例税率或定额税率

请接上页

资源税法律制度

- **应纳税额计算** →
  - **计算公式** ⊕
    - 从价定率 ＞＞ 应纳税额＝应税矿产品的 销售额 × 适用的比例税率
      - 收取的全部价款，但不包括收取的增值税税款和取得合法有效凭据的相关运杂费用
    - 从量定额 ＞＞ 应纳税额＝应税矿产品的 销售数量 × 适用的定额税率
      - 实际销售数量或应税自用数量
    - 代扣代缴 ＞＞ 代扣代缴应纳税额＝收购未税矿产品的数量 × 适用的定额税率

- **税收优惠** ⊕
  - **免征** ⊕
    - 开采原油以及在油田范围内运输原油过程中用于加热的原油、天然气
    - 煤炭开采企业因安全生产需要抽采的煤成（层）气
  - **减征** ＞＞

情　形	减征比例
低丰度原油、天然气	20%
高含硫天然气、三次采油、深水油气田	30%
稠油、高凝油	40%
衰竭期矿山	30%
充填开采置换煤炭	50%

- **征收管理** ⊕
  - **纳税义务发生时间** ⊕
    - 纳税人销售应税产品 ＞＞ 收讫销售款或者取得索取销售款凭据的当日
    - 纳税人自用应税产品 ＞＞ 移送应税产品的当日
  - **纳税地点** ＞＞ 矿产品的开采地或海盐的生产地

08　环境保护税法律制度

环境保护税法律制度

- **纳税人** ＞＞ 在我国领域和管辖海域，直接向环境排放应税污染物的企业事业单位和其他生产经营者
  - 不包括不从事生产经营的其他个人

- **征税范围** ＞＞ 大气污染物、水污染物、固体废物、噪声
  - 仅限于工业噪声，不包括生活噪声、交通噪声、建筑噪声等

- **应纳税额计算** ⊕
  - 大气污染物、水污染物 ＞＞ 应纳税额＝污染当量数 × 具体适用税额
    - 污染物排放量折合的污染当量数
  - 固体废物 ＞＞ 应纳税额＝固体废物排放量 × 具体适用税额
  - 噪声 ＞＞ 应纳税额＝超过国家规定标准的分贝数对应的具体适用税额

请接下页

请接上页

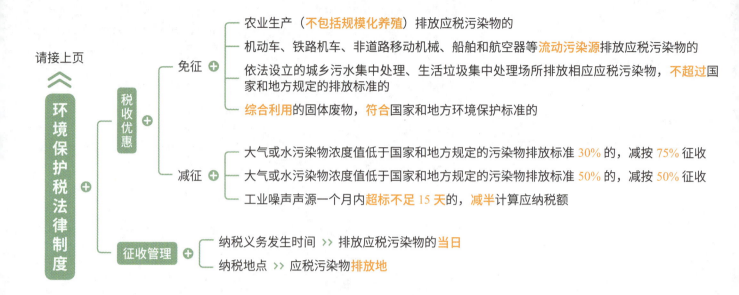

环境保护税法律制度

税收优惠

免征
- 农业生产（不包括规模化养殖）排放应税污染物的
- 机动车、铁路机车、非道路移动机械、船舶和航空器等流动污染源排放应税污染物的
- 依法设立的城乡污水集中处理、生活垃圾集中处理场所排放相应应税污染物，不超过国家和地方规定的排放标准的
- 综合利用的固体废物，符合国家和地方环境保护标准的

减征
- 大气或水污染物浓度值低于国家和地方规定的污染物排放标准30%的，减按75%征收
- 大气或水污染物浓度值低于国家和地方规定的污染物排放标准50%的，减按50%征收
- 工业噪声声源一个月内超标不足15天的，减半计算应纳税额

征收管理
- 纳税义务发生时间 >> 排放应税污染物的当日
- 纳税地点 >> 应税污染物排放地

09 印花税法律制度

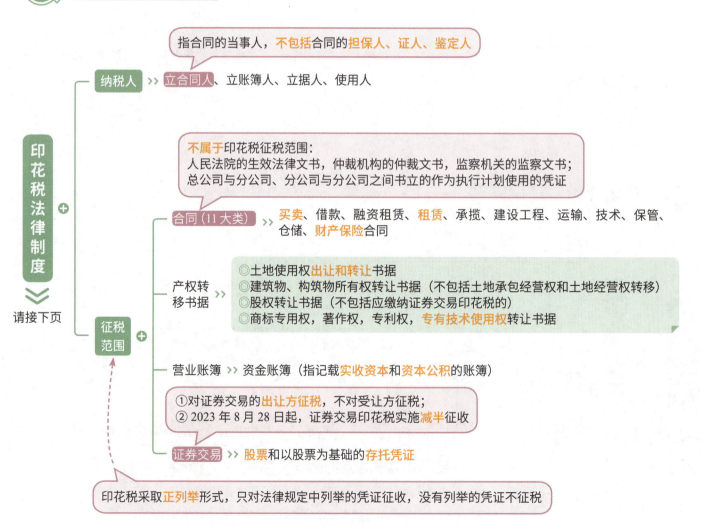

印花税法律制度

纳税人 >> 立合同人、立账簿人、立据人、使用人

指合同的当事人，不包括合同的担保人、证人、鉴定人

征税范围

合同（11大类）>> 买卖、借款、融资租赁、租赁、承揽、建设工程、运输、技术、保管、仓储、财产保险合同

不属于印花税征税范围：
人民法院的生效法律文书，仲裁机构的仲裁文书，监察机关的监察文书；
总公司与分公司、分公司与分公司之间书立的作为执行计划使用的凭证

产权转移书据
- ◎土地使用权出让和转让书据
- ◎建筑物、构筑物所有权转让书据（不包括土地承包经营权和土地经营权转移）
- ◎股权转让书据（不包括应缴纳证券交易印花税的）
- ◎商标专用权，著作权，专利权，专有技术使用权转让书据

营业账簿 >> 资金账簿（指记载实收资本和资本公积的账簿）

证券交易 >> 股票和以股票为基础的存托凭证

①对证券交易的出让方征税，不对受让方征税；
② 2023年8月28日起，证券交易印花税实施减半征收

印花税采取正列举形式，只对法律规定中列举的凭证征收，没有列举的凭证不征税

请接下页

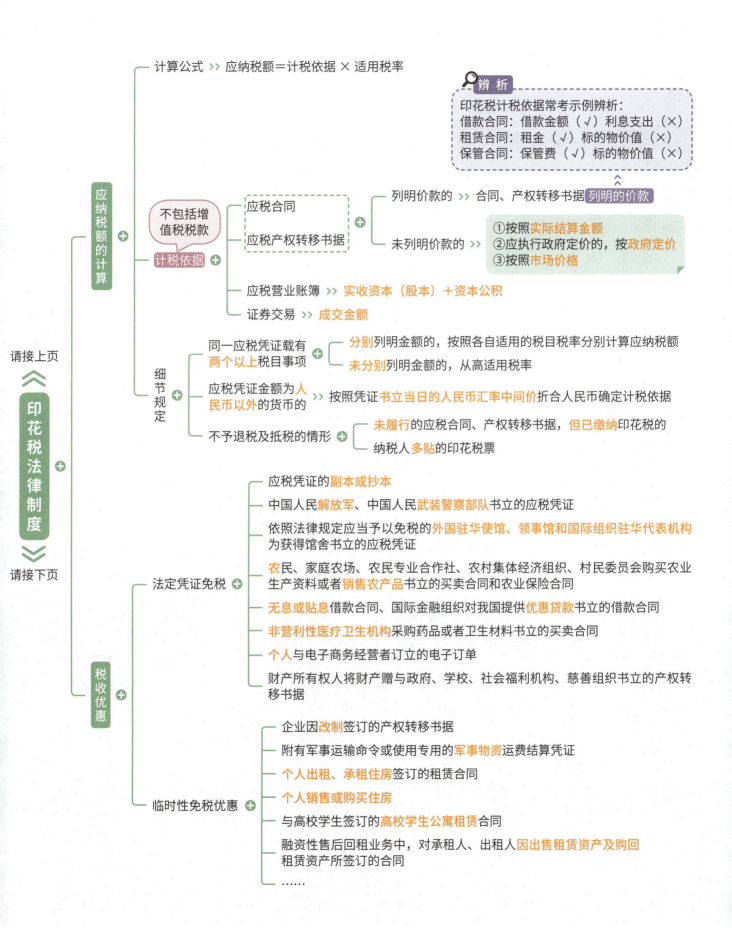

计算公式 >> 应纳税额＝计税依据 × 适用税率

辨　析
印花税计税依据常考示例辨析：
借款合同：借款金额（√）利息支出（×）
租赁合同：租金（√）标的物价值（×）
保管合同：保管费（√）标的物价值（×）

应纳税额的计算

不包括增值税税款

计税依据

应税合同
应税产权转移书据

列明价款的 >> 合同、产权转移书据 列明的价款

未列明价款的 >>
①按照实际结算金额
②应执行政府定价的，按政府定价
③按照市场价格

应税营业账簿 >> 实收资本（股本）＋资本公积
证券交易 >> 成交金额

细节规定

同一应税凭证载有两个以上税目事项
分别列明金额的，按照各自适用的税目税率分别计算应纳税额
未分别列明金额的，从高适用税率

应税凭证金额为人民币以外的货币的 >> 按照凭证书立当日的人民币汇率中间价折合人民币确定计税依据

不予退税及抵税的情形
未履行的应税合同、产权转移书据，但已缴纳印花税的
纳税人多贴的印花税票

印花税法律制度

请接上页

请接下页

税收优惠

法定凭证免税

应税凭证的副本或抄本
中国人民解放军、中国人民武装警察部队书立的应税凭证
依照法律规定应当予以免税的外国驻华使馆、领事馆和国际组织驻华代表机构为获得馆舍书立的应税凭证
农民、家庭农场、农民专业合作社、农村集体经济组织、村民委员会购买农业生产资料或者销售农产品书立的买卖合同和农业保险合同
无息或贴息借款合同、国际金融组织对我国提供优惠贷款书立的借款合同
非营利性医疗卫生机构采购药品或者卫生材料书立的买卖合同
个人与电子商务经营者订立的电子订单
财产所有权人将财产赠与政府、学校、社会福利机构、慈善组织书立的产权转移书据

临时性免税优惠

企业因改制签订的产权转移书据
附有军事运输命令或使用专用的军事物资运费结算凭证
个人出租、承租住房签订的租赁合同
个人销售或购买住房
与高校学生签订的高校学生公寓租赁合同
融资性售后回租业务中，对承租人、出租人因出售租赁资产及购回租赁资产所签订的合同
……

请接上页

印花税法律制度 >> 征收管理 ⊕

　　纳税义务发生时间 >> 纳税人**书立应税凭证**或者**完成证券交易**的**当日**

　　纳税期限 ⊕

　　　　实行按**季**、按**年**计征的，应当于季度、年度终了 **15 日**内申报纳税

　　　　实行按**次**计征的，应当于**纳税义务发生** **15 日**内申报并纳税

　　　　证券交易印花税按**周**解缴，扣缴义务人应当于每周终了 **5 日**内申报解缴税款及银行结算的利息

🔍 扫一扫，提个小建议

　　图书勘误，评价建议，微信"扫一扫"。您的感受是我们最好的动力！祝您奇兵制胜。

💡学习收获 >>

01 税务管理

税务管理 >> 税务登记管理 ⊕

申请人 ⊕
- 从事生产经营的纳税人 >> 企业；企业在外地设立的分支机构和从事生产、经营的场所；个体工商户；从事生产、经营的事业单位
  - 国家机关、个人和无固定生产、经营场所的流动性农村小商贩除外
- 非从事生产经营但依照规定负有纳税义务的纳税人
- 负有扣缴税款义务的扣缴义务人（国家机关除外）应办理扣缴税款登记

主管机关 >> 县以上（含本级）税务局（分局）

内容 ⊕

- **地点** ⊕
  - 从事生产、经营的纳税人 >> 生产、经营所在地
  - 其他纳税人 >> 纳税义务发生地

- **设立** ⊕
  - **时限** ⊕
    - 从事生产、经营的纳税人领取营业执照的 >> 自领取营业执照之日起 30 日内
    - 从事生产、经营的纳税人未办理营业执照但经有关部门批准设立的 >> 自有关部门批准设立之日起 30 日内
    - 从事生产、经营的纳税人未办理营业执照也未经有关部门批准设立的 >> 自纳税义务发生之日起 30 日内
  - **程序** >>
    - ①申请税务登记
    - ②填写税务登记表
    - ③税务登记证件的核发和管理

- **变更** >> 时限 ⊕
  - 已在市场监管部门办理变更登记 >> 无须向税务机关报告登记变更信息
  - 无须在市场监管部门办理变更登记，或变更登记内容与市场主体登记内容无关 >> 税务登记内容实际发生变化之日起 30 日内

- **停业、复业** ⊕
  - 停业登记 >> 纳税人的停业期限不得超过 1 年
  - 复业登记 >> 应在恢复生产经营之前办理
  - 仅适用于实行定期定额征收方式的纳税人

- **外出经营报验** >> 外管证 ⊕
  - 有效期 >> 一般 30 日，最长不超过 180 日
    - 建筑安装行业纳税人项目合同期限超过 180 日，按合同期限确定
  - 缴销 >> 有效期届满后 10 日内在原税务登记地税务机关办理

请接下页

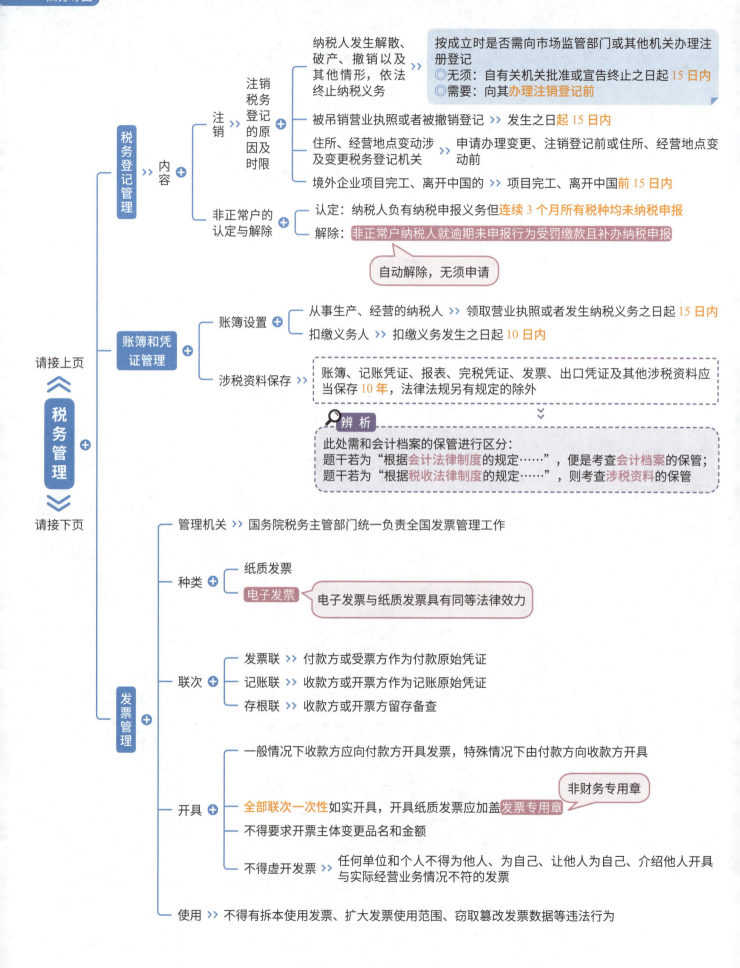

税务管理

请接上页

请接下页

税务登记管理
- 内容
  - 注销
    - 注销税务登记的原因及时限
      - 纳税人发生解散、破产、撤销以及其他情形，依法终止纳税义务 >> 按成立时是否需向市场监管部门或其他机关办理注册登记
        - ◎无须：自有关机关批准或宣告终止之日起 15 日内
        - ◎需要：向其办理注销登记前
      - 被吊销营业执照或者被撤销登记 >> 发生之日起 15 日内
      - 住所、经营地点变动涉及变更税务登记机关 >> 申请办理变更、注销登记前或住所、经营地点变动前
      - 境外企业项目完工、离开中国的 >> 项目完工、离开中国前 15 日内
  - 非正常户的认定与解除
    - 认定：纳税人负有纳税申报义务但连续 3 个月所有税种均未纳税申报
    - 解除：非正常户纳税人就逾期未申报行为受罚缴款且补办纳税申报
      - 自动解除，无须申请

账簿和凭证管理
- 账簿设置
  - 从事生产、经营的纳税人 >> 领取营业执照或者发生纳税义务之日起 15 日内
  - 扣缴义务人 >> 扣缴义务发生之日起 10 日内
- 涉税资料保存 >> 账簿、记账凭证、报表、完税凭证、发票、出口凭证及其他涉税资料应当保存 10 年，法律法规另有规定的除外
  - 🔍辨析
  - 此处需和会计档案的保管进行区分：
    题干若为"根据会计法律制度的规定……"，便是考查会计档案的保管；
    题干若为"根据税收法律制度的规定……"，则考查涉税资料的保管

发票管理
- 管理机关 >> 国务院税务主管部门统一负责全国发票管理工作
- 种类
  - 纸质发票
  - 电子发票 —— 电子发票与纸质发票具有同等法律效力
- 联次
  - 发票联 >> 付款方或受票方作为付款原始凭证
  - 记账联 >> 收款方或开票方作为记账原始凭证
  - 存根联 >> 收款方或开票方留存备查
- 开具
  - 一般情况下收款方应向付款方开具发票，特殊情况下由付款方向收款方开具
  - 全部联次一次性如实开具，开具纸质发票应加盖发票专用章 —— 非财务专用章
  - 不得要求开票主体变更品名和金额
  - 不得虚开发票 >> 任何单位和个人不得为他人、为自己、让他人为自己、介绍他人开具与实际经营业务情况不符的发票
- 使用 >> 不得有拆本使用发票、扩大发票使用范围、窃取篡改发票数据等违法行为

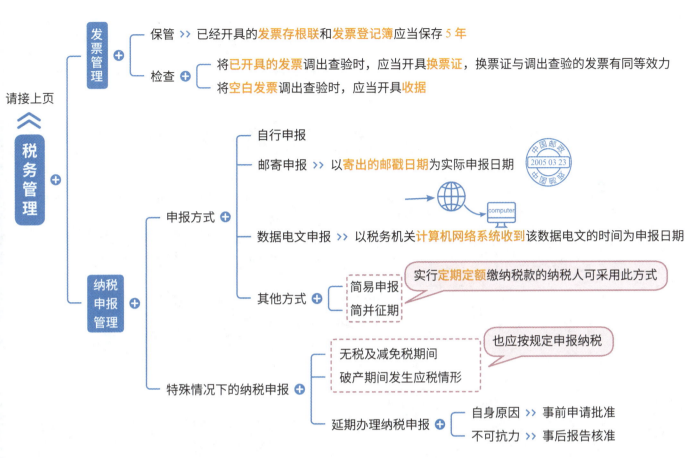

02 税款征收

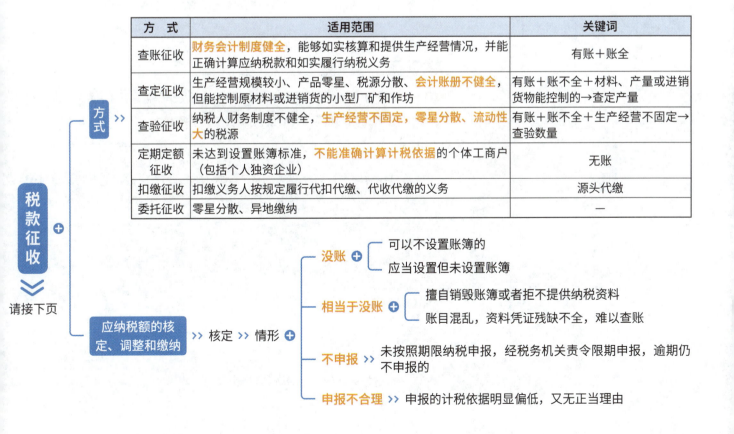

当其中一种方法不足以正确核定应纳税额时，可以同时采用两种以上的方法核定

核定 >> 方法 >>
①参照当地**同类**行业或者**类似**行业中经营规模和收入水平**相近**的纳税人的税负水平核定
②按**营业收入**或**成本＋合理费用＋利润**核定
③按照耗用原材料、燃料、动力等**推算**或者**测算**核定
④按照其他合理方法核定

应纳税额的核定、调整和缴纳

调整 >> 一般情况下，税务机关自该业务往来发生的纳税年度起 **3 年**内进行调整，特殊情况为 **10 年**内

缴纳 —— 纳税人、扣缴义务人按规定的时限缴纳或解缴税款
—— 纳税人确有 特殊困难 ，可延期缴纳税款，但最长不得超过 **3 个月**

损失大：**不可抗力**导致生产经营受较大影响
钱不够：扣**应付工资和社保**后不足以缴纳税款

税款征收

请接上页

请接下页

逾期仍不税强制执行

应税未税 ——
纳税人未按照规定期限缴纳税款
扣缴义务人未按照规定期限解缴税款
纳税担保人未按照规定期限缴纳所担保的税款
未办理税务登记及临时经营的纳税人，税务机关核定其应纳税额后

情形 ——
可能逃税 >> 税务机关有根据认为纳税人有逃避缴纳税款义务的行为

责令缴纳 ——

滞纳金 ——
滞纳金＝应纳税款 × 滞纳天数 ×0.5‰

🔍 辨 析

滞纳天数的计算：自纳税期限届满之次日起至实际缴纳税款之日止（算尾不算头）
贴现期的计算：贴现日至汇票到期前 1 日（算头不算尾）

保障措施

适用情形 >>
◎税务机关有根据认为纳税人**有逃避纳税义务行为**，在规定的纳税期之前经责令其限期缴纳税款，在限期内发现纳税人**有明显的转移、隐匿财产的迹象**（逃税且限期内转移、隐匿财产）
◎欠缴税款、滞纳金的纳税人或者其法定代表人需要**出境**的（欠税人欲出境）
◎纳税人同税务机关在纳税上**发生争议而未缴清税款**，需要**申请行政复议**的（必经复议前未缴清）

责令提供纳税担保 ——

不包括留置

方式 >> 保证、抵押、质押

范围 >> 税款、滞纳金和实现税款、滞纳金的费用

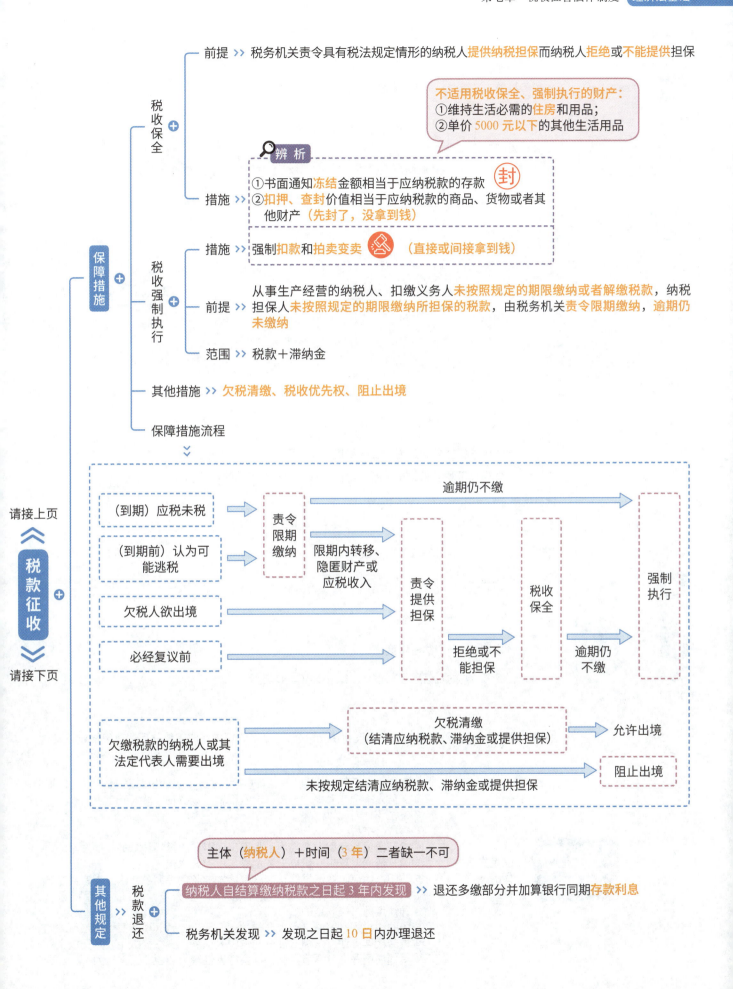

请接上页

税款征收 >> 其他规定 >> 补缴和追缴

补缴和追缴 +
- 税务机关的过错 >> 3 年内补缴，**不得加收滞纳金**
- 纳税人的过错 +
  - 非主观计算错误等失误 +
    - 一般 >> 3 年
    - 特殊情况（累计数额 10 万以上）>> 5 年
  - **偷税（逃税）、抗税、骗税不受规定期限限制**

03 税务检查

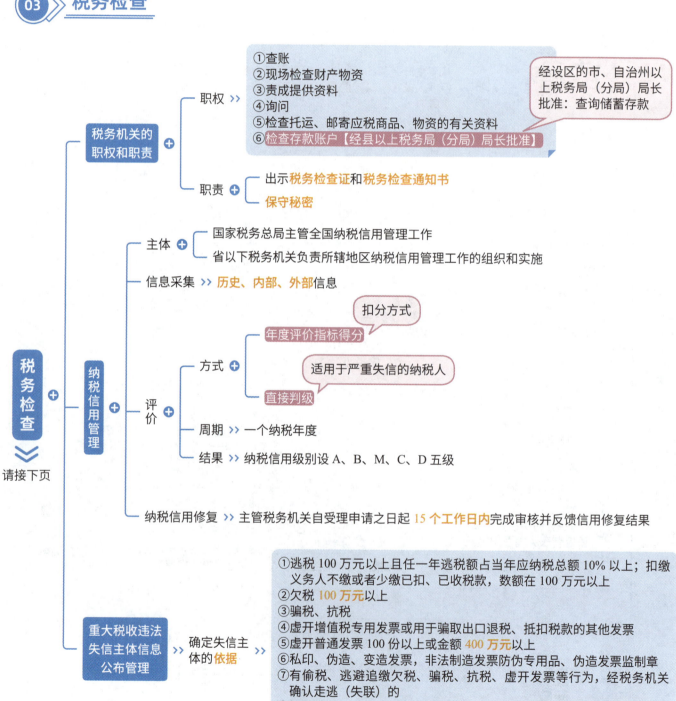

税务检查 +
- **税务机关的职权和职责** +
  - 职权 >>
    - ①查账
    - ②现场检查财产物资
    - ③责成提供资料
    - ④询问
    - ⑤检查托运、邮寄应税商品、物资的有关资料
    - ⑥检查存款账户【经县以上税务局（分局）局长批准】

      经设区的市、自治州以上税务局（分局）局长批准：查询储蓄存款
  - 职责 +
    - 出示**税务检查证**和**税务检查通知书**
    - **保守秘密**

- **纳税信用管理** +
  - 主体 +
    - 国家税务总局主管全国纳税信用管理工作
    - 省以下税务机关负责所辖地区纳税信用管理工作的组织和实施
  - 信息采集 >> **历史、内部、外部**信息
  - 评价 +
    - 方式 +
      - 年度评价指标得分 ← 扣分方式
      - 直接判级 ← 适用于严重失信的纳税人
    - 周期 >> 一个纳税年度
    - 结果 >> 纳税信用级别设 A、B、M、C、D 五级
  - 纳税信用修复 >> 主管税务机关自受理申请之日起 **15 个工作日内**完成审核并反馈信用修复结果

- **重大税收违法失信主体信息公布管理** +
  - 确定失信主体的**依据** >>
    - ①逃税 100 万元以上且任一年逃税额占当年应纳税总额 10% 以上；扣缴义务人不缴或者少缴已扣、已收税款，数额在 100 万元以上
    - ②欠税 100 万元以上
    - ③骗税、抗税
    - ④虚开增值税专用发票或用于骗取出口退税、抵扣税款的其他发票
    - ⑤虚开普通发票 100 份以上或金额 400 万元以上
    - ⑥私印、伪造、变造发票，非法制造发票防伪专用品、伪造发票监制章
    - ⑦有偷税、逃避追缴欠税、骗税、抗税、虚开发票等行为，经税务机关确认走逃（失联）的
    - ⑧协助纳税人、扣缴义务人逃税 100 万元以上或骗取国家出口退税款的
    - ⑨税务代理人违反法律法规造成纳税人未缴或少缴税款 100 万元以上
    - ⑩其他性质恶劣、情节严重、社会危害性较大的税收违法行为

请接下页

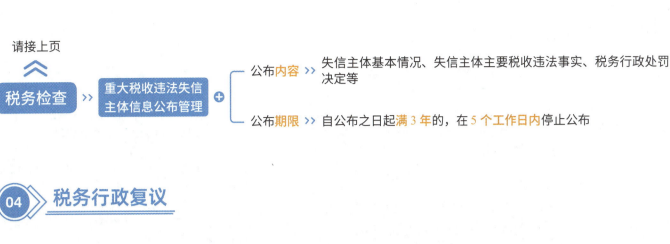

请接上页

税务检查 >> 重大税收违法失信主体信息公布管理

公布**内容** >> 失信主体基本情况、失信主体主要税收违法事实、税务行政处罚决定等

公布**期限** >> 自公布之日起**满 3 年**的，在 **5 个工作日内**停止公布

04 税务行政复议

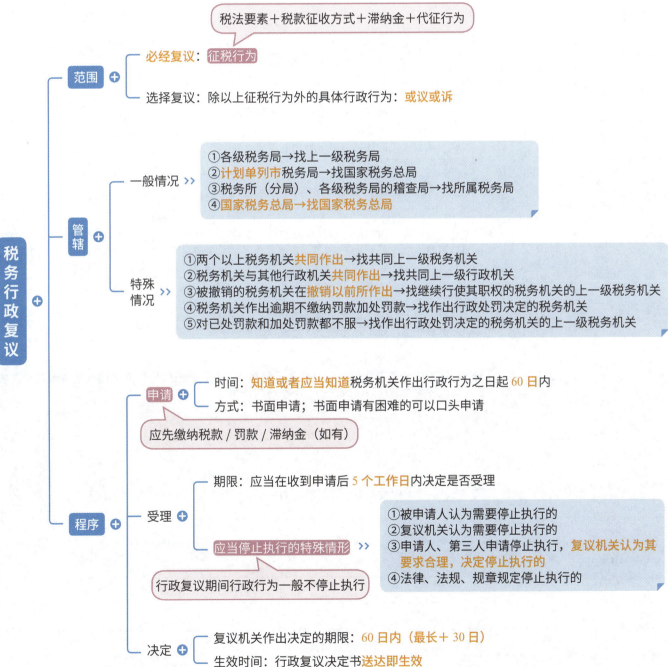

税务行政复议

范围

税法要素＋税款征收方式＋滞纳金＋代征行为

必经复议：征税行为

选择复议：除以上征税行为外的具体行政行为：**或议或诉**

管辖

一般情况 >>
①各级税务局→找上一级税务局
②**计划单列市**税务局→找国家税务总局
③税务所（分局）、各级税务局的稽查局→找所属税务局
④**国家税务总局→找国家税务总局**

特殊情况 >>
①两个以上税务机关**共同作出**→找共同上一级税务机关
②税务机关与其他行政机关**共同作出**→找共同上一级行政机关
③被撤销的税务机关在**撤销以前所作出**→找继续行使其职权的税务机关的上一级税务机关
④税务机关作出逾期不缴纳罚款加处罚款→找作出行政处罚决定的税务机关
⑤对已处罚款和加处罚款都不服→找作出行政处罚决定的税务机关的上一级税务机关

程序

申请
时间：**知道或者应当知道**税务机关作出行政行为之日起 **60 日内**
方式：书面申请；书面申请有困难的可以口头申请
应先缴纳税款／罚款／滞纳金（如有）

受理
期限：应当在收到申请后 **5 个工作日**内决定是否受理
应当停止执行的特殊情形 >>
①被申请人认为需要停止执行的
②复议机关认为需要停止执行的
③申请人、第三人申请停止执行，**复议机关认为其要求合理，决定停止执行的**
④法律、法规、规章规定停止执行的
行政复议期间行政行为一般不停止执行

决定
复议机关作出决定的期限：**60 日内（最长＋30 日）**
生效时间：行政复议决定书**送达即生效**

05 税收法律责任

违法行为	法律责任
①纳税人**未按规定设置账簿**、保管账簿凭证等 ②纳税人未将会计制度、软件、全部银行账号报备 ③纳税人未按规定安装使用税控装置或擅自修改 ④纳税人**未按期办理纳税申报和报送纳税资料**	责令限期改正，可处 2 000 元以下的罚款；情节严重，处 2 000 元以上 1 万元以下罚款
扣缴义务人未按规定设置账簿、保管账簿凭证等	责令限期改正，可处 2 000 元以下的罚款；情节严重，处 2 000 元以上 5 000 元以下罚款
纳税人、扣缴义务人编造虚假计税依据	责令限期改正，并处 5 万元以下的罚款
扣缴义务人应扣未扣、应收未收税款	向纳税人追缴税款，对扣缴义务人处应扣未扣、应收未收税款 50% 以上 3 倍以下的罚款

违法行为	法律责任
偷（逃）税（纳税人采取伪造、变造、隐匿、擅自销毁账簿、记账凭证，或者在账簿上多列支出或者不列、少列收入，或者经税务机关通知申报而拒不申报或者进行虚假的纳税申报的手段，不缴或者少缴应纳税款） **欠税**（纳税人采取转移或隐匿财产的手段，妨碍税务机关追缴欠税）	①追缴税款、滞纳金 ②并处 50% 以上 5 倍以下罚款 ③构成犯罪的，依法追究刑事责任
抗税（纳税人以暴力、威胁方法拒不缴纳税款）	①追缴税款、滞纳金 ②并处 1 倍以上 5 倍以下罚款
骗税（纳税人以假报出口或其他欺骗手段骗取出口退税款）	①追缴骗取的退税款 ②并处税款 1 倍以上 5 倍以下的罚款，税务机关可在规定期间内停止为其办理出口退税 ③构成犯罪的，依法追究刑事责任

税收法律责任 >> 违反税务管理规定 ⊕

- 违反税务管理规定
- 偷（逃）税、欠税、抗税和骗税
- 不配合税务检查 >> 责令改正，可处 1 万元以下的罚款；情节严重，处 1 万元以上 5 万元以下罚款
- 首违不罚制度 >> 首次发生清单中所列事项且危害后果轻微，在税务机关发现前主动改正或者在税务机关责令整改的期限内改正的，不予行政处罚

扫一扫，提个小建议

图书勘误，评价建议，微信"扫一扫"。您的感受是我们最好的动力！祝您奇兵制胜。

💡 学习收获 >>

第八章 劳动合同与社会保险法律制度

01 劳动合同法律制度

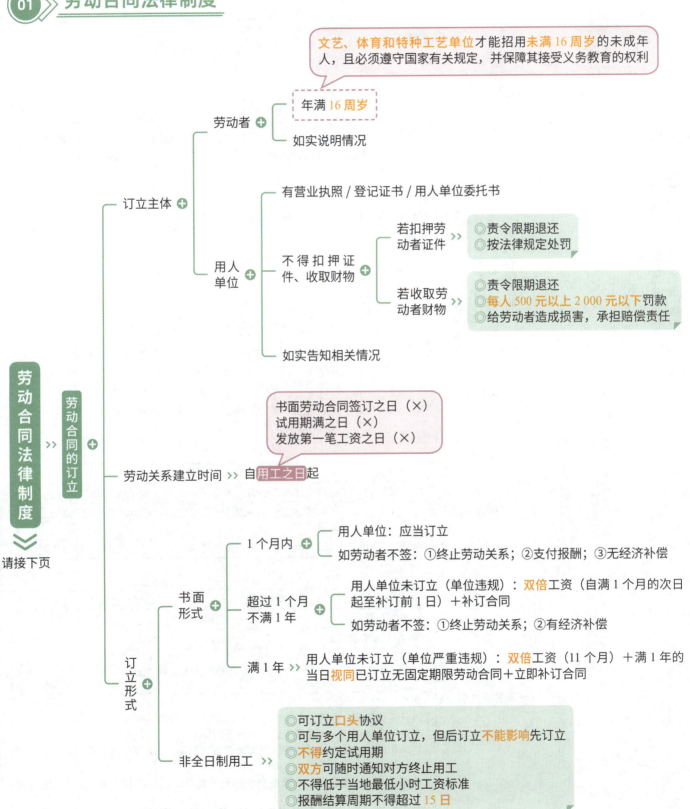

劳动合同法律制度 >> 劳动合同的订立 >>

订立主体

- 劳动者
  - 年满16周岁 —— 文艺、体育和特种工艺单位才能招用未满16周岁的未成年人，且必须遵守国家有关规定，并保障其接受义务教育的权利
  - 如实说明情况

- 用人单位
  - 有营业执照/登记证书/用人单位委托书
  - 不得扣押证件、收取财物
    - 若扣押劳动者证件 >> ◎责令限期退还 ◎按法律规定处罚
    - 若收取劳动者财物 >> ◎责令限期退还 ◎每人500元以上2000元以下罚款 ◎给劳动者造成损害，承担赔偿责任
  - 如实告知相关情况

劳动关系建立时间 >> 自用工之日起 —— 书面劳动合同签订之日（×）试用期满之日（×）发放第一笔工资之日（×）

订立形式

- 书面形式
  - 1个月内
    - 用人单位：应当订立
    - 如劳动者不签：①终止劳动关系；②支付报酬；③无经济补偿
  - 超过1个月不满1年
    - 用人单位未订立（单位违规）：双倍工资（自满1个月的次日起至补订前1日）+补订合同
    - 如劳动者不签：①终止劳动关系；②有经济补偿
  - 满1年 >> 用人单位未订立（单位严重违规）：双倍工资（11个月）+满1年的当日视同已订立无固定期限劳动合同+立即补订合同

- 非全日制用工 >>
  - ◎可订立口头协议
  - ◎可与多个用人单位订立，但后订立不能影响先订立
  - ◎不得约定试用期
  - ◎双方可随时通知对方终止用工
  - ◎不得低于当地最低小时工资标准
  - ◎报酬结算周期不得超过15日

请接下页

劳动合同生效≠劳动关系建立

劳动合同法律制度

请接上页

劳动合同的效力

- 生效 >> 双方协商一致在劳动合同文本上签字或盖章

- 合同无效或部分无效
  - 法定情形 >>
    - ①欺诈、胁迫、乘人之危→使对方在违背真实意思的情况下订立或者变更劳动合同的
    - ②单位免除自己的法定责任、排除劳动者权利
    - ③违反法律、行政法规强制性规定的
  - 法律后果 >>
    - ①无效合同，自始无效
    - ②部分无效，不影响其他部分效力的，其他部分仍然有效
    - ③劳动者已付出劳动的，用人单位应当向劳动者支付劳动报酬
    - ④一方给另一方造成损失，有过错的一方应承担赔偿责任

劳动合同的内容（必备条款 >>）

- 劳动合同期限
  - 固定期限 >> 双方明确约定合同终止时间
  - 以完成一定工作任务为期限
  - 无固定期限
    - 视同订立 >> 自用工之日起满 1 年未订立劳动合同
    - 协商订立
    - 应当订立
      - 劳动者在该用人单位连续工作满 10 年的
      - 用人单位初次实行劳动合同制度或者国有企业改制重新订立劳动合同时，劳动者在该用人单位连续工作满 10 年且距法定退休年龄不足 10 年的
      - 连续订立 2 次固定期限劳动合同且劳动者未出现法定不得订立情形而续订劳动合同的

- 工作时间 >>

工时制度	基本规定
标准工时制	每日工作≤ 8 小时，每周工作≤ 40 小时，每周休息≥ 1 天
不定时工作制	没有固定工作时间限制（特殊工作经劳动行政部门批准后方可实施）
综合计算工时制	以周、月、季、年为周期综合计算，但平均工时同标准工时制

- 带薪年休假 >>

累计工作年限	年休假天数		不享受当年年休假的情形
1 年≤工作年限＜ 10 年	5 天	病假累计 2 个月以上	①带薪事假累计 20 天以上且未扣工资的不享受
10 年≤工作年限＜ 20 年	10 天	病假累计 3 个月以上	②享受寒暑假超过年休假天数均不享受
≥ 20 年	15 天	病假累计 4 个月以上	

注意：
①累计工作年限，指劳动者自参加工作以来的工作年限总和
②国家法定休假日、休息日不计入年休假假期
③换单位的，按照在新单位剩余日历天数折算确定，折算后不足 1 整天的部分不享受年休假
年休假天数＝（当年度在本单位剩余日历天数 /365 天）× 职工本人全年应当享受的年休假天数

请接下页

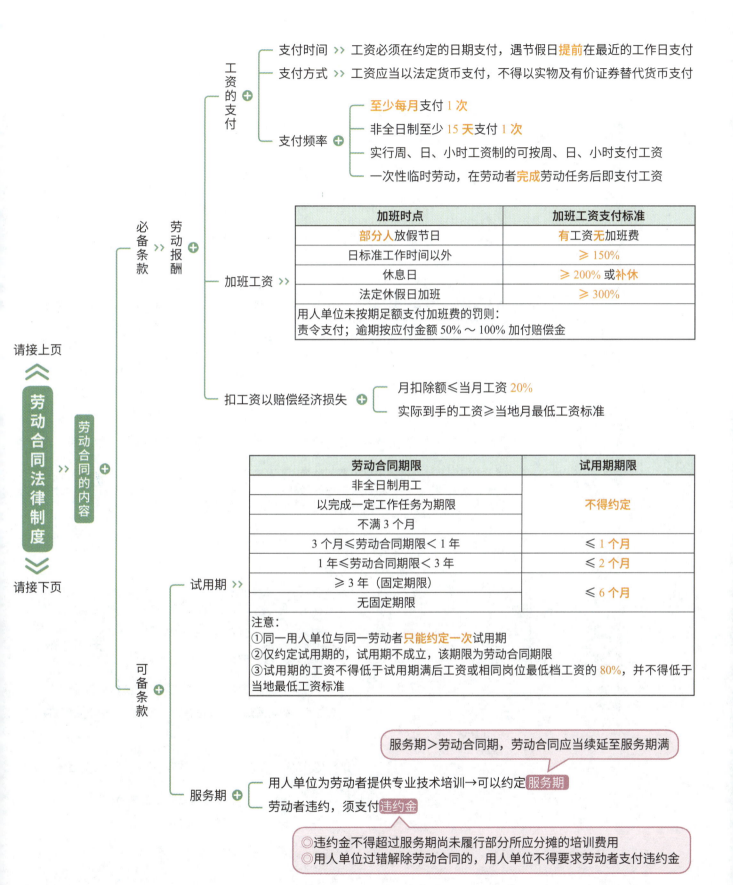

请接上页

请接下页

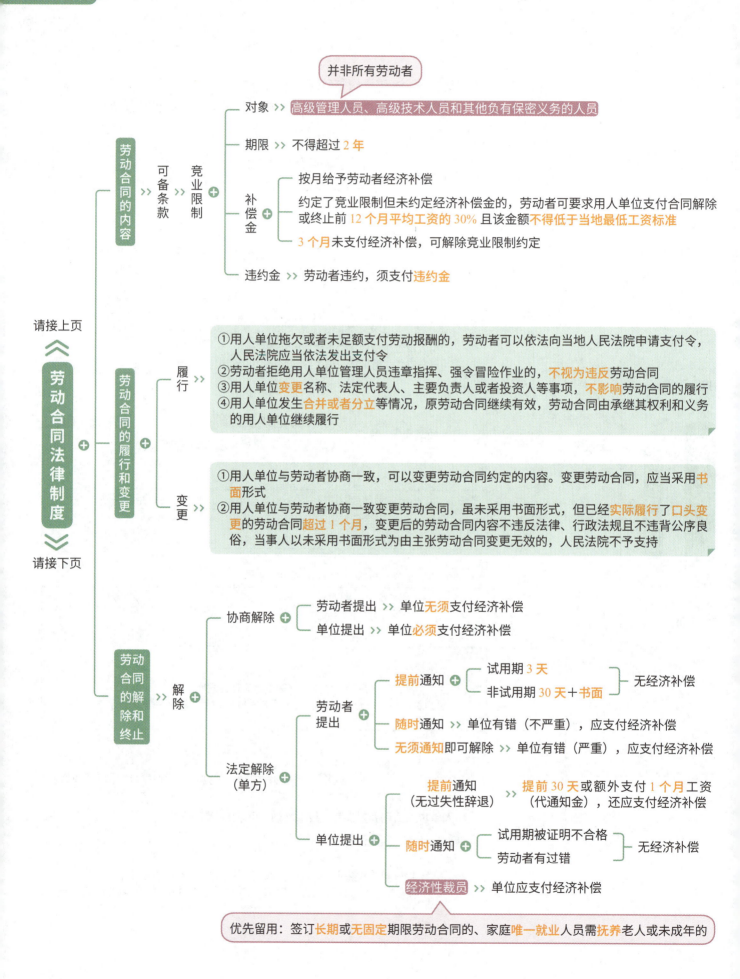

并非所有劳动者

劳动合同法律制度（请接上页 / 请接下页）

劳动合同的内容

可备条款 —— 竞业限制
- 对象 >> 高级管理人员、高级技术人员和其他负有保密义务的人员
- 期限 >> 不得超过 2 年
- 补偿金
  - 按月给予劳动者经济补偿
  - 约定了竞业限制但未约定经济补偿金的，劳动者可要求用人单位支付合同解除或终止前 12 个月平均工资的 30% 且该金额不得低于当地最低工资标准
  - 3 个月未支付经济补偿，可解除竞业限制约定
- 违约金 >> 劳动者违约，须支付违约金

劳动合同的履行和变更

履行 >>
①用人单位拖欠或者未足额支付劳动报酬的，劳动者可以依法向当地人民法院申请支付令，人民法院应当依法发出支付令
②劳动者拒绝用人单位管理人员违章指挥、强令冒险作业的，不视为违反劳动合同
③用人单位变更名称、法定代表人、主要负责人或者投资人等事项，不影响劳动合同的履行
④用人单位发生合并或者分立等情况，原劳动合同继续有效，劳动合同由承继其权利和义务的用人单位继续履行

变更 >>
①用人单位与劳动者协商一致，可以变更劳动合同约定的内容。变更劳动合同，应当采用书面形式
②用人单位与劳动者协商一致变更劳动合同，虽未采用书面形式，但已经实际履行了口头变更的劳动合同超过 1 个月，变更后的劳动合同内容不违反法律、行政法规且不违背公序良俗，当事人以未采用书面形式为由主张劳动合同变更无效的，人民法院不予支持

劳动合同的解除和终止

解除 >>
- 协商解除
  - 劳动者提出 >> 单位无须支付经济补偿
  - 单位提出 >> 单位必须支付经济补偿
- 法定解除（单方）
  - 劳动者提出
    - 提前通知
      - 试用期 3 天
      - 非试用期 30 天＋书面 —— 无经济补偿
    - 随时通知 >> 单位有错（不严重），应支付经济补偿
    - 无须通知即可解除 >> 单位有错（严重），应支付经济补偿
  - 单位提出
    - 提前通知（无过失性辞退） >> 提前 30 天或额外支付 1 个月工资（代通知金），还应支付经济补偿
    - 随时通知
      - 试用期被证明不合格
      - 劳动者有过错 —— 无经济补偿
    - 经济性裁员 >> 单位应支付经济补偿

优先留用：签订长期或无固定期限劳动合同的、家庭唯一就业人员需抚养老人或未成年的

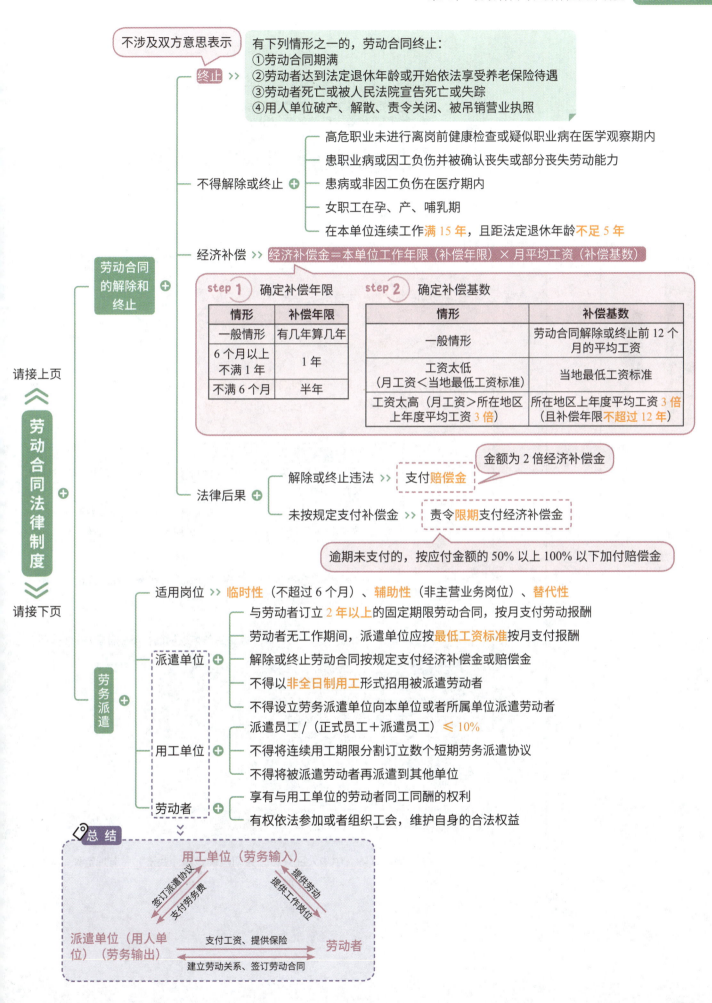

请接上页

请接下页

不涉及双方意思表示

终止 >> 有下列情形之一的，劳动合同终止：
①劳动合同期满
②劳动者达到法定退休年龄或开始依法享受养老保险待遇
③劳动者死亡或被人民法院宣告死亡或失踪
④用人单位破产、解散、责令关闭、被吊销营业执照

不得解除或终止 ⊕
　高危职业未进行离岗前健康检查或疑似职业病在医学观察期内
　患职业病或因工负伤并被确认丧失或部分丧失劳动能力
　患病或非因工负伤在医疗期内
　女职工在孕、产、哺乳期
　在本单位连续工作满 15 年，且距法定退休年龄不足 5 年

经济补偿 >> 经济补偿金＝本单位工作年限（补偿年限）× 月平均工资（补偿基数）

step 1　确定补偿年限

情形	补偿年限
一般情形	有几年算几年
6 个月以上不满 1 年	1 年
不满 6 个月	半年

step 2　确定补偿基数

情形	补偿基数
一般情形	劳动合同解除或终止前 12 个月的平均工资
工资太低（月工资＜当地最低工资标准）	当地最低工资标准
工资太高（月工资＞所在地区上年度平均工资 3 倍）	所在地区上年度平均工资 3 倍（且补偿年限不超过 12 年）

劳动合同的解除和终止 ⊕

法律后果 ⊕
　解除或终止违法 >> 支付赔偿金 —— 金额为 2 倍经济补偿金
　未按规定支付补偿金 >> 责令限期支付经济补偿金

逐期未支付的，按应付金额的 50% 以上 100% 以下加付赔偿金

劳动合同法律制度 ⊕

劳务派遣 ⊕

适用岗位 >> 临时性（不超过 6 个月）、辅助性（非主营业务岗位）、替代性

派遣单位 ⊕
　与劳动者订立 2 年以上的固定期限劳动合同，按月支付劳动报酬
　劳动者无工作期间，派遣单位应按最低工资标准按月支付报酬
　解除或终止劳动合同按规定支付经济补偿金或赔偿金
　不得以非全日制用工形式招用被派遣劳动者
　不得设立劳务派遣单位向本单位或者所属单位派遣劳动者

用工单位 ⊕
　派遣员工 /（正式员工＋派遣员工）≤ 10%
　不得将连续用工期限分割订立数个短期劳务派遣协议
　不得将被派遣劳动者再派遣到其他单位

劳动者 ⊕
　享有与用工单位的劳动者同工同酬的权利
　有权依法参加或者组织工会，维护自身的合法权益

总 结

用工单位（劳务输入）

签订派遣协议
支付劳务费

提供劳动
提供工作岗位

派遣单位（用人单位）（劳务输出）

支付工资、提供保险

劳动者

建立劳动关系、签订劳动合同

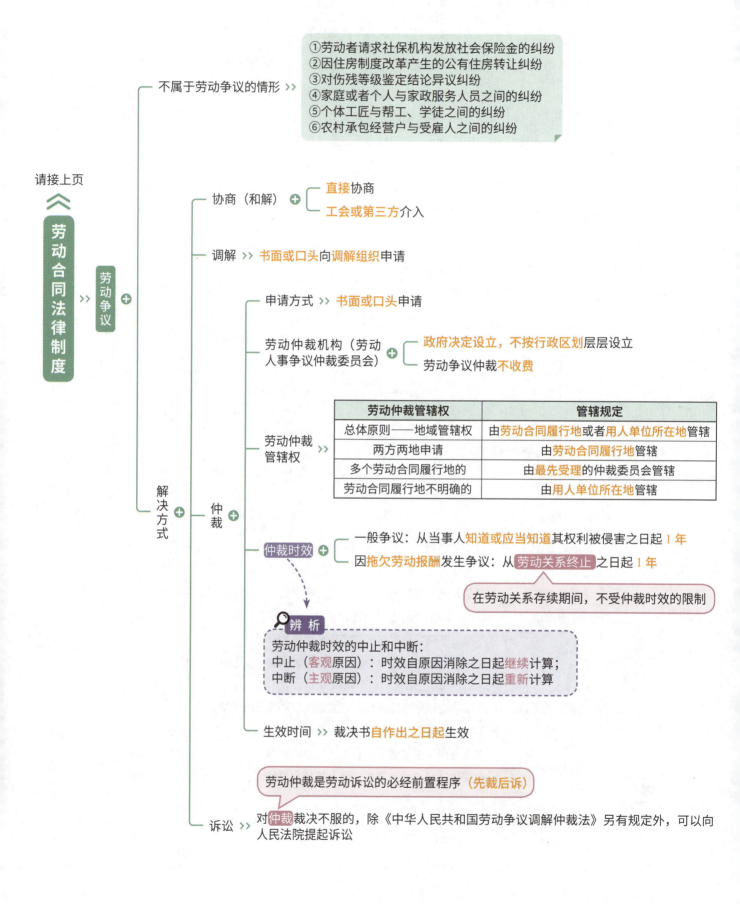

不属于劳动争议的情形 ❯❯
①劳动者请求社保机构发放社会保险金的纠纷
②因住房制度改革产生的公有住房转让纠纷
③对伤残等级鉴定结论异议纠纷
④家庭或者个人与家政服务人员之间的纠纷
⑤个体工匠与帮工、学徒之间的纠纷
⑥农村承包经营户与受雇人之间的纠纷

请接上页

劳动合同法律制度 ❯❯ 劳动争议 ➕

协商（和解）➕
直接协商
工会或第三方介入

调解 ❯❯ 书面或口头向调解组织申请

解决方式 ➕

仲裁 ➕

申请方式 ❯❯ 书面或口头申请

劳动仲裁机构（劳动人事争议仲裁委员会）➕
政府决定设立，不按行政区划层层设立
劳动争议仲裁不收费

劳动仲裁管辖权 ❯❯

劳动仲裁管辖权	管辖规定
总体原则——地域管辖权	由劳动合同履行地或者用人单位所在地管辖
两方两地申请	由劳动合同履行地管辖
多个劳动合同履行地的	由最先受理的仲裁委员会管辖
劳动合同履行地不明确的	由用人单位所在地管辖

仲裁时效 ➕
一般争议：从当事人知道或应当知道其权利被侵害之日起1年
因拖欠劳动报酬发生争议：从劳动关系终止之日起1年
在劳动关系存续期间，不受仲裁时效的限制

🔍 辨 析
劳动仲裁时效的中止和中断：
中止（客观原因）：时效自原因消除之日起继续计算；
中断（主观原因）：时效自原因消除之日起重新计算

生效时间 ❯❯ 裁决书自作出之日起生效

劳动仲裁是劳动诉讼的必经前置程序（先裁后诉）

诉讼 ❯❯ 对仲裁裁决不服的，除《中华人民共和国劳动争议调解仲裁法》另有规定外，可以向人民法院提起诉讼

02　社会保险法律制度

费用缴纳

缴纳方	缴费比例	缴费基数
单位缴费	16%±	本单位职工工资总额
职工缴费	8%	当地职工月平均工资 60% ≤职工本人上年度平均工资≤当地职工月平均工资 300% 【注意】新招职工以起薪当月工资收入为缴费基数
灵活就业人员	20%（其中 8% 记入个人账户）	在当地职工月平均工资 60% ～ 300% 之间选择适当的缴费基数

社会保险法律制度

基本养老保险

组成
- 单位缴费部分 >> 记入基本养老保险统筹基金
- 职工个人缴费部分 >> 记入个人账户

  参保人死亡后，其余额可依法继承
- 政府补贴部分 >> 基本养老保险基金出现支付不足时

享受条件 >> 达到法定退休年龄 + 累计缴费满 15 年

待遇
- 基本养老金 >> 按月领取

  同时符合领取基本养老保险丧葬补助金、工伤保险丧葬补助金、失业保险丧葬补助金条件，遗属只能选择领取其一（三选一）
- 丧葬补助金 和遗属抚恤金 >> 因病或非因工死亡的，可领
- 病残津贴 >> 未达到法定退休年龄时因病或非因工致残完全丧失劳动能力的，可领

请接下页 ⌄

基本医疗保险

费用缴纳

组成部分	缴费比例	具体规定	
单位缴费	职工工资总额的 6%	一部分划入基本医疗保险统筹基金	统账结合
		一部分（一般为 30% 左右）划入个人账户	
个人缴费	本人工资收入的 2%	全部划入个人账户	

享受条件
- 定点就医
- 符合范围

支付标准
- 支付区间：当地职工年平均工资 10%（起付线）～年平均工资 6 倍（封顶线）
- 支付比例：90%

实际工作年限（年）	本单位工作年限（年）	享受医疗期（月）	累计计算期（月）
< 10	< 5	3	6
	≥ 5	6	12
≥ 10	< 5	6	12
	5 ≤ X < 10	9	15
	10 ≤ X < 15	12	18
	15 ≤ X < 20	18	24
	≥ 20	24	30

注意：
①适用于职工因患病或非因工负伤
②医疗期从病休第一天开始，累计计算；病休期间，公休、假日和法定节日包括在内
③医疗期内劳动合同期满，合同必须延续至医疗期满

医疗期待遇：
①病假工资或疾病救济费最低为当地最低工资的80%
②医疗期内不得解除劳动合同（满足用人单位"随时通知"解除情形的除外）
③医疗期满既不能从事原工作，也不能从事用人单位安排的其他工作的，可解除劳动合同，但应支付经济补偿

社会保险法律制度

基本医疗保险 — 医疗期 — 医疗期期限和计算方法 / 医疗期待遇

工伤保险

缴费 >> 由单位缴纳，实行差别费率
职工不缴纳工伤保险费

工伤认定

与工作有直接关系 — 应当认定工伤：
- 在工作时间和工作场所内，因工作原因受到事故伤害的
- 工作时间前后在工作场所内，从事与工作有关的预备性或收尾性工作受到事故伤害的
- 在工作时间和工作场所内，因履行工作职责受到暴力等意外伤害的
- 患职业病的
- 因工外出期间，由于工作原因受到伤害或者发生事故下落不明的
- 在上下班途中，受到非本人主要责任的交通事故或者城市轨道交通、客运轮渡、火车事故伤害的

与工作有间接关系 — 视同工伤：
- 在工作时间和工作岗位，突发疾病死亡或者在48小时内经抢救无效死亡的
- 在抢险救灾等维护国家利益、公共利益活动中受到伤害的
- 原在军队服役，因战、因公负伤致残，已取得革命伤残军人证，到用人单位后旧伤复发的

与工作无关，纯属自找的 — 不认定为工伤 >> 故意犯罪；醉酒或者吸毒；自残或者自杀

待遇 >> 停工留薪期（与医疗期的规定区分）：
- 原工资福利待遇不变
- 一般不超过12个月（特殊情况需延长，延长期不超过12个月）
- 期满后仍需治疗，继续享受工伤医疗待遇

请接上页 / 请接下页

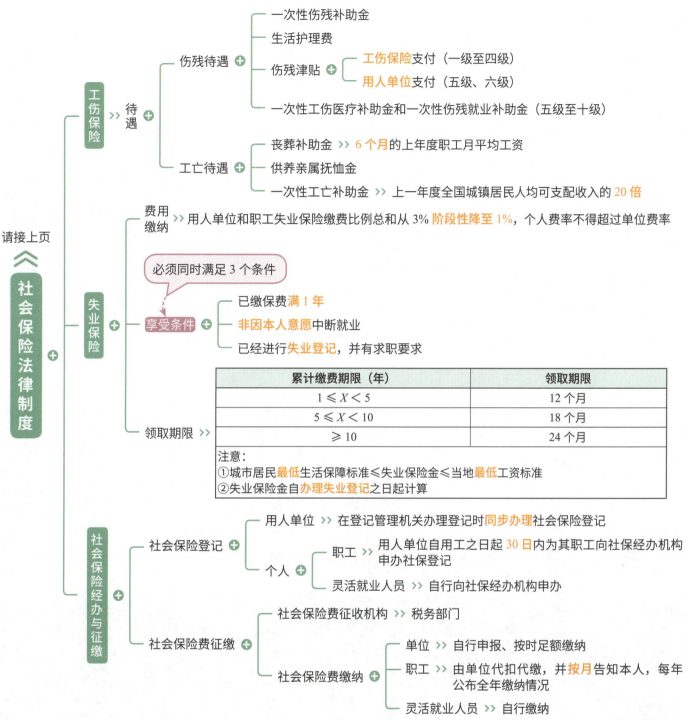

请接上页

社会保险法律制度 ⊕

工伤保险
　待遇 ⊕
　　伤残待遇 ⊕
　　　一次性伤残补助金
　　　生活护理费
　　　伤残津贴 ⊕
　　　　工伤保险支付（一级至四级）
　　　　用人单位支付（五级、六级）
　　　一次性工伤医疗补助金和一次性伤残就业补助金（五级至十级）
　　工亡待遇 ⊕
　　　丧葬补助金 ≫ 6个月的上年度职工月平均工资
　　　供养亲属抚恤金
　　　一次性工亡补助金 ≫ 上一年度全国城镇居民人均可支配收入的20倍

失业保险
　费用缴纳 ≫ 用人单位和职工失业保险缴费比例总和从3%阶段性降至1%，个人费率不得超过单位费率

　享受条件 ⊕ （必须同时满足3个条件）
　　已缴保费满1年
　　非因本人意愿中断就业
　　已经进行失业登记，并有求职要求

　领取期限 ≫

累计缴费期限（年）	领取期限
1 ≤ X < 5	12个月
5 ≤ X < 10	18个月
≥ 10	24个月
注意：①城市居民最低生活保障标准≤失业保险金≤当地最低工资标准 ②失业保险金自办理失业登记之日起计算	

社会保险经办与征缴 ⊕
　社会保险登记 ⊕
　　用人单位 ≫ 在登记管理机关办理登记时同步办理社会保险登记
　　个人 ⊕
　　　职工 ≫ 用人单位自用工之日起30日内为其职工向社保经办机构申办社保登记
　　　灵活就业人员 ≫ 自行向社保经办机构申办
　社会保险费征缴 ⊕
　　社会保险费征收机构 ≫ 税务部门
　　社会保险费缴纳 ⊕
　　　单位 ≫ 自行申报、按时足额缴纳
　　　职工 ≫ 由单位代扣代缴，并按月告知本人，每年公布全年缴纳情况
　　　灵活就业人员 ≫ 自行缴纳

扫一扫，提个小建议

图书勘误，评价建议，微信"扫一扫"。您的感受是我们最好的动力！祝您奇兵制胜。

💡学习收获 ≫